끄덕끄덕
세계사

술술 읽히고 착착 정리되는

끄덕끄덕

3
자본주의의
시대

세계사

서경석 지음

아카넷주니어

지은이의 말

유럽의 시대가 저물고
미국의 시대가 열린 까닭은?

워털루 전투의 패배로 유럽은 봉건적인 옛 질서로 되돌아갔습니다. 하지만 사람들은 프랑스 대혁명과 나폴레옹 전쟁이 일깨운 자유주의와 민족주의를 잊지 못했지요. 바다 건너 라틴 아메리카에서, 오스만 제국 치하의 그리스에서, 유럽의 심장부인 프랑스에서 지펴진 자유와 민족주의의 불씨는 1848년에 불꽃이 되어 활활 타올랐어요. 프랑스에서 시작된 1848년 혁명은 오스트리아, 독일, 이탈리아를 비롯한 유럽 전역으로 옮겨붙었습니다.

1848년 혁명은 자유주의와 민족주의, 사회주의의 용광로였어요. 비록 혁명은 성공하지 못했지만 미래를 밝히는 등불이 되었지요. 자유주의와 민주주의는 돌이킬 수 없는 대세가 되었고, 민족주의적 지향은 이탈리아와 독일의 통일로 나타났어요. 한편 자본주의를 뿌리내리게 한 산업 혁명은 노동 계급과 사회주의 운동 또한 폭발적으로 성장시켰습니다.

18세기 영국에서 면제품 공업의 기계화로 시작된 산업 혁명은 광업과 제철 공업의 기계화와 증기 기관의 개량으로 이어졌고, 철도와 기선의 발명으로 세계는 거리상으로 점점 더 가까워졌어요. 산업 혁명으로 농촌의 잉여 노동력이 도시로 몰리면서 도시화와 노동 계급화가 촉진되었지요. 바야흐로 돈이 최고이고 소비가 미덕인 시대, 자본주의의 시대가 활짝 열렸습니다.

자본주의의 발전은 식민지의 확대를 낳았어요. 자본주의하에서는 공업 원료와 식량을 값싸게 안정적으로 공급받고, 상품을 계속해서 팔수 있는 식민지의 필요성이 갈수록 증가했거든요. 특히 국제 교역의 발달로 전 세계에서 벌어들이는 이익이 커지면서 과잉 자본이 늘어났고, 이 과잉 자본의 투하처라는 기능이 점점 더 중요해졌어요. 과잉 자본의 해소는 과잉 생산의 파괴적인 영향을 최소화하고 빠르게 이겨 낼 힘을 주었습니다.

이탈리아와 독일의 통일, 미국과 러시아의 식민지 쟁탈전 가세, 일본의 근대화로 기존의 식민지 분할 구도에 불만을 품는 나라가 크게 늘었어요. 특히 1870년대 초 통일을 이룬 이탈리아와 독일 입장에서는 빠르게 발전하려면 반드시 식민지가 필요했지요. 하지만 식민지로 삼을 곳이 더는 없을 만큼 식민지 분할은 이미 끝난 상태였어요. 식민지가 없으니 남이 가진 식민지를 빼앗아야겠다는 생각을 했어요. 그래서 식민지 쟁탈전이 세계적 규모로 벌어졌고, 그 끝이 바로 제1차 세계 대전이었습니다. 독일, 오스트리아, 오스만 제국이 영국, 프랑스, 러시아, 미국, 일본 등과 세계 곳곳에서 맞붙었어요. 세계적 규모의 전쟁은 엄청난 인적·물적 피해를 남기고 끝났지요. 제1차 세계 대전의 와중에 러시아에서는 세계 최초로 사회주의 혁명이 일어났습니다.

제1차 세계 대전으로 유럽의 생산 시설이 파괴되면서 미국의 영향력은 크게 증대되었어요. 미국은 전 세계의 공장이자 식량 창고로 기능하며 빠르게 성장했지요. 하지만 유럽의 생산 시설이 복구됨과 함께 미국은 과잉 생산 공황에 빠져들었습니다. 1929년 세계 대공황이었지요. 세계 대공황의 충격은 전 세계를 휩쓸었어요.

미국은 뉴딜 정책을 통한 공공 부문의 일자리 창출로 대공황을 극복했고, 영국과 프랑스는 식민 본국과 식민지를 묶어 블록 경제권을 구축함으로써 대공황에서 빠져나갈 실마리를 찾았어요. 하지만 독일, 이탈리아, 일본은 블록 경제권을 구축할 식민지가 없거나 적었지요. 독일, 이탈리아, 일본은 다른 나라들을 침략함으로써 대공황을 극복하려는 위험한 음모를 꾸미기 시작했어요. 독일 나치 당의 히틀러, 이탈리아 파시스트 당의 무솔리니, 일본의 군부가 권력을 잡으면서 이러한 음모는 현실이 되었습니다. 일본은 만주에 이어 중국을 침략했고, 이탈리아는 에티오피아를 침공했어요. 독일은 체코슬로바키아의 수데텐 지방을 점령했고요. 이러한 긴장은 마침내 독일, 이탈리아, 일본 등 전체주의 세력이 미국, 소련, 영국, 프랑스 등과 맞붙는 제2차 세계 대전으로 폭발했습니다.

제2차 세계 대전이 끝난 뒤 미국을 비롯한 자본주의 진영과 소련을 비롯한 사회주의 진영은 세계 곳곳에서 맞부딪쳤어요. 하지만 미국과 소련이 상대방을 수십 번 무너뜨리고도 남을 만큼 핵폭탄을 보유하면서 두 진영은 전면적인 충돌 대신 체제 경쟁과 국지적인 충돌을 거듭했지요. 바로 냉전이었어요.

한편 아시아, 아프리카의 식민지 주민들은 제2차 세계 대전이 끝난 뒤에도 식민지를 유지하려는 영국과 프랑스 등의 위협을 이겨 내고 차근차근 독립을 이루었어요. 자본주의 진영과 사회주의 진영은 새롭게 독립하는 아시아, 아프리카의 신생 국가들을 자기 진영으로 끌어들이기 위해 원조를 강화하는 한편, 자기 진영의 우월성을 널리 알리려 노력했지요. 이러한 두 진영의 체제 경쟁은 각 진영의 사람들에게 더 나은 복지를 가져다주었습니다. 우리가 너희보다 낫다는 것을 보여 주려는 전시 효과가 필요했거든요. 자본주의 국가는 노동자들을 '요람에서 무덤까지' 책임지는 복지 제도를 구축했고, 사회주의 국가는 주택과 식량, 의복은 물론 일자리와 의료, 교육까지 무상으로 제공했어요.

하지만 두 진영의 끝 모르는 군비 경쟁이 사회주의 진영의 패배로 이어지면서 사회주의 진영은 1980년대 말에 무너졌습니다. 그리고 난 뒤 경쟁자가 없어진 미국은 세계에서 유일한 초강대국으로 떠올랐어요. 미국은 세계를 자신들의 입맛에 맞게 요리하기 시작했지요. 전 세계인의 목숨 줄인 농업과 금융을 비롯해 모든 부문에서 시장 개방을 요구한 거예요. 우루과이라운드가 타결되었고 세계 무역 기구가 만들어졌어요. 바야흐로 무한 경쟁의 시대가 열린 것이지요.

지난 약 200년간 세계의 역사는 그 어느 때보다 빠르게 변화, 발전했습니다. 그리고 그 속도는 점점 빨라지고 있지요. 이렇게 역사가 빠르게 변화, 발전하는 까닭은 인류의 경제 활동이 그러하기 때문이에요. 산업 혁명에 따른 자본주의의 급속한 확대가 세계적 규모의 식민지 분할을 낳았고, 식민지 분할에 대한 불만이 두 차례의 세계 대전으로 이어졌어요. 냉전이 끝난 것도 사회주의 진영이 체제 경쟁에서 버틸 힘을 잃었기 때문이에요. 냉전 이후 미국의 유일 패권이 흔들리는 것도 신자유주의적 세계화의 문제점이 곳곳에서 두드러지고 있기 때문이지요. 우리가 경제와 사회의 변화에 집중하는 까닭입니다.

2015년 9월
서경석

차례

지은이의 말   유럽의 시대가 저물고 미국의 시대가 열린 까닭은? · 4

제1부 | 자본주의와 민족주의

1 혁명의 불길이 다시 타오르다 · 16

혁명 이전으로 되돌리려는 빈체제 | 라틴 아메리카의 독립

그리스의 독립 | 프랑스 7월 혁명

똑똑하게 정리하는 착착 마인드맵 · 37

2 산업 혁명이 일어나면서 자본주의가 움트다 · 38

해가 지지 않는 나라, 영국 | 싸고 질 좋은 면직물을 얻기 위해

세상을 바꾼 산업 혁명 | 산업 혁명과 노동자 계급 | 선거법 개정과 계급 정당

똑똑하게 정리하는 착착 마인드맵 · 59

3 1848년 혁명이 유럽을 휩쓸고 민족주의가 대두하다 · 60

1848년 2월 프랑스 | 1848년 3월 오스트리아, 독일 그리고 이탈리아

1848년 6월 프랑스 | 1848년과 청년 마르크스 | 통일 운동을 부추긴 이탈리아의 각성

독일 통일을 향해 나아간 비스마르크 | 프로이센-프랑스 전쟁과 독일 통일

똑똑하게 정리하는 착착 마인드맵 · 91

제2부 | 제국주의와 사회주의

4 세계 패권을 둘러싼 경쟁, 제국주의가 시작되다 ·94

새로운 패권 경쟁과 식민지 쟁탈전 | 세계 여러 지역의 식민지화

똑똑하게 정리하는 착착 마인드맵 · 109

5 전 지구적 식민지화가 전개되다 ·110

중국의 반식민지화 | 오스만 제국의 약화와 영토 분할

아프리카 내륙의 식민지화

똑똑하게 정리하는 착착 마인드맵 · 147

6 제1차 세계 대전이 터지다 ·148

3국 동맹과 3국 협상 | 제1차 세계 대전 발발 | 제1차 세계 대전의 전개 과정

제1차 세계 대전의 전후 처리 | 국제 연맹의 탄생

똑똑하게 정리하는 착착 마인드맵 · 167

7 사회주의가 확산되고 러시아 혁명이 일어나다 ·168

사회주의 운동의 중심에 선 독일 | 전쟁과 혁명 | 세계 최초의 사회주의 혁명

똑똑하게 정리하는 착착 마인드맵 · 187

8 식민지와 반식민지에서 민족 독립운동이 펼쳐지다 · 188

　식민지에 불어온 독립의 바람 | 한국과 중국의 항일 운동

　인도의 비폭력 저항 운동 | 서남아시아 분할 통치와 종파 대립

　똑똑하게 정리하는 착착 마인드맵 · 203

9 전체주의가 등장하면서 제2차 세계 대전이 벌어지다 · 204

　세계 평화에 먹구름을 드리운 대공황 | 전체주의 세력의 등장

　제2차 세계 대전의 발발 | 독 · 소 전쟁 | 태평양 전쟁

　이탈리아와 독일의 패배 | 일본의 무조건 항복

　똑똑하게 정리하는 착착 마인드맵 · 233

제3부 | 오늘날의 세계

10 자본주의 진영과 사회주의 진영이 대립하다 · 236

얄타 회담과 전후 처리 | 제2차 세계 대전이 가져온 변화

중국 혁명과 동·서 냉전의 격화 | 동·서 냉전 속 제3 세계의 등장

똑똑하게 정리하는 착착 마인드맵 · 253

11 황금기를 지나 위기의 시대로 접어들다 · 254

체제 경쟁: 동·서 냉전 승리의 열쇠 | 사회주의와 자본주의의 황금기

민족주의에 기반한 저개발국의 도전 | 베트남 전쟁으로 촉발된 위기의 조짐

석유 파동으로 시작된 경제 위기

똑똑하게 정리하는 착착 마인드맵 · 281

12 우리는 지금 어디로 가고 있나 · 282

신자유주의의 등장 | 사회주의 진영의 붕괴

단 하나의 초강대국이 된 미국 | 다시 시작된 세계 경제 위기

똑똑하게 정리하는 착착 마인드맵 · 301

나오며 노동의 종말과 새로운 미래 · 302

제1부
자본주의와 민족주의

1 혁명의 불길이 다시 타오르다

2 산업 혁명이 일어나면서 자본주의가 움트다

영 국에서 면방직 공업의 기계화로 시작된 산업 혁명이 사람들의 생활 방식을
뿌리부터 바꾸는 가운데, 자유주의적 개혁을 억누르던 빈 체제는
라틴 아메리카와 그리스 독립, 1830년 프랑스 7월 혁명으로 흔들리기 시작했다.
빈 체제는 1848년 2월 프랑스에서 시작된 혁명의 불길이 오스트리아와 독일,
이탈리아로 옮겨 붙으면서 무너져 내렸다. 1848년 혁명은 자유주의와 민족주의,
사회주의 등 계급과 민족에 따라 서로 다른 지향점이 뒤엉킨 채 타오르는 용광로였다.
산업 혁명이 진행되면서 프랑스의 부르주아지와 중간 계급들은 파리의 노동자와
실업자들을 무참히 진압한 뒤 나폴레옹 3세의 질서정연한 제정으로 후퇴했다.
프랑스 대혁명과 나폴레옹 전쟁으로 깨어난 독일과 이탈리아의 민족주의적 열풍은
프로이센과 사르데냐를 중심으로 한 통일 제국의 건설로 이어졌다.

3
1848년 혁명이
유럽을 휩쓸고
민족주의가
대두하다

1 혁명의 불길이 다시 타오르다

나폴레옹 전쟁 후, 유럽 각국은 오스트리아의 수도 빈에 모여 프랑스 대혁명 이전으로 돌아가 시민 혁명을 억누르기로 결의했다. 하지만 라틴 아메리카와 그리스에서 독립 전쟁이 벌어지고, 프랑스에서 1830년 7월 혁명이 일어나 루이 필리프가 시민의 왕으로 옹립되면서 빈 체제는 흔들리기 시작했다.

혁명 이전으로 되돌리려는 빈 체제

천재 전략가로서 혜성처럼 등장했던 나폴레옹이 쿠데타를 통해 황제에 올랐다가 몰락한 과정은 유럽 사회에 커다란 변화를 가져왔다. 나폴레옹이 점령지에서 입헌 정치를 시행함에 따라 봉건 제도가 붕괴하고, 프랑스 대혁명의 이상과 함께 자유주의·민족주의가 널리 퍼졌다. 하지만 나폴레옹이 실각하여 엘바 섬으로 추방됨과 함께 왕정의 옛 영광을 되찾으려는 반동의 움직임이 나타났다.

1814년, 유럽 각국 대표가 오스트리아 제국의 수도 빈에 모였다. 무너져 내린 유럽의 봉건 질서를 되살리기 위해 그 방안을 논의하는 '빈 회의'가 열렸기 때문이다. 이 회의는 유럽 각국의 영토와 주권을 프랑스 혁명 이전 상태로 되돌리자는 것을 표방했다. 하지만 겉으로만 이런 주장을 할 뿐, 유럽 각국은 자국의 이익을 극대화하기 위해 치열한 외교전을 벌였다.

빈에서는 매일 밤 화려한 연회와 무도회가 열렸다. 당시 상황을 빗대 오스트리아 장군 폰 리뉴가 "회의는 춤춘다."라고 말했을 정도다. 하지만 무도회는 속임수에 불과했다. 강대국들은 물밑에서 협상을 벌였고, 협상이 틀어지면 군대를 동원해 전쟁을 벌이겠다고 위협하는 일도 서슴지 않았다. 예컨대 나폴레옹을 무너뜨리는 데 혁혁한 공을 세우며 일약 동부 유럽의 강자로 떠오른 러시아와 프로이센은 각각 폴란드와 작센을

독일 동북부에 자리 잡은 **프로이센**은 호엔촐레른가가 다스리던 공국이었다. 프리드리히 빌헬름 대에 폴란드의 지배에서 벗어났으며, 1701년에는 왕국의 성립을 선포했다. 프리드리히 빌헬름의 손자인 계몽 전제 군주 프리드리히 2세 때에는 영토를 확대해 유럽에서 손꼽히는 강대국이 되었다. 이후 1772년부터 1795년까지 3차에 걸쳐 러시아, 오스트리아와 함께 폴란드를 나누어 가졌다.

폴란드, 체코와 이웃한 **작센** 왕국은 프랑스 혁명 이후인 1806년에 나폴레옹 편에서 왕국으로 발돋움했다. 그런 까닭에 빈 회의에서 응징을 당해 영토의 절반 이상을 프로이센에 넘겨야 했다.

회의는 춤춘다
빈 회의에 참석한 각국의 대표들이 빈 오페라 극장에서 열린 무도회에서 춤추고 있는 모습을 그린 풍자화.

나눠 갖기로 밀약을 맺었다. 그리고 프로이센의 급부상에 부담을 느끼던 오스트리아는 영국과 프랑스를 끌어들여 전쟁 불사를 선언했다. 이런 얽히고설킨 소동 끝에 강대국들은 조금씩 양보하는 것으로 타협을 보았다.

강대국들 간의 대립으로 가장 큰 이익을 얻은 나라는 프랑스였다. 일반적인 패전 협상이라면 유럽 전역을 전쟁의 불길로 내몬 대가로 식민지는 물론 본국 영토까지 내주고 천문학적인 전쟁 배상금을 물어 주어야 했을 것이다. 하지만 프랑스는 '정통성의 원리'에 따라 복귀한 루이 18세의 왕정이 나폴레옹 대신 책임을 지는 것은 말이 안 된다는 주장을 펼쳤다. 그리고 강대국들, 특히 오스트리아가 이를 받아들이면서 프랑스는 1789년의 국경을 유지하고 약간의 배상금을 내놓는 선에서 협상을 마무리했다.

그다음으로 큰 이익을 본 나라는 영국으로 프랑스가 차지하고

*정통성의 원리*는 프랑스 혁명 이전의 상태를 정통으로 보아 1789년 이전으로 되돌리려는 것을 말한다. 이를 근거로 나폴레옹 전쟁에 의해 폐위된 유럽 각국의 왕실이 복귀했고, 영토가 재조정되었다.

있던 남아프리카와 남아메리카, 인도 실론 섬을 차지했다. 러시아도 폴란드의 주요 지역을 차지하는 성과를 거두었고, 프로이센도 작센 일부를 차지하면서 나름의 실리를 챙겼다. 하지만 정작 빈 회의를 이끈 오스트리아는 유럽의 질서를 주도한다는 허울 좋은 명분만 얻었을 뿐 별다른 실리를 챙기지 못했다.

어찌 됐든 유럽은 빈 회의를 통해 합의한 정통성의 원리에 따라 혁명과 전쟁으로 쫓겨났던 옛 왕실들이 다시 자리를 잡았다. 이것이 빈 체제이다. 그 뒤 오스트리아의 재상 메테르니히는 유럽 각국 대표들과 협의하여 빈 회의의 합의를 위협하는 일체의 운동, 즉 자유·민주·민족주의 운동을 철저하게 탄압했다. 각국에서는 비밀경찰이 자유주의와 민주주의, 민족주의를 이야기하는 사람들을 감시하고 체포하고 투옥했다.

자유주의자들과 민주주의자들은 졸지에 불온 분자로 낙인 찍히고 말았다. 하지만 빈 체제가 제아무리 강력한 보수 반동의 채찍을 휘두른다 할지라도 사람들의 기억 속에서 혁명의 기억을 지울 수는 없었다. 머지않아 빈 체제라는 방파제에 커다란 구멍을 낼 일들이 곳곳에서 벌어졌다. 대표적으로 라틴 아메리카와 그리스에서 일어난 일들을 보자.

다른 나라들이 새롭게 영토를 얻은 데 비해 **오스트리아**는 새롭게 얻은 영토가 없다. 하지만 나폴레옹 전쟁으로 빼앗긴 방대한 영토를 모두 되찾는 성과를 올렸다.

라틴 아메리카의 독립

2권에서 다루었듯이 에스파냐는 16세기 초에 라틴 아메리카를 정복하고 은광을 개발해 유럽에서 가장 부유한 나라가 되었다. 하지만 무적함대가 영국에 패배하면서 유럽 최강국의 자리를 영국에 내주고 말았다. 더욱이 18세기 초에 이르러 왕실의 대가 끊기면서 루이 14세의 프랑스를 비롯한 유럽 각국이 왕위를 놓고 치열한 전쟁을 벌였다. 최종적으로 에스파냐 왕위를 차지한 것은 프랑스의 부르봉 왕가였다.

부르봉 왕가는 유럽의 패권을 놓고 영국과 치열한 각축전을 벌이고 있었다. 당시 유럽 사람들은 많이 수출하고 적게 수입해 무역이 흑자를 이루면 부유해진다고 생각했다. 그러려면 산업 경쟁력이 다른 나라들보다 뛰어나야 함은 물론, 국가에서 산업을 적극적으로 보호하고 장려해야 한다고 여겼다. 그래서 외국 상품의 수입을 막고 자국 상품만 쓰도록 했는데, 이것이 '보호 무역주의'이다. 그런데 자국 산업을 보호하기 위해 값싼 외국 상품의 수입을 막자 뜻밖의 부작용이 나타났다. 물가가 가파르게 오른 것이다.

문제는 이러한 피해가 본국보다는 식민지에 집중되었다는 것이다. 식민지에는 광산이나 대농장 등 원료를 채취하는 일차 산업을 제외하고는 별다른 산업이 발달하지 못했다. 공산품을 다른 나라에서 사다 써야 했는데, 값싼 외국 상품을 쓰면 밀수 행위로 간주되어 무거운 처벌을 받았다. 그러니 물가가 올라 더욱 비싸진 상품을 본국에서 사다 쓰는 수밖에 없었다.

수출길이 막힌 여러 나라가 이를 그냥 두고 볼 리 없었다. 그에 대한 보복 조치로 이들 역시 유럽의 본국과 식민지에서의 수입을 막았다. 그러자 식민지에서 생산한 원료의 판로가 막히면서 값이 폭락했다. 식민지 주민들은 물가 상승과 수입 저하라는 혹독한 이중고를 겪어야 했다.

고통은 저항을 낳는 법이지만, 군대와 경찰의 통제력이 강할 때는 저항을 꿈도 꾸지 못한다. 그런데 이들 군대와 경찰의 통제력이 약화된다면 어떤 일이 벌어질까?

19세기 초 포르투갈과 에스파냐에서는 나폴레옹 전쟁으로 왕실이 내쫓겨 인질로 감금되고 식민지로 망명하는 일이 벌어졌다. 이때 식민지 주민들은 자신들을 괴롭히던 본국 왕정의 실체를 똑똑하게 볼 수 있었다. 자신들을 그토록 무섭게 단속하고 처벌하던 본국 군대였는데, 나폴레옹이 이끄는 프랑스군에는 상대도 되지 못했다.

망명 왕정은 군대와 경찰로 식민 통치를 유지하려 했으나, 명백히 드러난 이들의 초라한 모습은 식민지 주민들에게 해 볼 만하다는 생각을 심어 주었다. 나폴레옹군에 무너져 내린 본국 군대, 그들만 없으면 자신들의 힘으로도 충분히 독립할 수 있다고 생각했다. 식민지 주민들은 본국을 위해 등골이 휠 만큼 무거운 세금을 내면서도 아무 권리도 누릴 수 없는 상태에 이를 갈던 참이었다. 이들은 그런 상황에 마침표를 찍기 위해 일어섰다.

1810년 중앙아메리카 멕시코에서 미겔 이달고 이 코스티야 신부가 독립 전쟁의 신호탄을 쏘아 올렸다. 그리고 1814년 호세 마리아 모렐로스 이 파본이 그 뒤를 이었다. 둘 다 군대에 무참히 진압되었지만, 독립 전쟁은 멈추지 않았다. 이후에는 비센테 게레로의 지휘하에 유격전 형태로 전개되었고, 멕시코는 1821년 협상을

1807년 나폴레옹은 포르투갈을 침공했고 포르투갈 왕실은 브라질로 망명했다. 이듬해인 1808년 나폴레옹은 에스파냐를 침공해 부르봉 왕가를 내쫓고 형인 조제프를 에스파냐 왕위에 앉혔다. 식민지로 망명한 **포르투갈과 에스파냐** 왕정은 뿔뿔이 흩어진 군대를 수습해 프랑스군에 저항하는 한편, 식민지 주민들의 충성심과 애국심을 자극해 본국 전선에 군대를 투입했다. 군대는 주민들의 지지를 바탕으로 유격전을 활발히 벌여 나갔다. 그 덕에 이들 왕정은 1814년 나폴레옹 전쟁이 끝난 뒤 본국으로 되돌아왔다.

통해 독립을 쟁취했다.

　남아메리카에서도 독립 전쟁이 불붙기 시작했다. 이를 주도한 인물이 시몬 볼리바르이다. 남아메리카 북부 누에바 그라나다(지금의 콜롬비아, 베네수엘라, 에콰도르를 합친 지역)에서 태어나 유럽에서 공부한 그는 볼테르, 몽테스키외, 루소 등 계몽 사상가들의 저서를 접하고 라틴 아메리카 혁명을 꿈꾸었다. 고향으로 돌아온 볼리바르는 프랑스의 침략으로 에스파냐가 정신을 차리지 못하는 틈을 이용해 독립과 혁명을 이루어야 한다고 주장했다.

　1810년 베네수엘라 주민들은 볼리바르 등의 지도 아래 총을 들었고, 에스파냐 총독을 추방한 그들은 1811년에 임시 정부를 구성하고 독립을 선언했다. 그러나 본국에서 임시 정부를 진압하기 위해 군대를 파견하면서 베네수엘라는 전쟁의 불길에 휩싸였다. 치열한 공방전 끝에 이듬해인 1812년 휴전 조약을 맺었는데, 결국 다시금 총독의 지배를 인정해야 했다.

　볼리바르는 베네수엘라를 떠나 주변 지역을 돌아다니며 베네수엘라의 에스파냐 군대를 무너뜨려야 독립과 혁명을 이룰 수 있다고 설파했다. 이들 지역에서 군사를 모은 볼리바르는 1813년 에스파냐군을 여섯 차례나 무찌르고 베네수엘라를 해방했다. 하지만 1814년 에스파냐 군대에 다시 패했고, 자메이카로 피신했다. 이곳에서 볼리바르는 식민지 주민들에게 남부의 아르헨티나에서 칠레와 페루, 베네수엘라를 거쳐 북부의 멕시코에 이르는 '라틴 아메리카 연방'이라는 웅대한 꿈을 퍼뜨렸다.

　1815년 에스파냐가 빈 체제를 등에 업고 라틴 아메리카에 강력

멕시코의 역사 (오른쪽)
멕시코의 민중 화가 디에고 리베라가 1929~1930년에 멕시코 대통령궁 중앙 계단에 그린 대형 벽화이다. 깃발 왼쪽의 대머리 신부가 이달고, 독립 선언서를 들고 제복을 입은 이가 모랄레스이다.

한 군대를 파견했다. 독립 혁명의 꿈은 물 건너가는 듯 보였다. 하지만 볼리바르는 이에 굴하지 않고 1817년 베네수엘라의 오지인 오리노코 지역에 혁명 본부를 건설했다. 식민지 주민들에게 독립과 혁명, 통일, 연방의 꿈을 퍼뜨릴 신문을 발행하는 한편 주변 지역의 혁명군들과도 손을 잡았다.

보야카 전투
안데스 산맥을 넘은 볼리바르 군대는 1819년 8월 7일 보야카에서 에스파냐군을 격파하고 8월 10일 콜롬비아 보고타를 함락해 콜롬비아를 해방했다. 베네수엘라 화가인 마르틴 토바르 이 토바르가 1890년경에 그린 그림이다. 베네주엘라 카라카스 연방 궁전 소장.

1819년 봄, 볼리바르는 2,500명에 불과한 소규모 군대로 누에바그라나다를 공격하는 작전에 돌입했다. 한니발과 나폴레옹이 알프스 산맥을 넘었듯이, 볼리바르 군대는 홍수가 휩쓸고 간 평원과 얼음으로 덮인 산맥을 넘어 에스파냐군을 기습했다. 볼리바르 군대는 병력과 무기, 지형에서 절대적인 열세였지만 아무런 대비를 하지 못한 에스파냐 군대를 일거에 무찔렀다. 볼리바르 군대는 콜롬비아 공화국을 선포했다. 1821년 볼리바르는 마침내 고향인 베네수엘라를 해방했고, 뒤이어 에콰도르를 해방했다.

독립 혁명의 바람은 남쪽에서도 불어왔다. 아르헨티나 출신의 호세 프란시스코 데 산마르틴은 프랑스군에 인질로 붙잡혀 있는 에스파냐 왕에 대한 충성심과 애국심으로 에스파냐로 건너가 임시 정부 군대에 복무하며 큰 공을 세웠다. 하지만 산마르틴은 에스파냐 본국 사람들이 식민지 주민을 차별하고 멸시하는 현실을 접하고 깊은 고뇌에 빠졌다. 결국 그는 1812년 아르헨티나의 지휘

관으로 돌아와 라틴 아메리카
해방의 영웅으로 거듭났다. 독
립을 선언한 아르헨티나의 혁명
정부 편에 선 것이다. 당시 아르
헨티나 혁명 정부는 페루에 근
거를 둔 에스파냐 왕당파 군대
의 공격에 시달리고 있었다. 산
마르틴은 칠레의 혁명군을 이끌

**페루 독립을 선언하는
산마르틴**
후안 레피아니가 1904년에
그린 작품이다. 페루 고고
인류 역사 박물관 소장.

던 베르나르도 오이긴스의 도움을 받아 1817년 안데스 산맥을 넘
어 칠레의 왕당파 군대를 기습했다. 산티아고를 점령하여 칠레를
해방한 산마르틴은 해군을 양성해 페루 왕당파의 근거지인 리마
를 포위했다. 그리고 1821년 리마를 점령하고 페루의 독립을 선포
했다.

1822년 볼리바르와 산마르틴은 에콰도르의 항구 도시 과야킬에
서 만나 라틴 아메리카 혁명에 대해 협의했다. 회담이 끝난 뒤 산
마르틴은 볼리바르에게 라틴 아메리카 혁명을 맡기고 프랑스로 망
명해 은둔에 들어갔다. 볼리바르와 자신의 대립으로 라틴 아메리
카 혁명이 표류하는 것을 막으려는 뜻이었다.

라틴 아메리카 혁명의 지휘권을 굳건히 다진 볼리바르는 1823
년 리마에 도착했고, 1824년 안데스 산맥의 험지에 웅크리고 있던
에스파냐 군대를 격파했다. 에스파냐 부왕이 항복하면서 볼리바르
는 사실상 라틴 아메리카 독립을 완수했다. 에스파냐 식민지로 남
아 있던 페루 북부 일부는 1825년 해방되었고, 이 지역은 볼리바

르의 이름을 따 볼리비아가 되었다. 마침내 남아메리카에서 에스
파냐 식민 통치가 끝장난 것이다.

한편 포르투갈 왕 주앙 6세는 나폴레옹이 포르투갈을 침략하
기 직전에 브라질로 건너가 정부를 그곳으로 옮겼다가, 빈 체제가
성립된 뒤 포르투갈로 되돌아갔다. 이때 포르투갈 섭정왕 돈 페드
로가 1822년 브라질의 독립을 선포하고 황제에 즉위했다. 이로써
영국·프랑스·네덜란드 등이 점령하고 있던 기아나를 제외하고는
남아메리카 대륙 전체가 유럽에서 벗어나 독립을 쟁취했다.

그리스의 독립

독립 혁명의 바람은 빈 체제로 얼어붙은 유럽에도 불어왔다. 이번
에는 남부 유럽의 끝자락 그리스가 무대였다.

비잔티움 제국의 영토였던 그리스는 1453년 콘스탄티노플이 함락되고 비잔티움 제국이 멸망하면서 오스만 제국에 편입되었다. 하지만 그리스 사람들은 이슬람 국가인 오스만 제국의 통치 아래에서도 동유럽의 다른 슬라브 족들과 달리 별다른 고통 없이 살아왔다. 오스만 제국이 인두세만 내면 다른 종교도 포용하는 관용 정책을 펴 그리스 정교회나 유대교 등 다른 종교들의 공동체에 자치권을 주었기 때문이다. 그중에서도 '밀레트'라는 종교 공동체가 종교 지도자를 우두머리로 삼아 오스만 제국의 간섭 없이 자신들의 고유한 율법에 따라 다스렸다. 밀레트들은 회의를 통해 상호 갈등을 조절함으로써 자치권을 확대해 나갔다. 밀레트를 통해 그리스 정교회는 그리스의 언어와 문자, 문화, 역사를 지켰으며 사람들을 하나로 묶는 구심점이 되었다.

오스만 제국 치하에서 그리스 인들은 통역관이나 그리스 정교회의 성직, 그리스 정교회 밀레트의 성직 등 중간 관리로 기용되었다. 그리스 인들은 별다른 불만 없이 오스만 제국의 통치 체계에 녹아들었다.

하지만 18세기 근대 유럽의 발전으로 오스만 제국에 의한 평화가 흔들리면서 발칸 반도는 크나큰 변화를 맞이하게 되었다. 오스만 제국이 17세기 중반에 폴란드까지 치고 들어가자 오스트리아와 폴란드, 러시아, 베네치아 공화국 등이 신성 동맹을 결성해 맞섰다. 이들 국가에 패배한 오스만 제국은 발칸 반도의 많은 부분을 넘겨주어야 했다.

유럽에 패배한 오스만 제국은 유럽의 뛰어난 군사 과학 기술을

오스만 제국이 **밀레트**에 세금 납부와 치안을 맡긴 것은 탁월한 선택이었다. 관료와 군대, 경찰 등 행정·치안 비용의 절감을 통해 효율적인 행정 체계를 구축했을 뿐 아니라 종교적 대립과 갈등을 완화해 반란과 내전이 자주 일어나는 것을 막을 수 있었다. 이는 북아프리카, 중동, 동유럽에 오랫동안 '오스만 제국에 의한 평화(팍스 오스마니아)'를 가져왔다.

받아들였다. 그런데 군사 과학 기술과 함께 계몽주의와 절대주의를 중심으로 하는 유럽의 정치사상이 들어오면서 오스만 제국 안에서 유럽식 정치 개혁을 추진하려는 움직임이 나타났다. 이는 정통적인 이슬람 종교 지도자들의 반감을 사 정치적 혼란이 극심해졌다.

그런 한편으로, 오스만 제국의 패배는 발칸 반도 여러 민족의 독립 움직임을 촉진했다. 러시아가 그리스 정교회의 수호자를 자처하면서 발칸 반도 여러 민족의 독립을 지원한 것도 큰 몫을 했다. 민주적 공화제를 위한 계몽사상이 유럽 각지에서 자유주의와 민족주의를 촉발했듯이 발칸 반도와 그리스에서도 자유주의와 민족주의가 타오르기 시작했다.

18세기 말 오스트리아 빈에서 그리스 인 리가스 페라이오스는 종교를 불문한 발칸 인 전체의 해방과 발칸 공화국 건설을 주장했다. 방법은 당연히 발칸 인의 무장봉기였다. 이는 발칸 남부를 차지한 오스만 제국과 발칸 북부를 차지한 오스트리아 모두에게 위험한 주장이었다.

오스트리아와 오스만 제국은 현상 유지를 위해 서로 협력했다. 1797년 오스트리아 비밀경찰이 페라이오스와 그 동료들을 체포하여 오스만 제국에 넘기자, 오스만 제국 관리들은 1798년 베오그라드에서 이들을 교수형에 처하고 시신을 도나우 강에 내다 버린 것이다.

하지만 페라이오스가 붙인 그리스 민족주의의 불씨는 꺼지지 않고 그리스 상인들에게 옮겨붙었다. 독립과 혁명을 꿈꾸는 그리스 상인들은 1814년 흑해 크림 반도 서부 오데사에서 '필리키 에

리가스 페라이오스
그리스의 시인이자 독립 영웅. 안드레아스 크리에지스가 그린 초상화이다. 그리스 아테네 베나키 박물관 소장.

타이레이아(우호 형제단)'라는 비밀 결사를 조직했다. 필리키는 세계 곳곳에 퍼져 있는 그리스 교포 집단과 현지의 그리스 인들 사이에서 급속히 세력을 넓혔다.

1821년 3월, 그리스 독립 전쟁의 막이 올랐다. 러시아군 장교였던 알렉산드로스 입셀란테스가 필리키의 지도자로서 동지들과 함께 프루트 강을 건너 오스만 제국이 지배하고 있는 도나우 공국으로 들어가면서부터다. 입셀란테스는 얼마 뒤 러시아가 참전해 지원해 줄 거라며 모든 그리스 인과 그리스 정교회 신도들은 오스만 제국에 대항해 봉기하라고 선동했다. 하지만 그의 말은 거짓이었다. 러시아의 차르는 참전을 검토한 적도 없으며 입셀란테스가 더는 러시아군 장교가 아니라는 서신을 전달했다. 이 때문에 발칸 반도 북부의 봉기는 혼란에 빠졌고, 오스만 제국군에 궤멸적인 패배를 당했다. 입셀란테스는 동료들과 함께 오스트리아로 탈출하려 했다. 그러나 오스트리아는 이들의 망명을 받아주지 않았고, 입셀란테스는 오스트리아 비밀경찰에 붙잡혀 7년간 옥살이를 해야 했다.

비록 입셀란테스는 체포되었지만 그리스 인들은 거기서 멈추지 않았다. 필리키의 선동으로 오스만 제국에 대해 저항을 일으킨 것이다. 펠로폰네소스 반도의 밀레트 고위 성직자들, 도적단 우두머리들, 민병대 우두머리들의 모임에서 러시아의 보장만 있다면 봉기하겠다는 결의가 오갔다. 그리고 3월 21일부터 펠로폰네소스 반도 곳곳에서 봉기가 일어났다. 독립군이 해안 마을들을 장악했고 튀르크 인들은 요새로 피신했다. 특히 테오도로스 콜로코트로니스가 이끄는 독립군은 펠로폰네소스 주의 주도인 트리폴리를 함락하는 등 커다란 전과를 올렸다. 중부 그리스에서도 봉기가 일어나 곳곳에서 오스만 제국군과 접전을 벌였다. 독립 전쟁의 불길은 마케도니아와 크레타 섬까지 맹렬하게 번져 나갔다. 1821년 11월, 펠로폰네소스 반도와 중부 그리스의 독립군 지도부는 헌법 초안을 만들고 의회를 열어 공화국 정부를 구성했다. 독립이 눈앞에 다가오는 듯했다.

하지만 그리스 독립 전쟁은 안팎으로 크나큰 위기를 맞았다. 새 정부의 주도권을 놓고 정부 수반인 게오르기오스 쿤투리오티스와 군사 지도자인 테오도로스 콜로코트로니스 사이에 대립이 격화된 것이다. 이는 1823년에 내전으로 폭발했다. 쿤투리오티스는 행정부를 장악한 중부 그리스의 세력을 대표했고, 콜로코트로니스는 의회를 장악한 펠로폰네소스 반도의 세력을 대표했다. 내전으로 드러난 지역 갈등은 새 정부의 전력을 크게 약화시켰다. 설상가상으로 1825년 오스만 제국이 이집트군을 동원하여 새 정부를 공격했다.

오스만 제국의 술탄 마무드 2세는 이집트 제후 무함마드 알리 파샤에게 그리스 침공을 명했다. 그리스가 독립하면 발칸 반도 전체를 잃어버릴 수 있기 때문이다. 무함마드 알리는 마무드 2세에게서 시리아와 키프로스 섬, 크레타 섬, 펠로폰네소스 반도 등의 지배권을 약속받고 아들 이브라힘 파샤가 이끄는 원정대를 파견했다. 함대를 타고 온 원정대는 근대적인 장비로 무장하여 막강한 화력을 자랑했다. 이집트군은 펠로폰네소스 반도와 중부 그리스를 차근차근 점령해 나갔다. 이에 따라 그리스 인들의 독립 의지는

무함마드 알리 파샤
오스만 제국의 이집트 총독으로 무함마드 알리 왕조를 열어 이집트의 근대화에 노력했다. 그리스 독립 전쟁 때 오스만 제국을 원조해 크레타 섬과 키프로스 섬을 얻었다. 프랑스 화가 오귀스트 코드가 1841년에 그린 작품이다.
프랑스 베르사유 궁 소장.

바람 앞의 등불 신세가 되었다.

바로 그때 유럽의 지식인들이 그리스 인들에게 구원의 손길을 뻗었다. 시인 인 조지 바이런과 화가인 외젠 들라크 루아 등 저명한 인물들을 비롯해 수많 은 사람이 그리스로 달려가 의용군이 되었다. 보수 반동 빈 체제 아래 힘겨워 하던 유럽의 혁명가들도 관심을 보이면 서 그리스는 점차 혁명과 반동, 자유와 압제를 가르는 기준선이 되어 갔다.

키오스 섬의 학살
외젠 들라크루아가 1824년에
그리스 독립 전쟁을 주제로
그린 첫 번째 그림이다. 1822년
오스만 제국군이 키오스 섬의
주민 9만여 명 중 900여 명을
뺀 나머지 주민을 모조리
죽이거나 잡아간 비극을 화폭에
담았다. 프랑스 루브르 박물관
소장.

오스트리아나 러시아가 그리스 독립 전쟁에 대해 초기에 어떻게 대응했는가에서도 알 수 있듯이 유럽 각국은 애초에 그리스의 독립을 반기지 않았다. 발칸 반도에 대한 영토적 야심을 노골적으로 드러내던 이들은 그리스의 독립이 발 칸 여러 민족의 독립과 연합을 촉발하지 않을까 두려워했다. 독립 의 바람이 불어닥치면 자국 내 소수 민족도 독립을 요구할 테니 말이다. 더욱이 그리스나 발칸 여러 민족의 독립은 자신들이 부정 하는 공화제 혁명으로 귀결될 게 뻔했다. 이는 보수 반동의 빈 체 제를 위협할 것이므로 뇌관이 터지기 전에 없애는 편이 훨씬 이익 이었다. 이처럼 어떤 나라도 새 정부를 인정하지 않으면서 그리스 는 고립무원의 처지가 되었다.

그러던 중 영국이 러시아의 태도를 오해하면서 상황은 반전을 맞았다. 당시 러시아는 그리스 정교회의 수호자를 자처하고 있었다. 오스만 제국에 그리스 정교회를 탄압하지 말라며, 탄압을 하면 전쟁도 불사하겠다고 으름장을 놓았다. 오스만 제국은 오스트리아의 중재 아래 무고한 사람들은 건드리지 않겠다고 약속했다. 그런데 영국은 이 사태를 두고 러시아가 그리스 독립 전쟁에 개입해 영토를 확장하려는 속셈이라고 해석했다.

영국은 그리스 독립 전쟁에 개입해 러시아의 팽창 의도를 막기로 했다. 먼저 오스만 제국에 그리스에 대한 야만적 탄압을 중지하라고 요구하는 한편, 해군 함대를 동원해 오스만 제국군의 보급로를 봉쇄했다. 또 그리스에 두 차례나 차관을 제공하여 커다란 도움을 주었다. 그러자 그리스 내에서는 영국에 우호적인 세력이 크게 늘었다.

그리스 내에 친영 세력이 구축되자, 영국은 이번에는 러시아를 끌어들여 오스만 제국을 압박했다. 오스만 제국은 영국과 그리스의 요구를 받아들여 도나우 공국에서 오스만 제국군을 철수하고 그리스의 완전 자치를 약속했다.

하지만 오스만 제국은 얼마 안 가 그리스의 완전 자치 약속을 뒤집었다. 이브라힘 파샤가 이끄는 이집트 원정대가 펠로폰네소스 반도와 중부 그리스를 차근차근 점령해 가고 있었기 때문이다. 더욱이 오스트리아도 나서서 그리스의 자유주의 혁명 운동을 돕는다면 빈 체제가 무너지고 말 거라며 몽니를 부렸다. 오스트리아는 그리스 독립 전쟁에서 아무런 이득도 얻지 못한 터였다.

영국과 러시아는 오스트리아와의 관계 악화를 무릅쓰고서라도 오스만 제국과 전쟁을 벌일지 그리스에서 발을 뺄지 양자택일을

해야 하는 상황으로 내몰렸다. 이때 프랑스가 영국과 러시아의 편에 서면서 상황은 새로운 국면을 맞았다. 프랑스는 이를 통해 빈 체제를 흔들고 빈 체제가 부과한 각종 제약에서 벗어나려는 속셈이었다.

영국을 주력으로 한 연합 함대는 그리스 서남부의 나바리노에 해군 함대를 보내 이집트 함대를 격파했다. 1827년 10월 20일의 일이었다. 이듬해인 1828년, 러시아도 오스만 제국에 선전 포고를 하고 군대를 남하해 오스만 제국을 공격했다. 오스만 제국은 연합국의 공세에 패배를 거듭하다 결국 연합국의 요구를 받아들이겠다고 약속했다. 연합국은 한편으로, 빈 체제의 붕괴를 우려하는 오스트리아를 달래기 위해 그리스 정부에 공화국이 아니라 군주국으로 전환할 것을 압박했다.

아테네에 입성하는 오토 1세
유럽 각국은 빈 체제를 유지하기 위해 그리스를 군주국으로 바꾸고 그리스 왕에 바이에른 왕자인 오토 1세를 선출했다. 페테르 폰 헤스가 1839년에 그린 그림이다. 독일 뮌헨 노이에 피나코테크 미술관 소장.

1832년 유럽 각국은 런던에 모여 독일 바이에른 왕국의 오토 왕자를 그리스 왕 오토 1세로 선출했다. 그리스 의회는 오토 1세를 인준했고, 오스만 제국의 마무드 2세도 이를 수락했다. 그리스 독립 전쟁은 마침내 그리스의 독립으로 마무리되었고, 그 과정에서 빈 체제에는 심각한 균열이 발생했다.

프랑스 7월 혁명

보수 반동 빈 체제라는 장벽이 라틴 아메리카와 그리스에서 조금씩 금이 가기 시작하다가 드디어 무너질 조짐을 보였다. 유럽의 심장부인 프랑스에서였다.

나폴레옹의 몰락 이후 프랑스로 돌아온 루이 18세는 전쟁에 지친 프랑스 국민에게 열렬히 환영받았다. 루이 18세는 프랑스 혁명을 처음부터 끝까지 지켜보면서 민중이 분노하면 어떤 일이 벌어지는지 똑똑히 알게 되었다. 그는 합리적이고 온화한 통치를 통해 프랑스 혁명과 나폴레옹 전쟁의 상처를 치유하려 했다. 그래서 왕이 발의한 법안의 결정 권리와 예산 승인 권리를 의회에 줌으로써 입헌 군주제에 따른 의회 정치를 시도했다. 하지만 의회의 압도적 다수는 강경한 왕당파가 차지하고 있었다. 루이 18세는 왕당파의 극단주의에 반대해 1816년 의회를 해산했지만, 왕당파의 영향력이 확대되는 걸 막을 수 없었다.

1824년에 합리주의자인 루이 18세가 죽고, 동생인 샤를 10세가

대관식 예복을 입은 루이 18세
프랑스 대혁명으로 처형된 루이 16세의 동생인 루이 18세는 합리주의자로 민중의 힘을 두려워했다. 프랑스 화가 프랑수아 제라르 작품. 파리 보아르네 호텔 소장.

그 뒤를 이었다. 샤를 10세는 정치 감각이라고는 눈을 씻고 봐도 찾을 수 없는 인물이었다. 샤를 10세는 왕당파와 가톨릭교회의 부추김을 받으면서 뼛속까지 왕권신수설을 신봉하는 과격 원리주의자로 거듭났다.

극단적인 왕당파 중심의 반동주의 내각을 통해 프랑스를 다스리면서 샤를 10세의 인기는 갈수록 추락했다. 1829년 8월 내각이 자유주의자와 극우파의 연합으로 무너지자, 샤를 10세는 폴리냐크 공에게 내각 구성을 맡겼다. 그는 여론을 무시하고 극단적인 반동 정책으로 악명을 떨친 인물이다. 1830년 3월 자유주의 의원들이 폴리냐크 내각을 반대하자 이번에는 의회를 아예 해산해 버렸다. 하지만 5월 선거에서 국왕의 반대파가 대거 당선되어 압도적 다수를 이루었다.

선거 결과에 불만을 품은 샤를 10세는 군대를 동원해 공포 분위기를 조성했다. 친위 쿠데타였다. 선거 결과 뽑힌 의원들로 의회를 구성하기도 전에 의회를 해산한 것이다. 선거에서 이기기 위해 선거법도 개정해 부르주아지(자본가)의 선거권과 피선거권을 박탈했다. 사태가 널리 알려지는 것을 막기 위해 신문과 잡지를 폐간하는 등 언론 탄압도 병행했다.

이러한 조치는 파리 시민, 아니 전 프랑스 국민의 반발을 불렀다. 파리 시민들은 7월 27일부터 29일까지 '영광의 3일' 동안 시가전을 벌여 군대를 격퇴했다. 아무런 대비도 없이 국민을 내리누르기만 하던 샤를 10세는 진압이 불가능하다는 사실을 깨닫고 깜짝 놀랐다. 그래서 8월 1일 루이 필리프를 국왕 대리로 임명하고, 다

샤를 10세
루이 18세와 마찬가지로 루이 16세의 동생인 샤를 10세는 민중의 힘을 무시한 과격 반동주의자였다. 프랑스 화가 프랑수아 제라르 작품. 에스파냐 프라도 국립 박물관 소장.

음 날에는 손자인 보르도 공작에게 왕위를 넘겨주었다. 하지만 시
민들은 이를 인정하지 않고 루이 필리프를 '시민의 왕'으로 선포했
다. 이에 샤를 10세는 영국으로 도망쳤다.

7월 혁명을 통해 왕위에 오른 루이 필리프는 왕권신수설 대신
국민 주권의 원리를 내세웠다. 새 왕정의 중심은 왕당파 지주 귀
족에서 자유주의적 상층 자본가로 옮겨 갔다.

프랑스의 1830년 7월 혁명에 용기를 얻은 유럽의 자유주의자들
은 폴란드와 이탈리아, 독일의 여러 왕국에서 일제히 봉기했다. 하
지만 러시아는 폴란드 봉기를 잔인하게 진압한 뒤 아예 합병해 버
렸다. 이탈리아와 독일의 여러 왕국에서 일어난 봉기도 모두 실패
했다. 성공하지는 못했지만, 이러한 봉기의 기억은 또 다른 혁명을
준비하는 자양분으로 작용했고 보수 반동 빈 체제는 급속히 붕괴
되어 갔다.

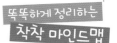
빈 체제 이후의 변화

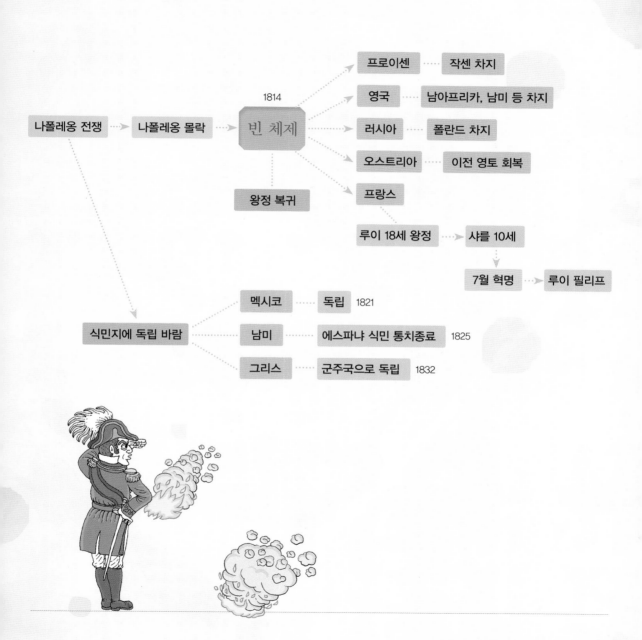

나폴레옹 전쟁 ┄▶ 나폴레옹 몰락 ┄▶ **빈 체제** (1814)

프로이센 ┄ 작센 차지

영국 ┄ 남아프리카, 남미 등 차지

러시아 ┄ 폴란드 차지

오스트리아 ┄ 이전 영토 회복

프랑스

왕정 복귀

루이 18세 왕정 ➡ 샤를 10세 ⬇ 7월 혁명 ➡ 루이 필리프

식민지에 독립 바람

멕시코 ┄ 독립 1821

남미 ┄ 에스파냐 식민 통치종료 1825

그리스 ┄ 군주국으로 독립 1832

2 산업 혁명이 일어나면서 자본주의가 움트다

18세기 말 영국에서 시작된 산업 혁명으로 사람들의 삶이 근본적으로 바뀌었다. 증기 기관 보급으로 석탄 산업과 제철 산업이 발달했고, 철도와 기선 등 교통 혁명이 이루어졌다. 농촌의 저임금 미숙련 노동력이 도시로 몰리면서 도시화와 노동자화가 빠르게 이루어졌다. 도시 노동자들은 임금 인상과 노동 조건 향상을 위해 단결하기 시작했다.

해가 지지 않는 나라, 영국

프랑스 대혁명과 빈 체제, 1830년 7월 혁명을 유심히 살펴보면 지주 귀족, 부르주아지, 노동자 등 여러 사회 계층이 등장한다. 이들 사회 계층은 어떻게 형성되었고 어떤 변화를 겪었을까?

이야기는 영국이 엘리자베스 1세 때 에스파냐 무적함대를 무찌르고 유럽의 패권을 차지한 16세기 말로 거슬러 올라간다. 오늘날의 벨기에·네덜란드·룩셈부르크 등과 프랑스·독일의 일부를 포함하는 플랑드르 지방에서는 양털로 고급 모직 의류를 만드는 모직물 공업과 중북부 유럽을 대상으로 한 중계 무역이 번성하고 있었다. 그런데 신성 로마 제국에 속해 있던 이 지방이 에스파냐의 공주와 신성 로마 제국 황제 아들의 결혼으로 에스파냐 영토가 되면서 경제적으로 크나큰 위기에 빠졌다. 플랑드르 지방에는 칼뱅주의 개신교도가 많이 살고 있었는데, 독실한 가톨릭 신자였던 에스파냐의 펠리페 2세가 이들을 무자비하게 탄압하는 한편 이 지방에 무거운 세금 부담을 지운 것이다.

플랑드르 사람들은 에스파냐의 탄압에 맞서 독립 전쟁을 벌였고, 그 전쟁에서 승리하면서 네덜란드가 독립을 쟁취했다. 이 과정에서 영국은 플랑드르 사람들의 독립 전쟁을 지원했다. 에스파냐 무적함대가 플랑드르 반군과 영국을 응징하려고 출동했으나 1588년 영국 해군의 화공으로 대패했다.

이 전쟁에서 중요한 사실은 에스파냐의 종교 탄압을 피해 플랑드르의 칼뱅주의 개신교도들이 대거 영국으로 망명했고, 이들을

직조공
직조공이 베틀을 써서 모직 천을 짜고 있다. 1425년경 독일 뉘른베르크에서 만들어진 책의 삽화이다.

통해 플랑드르의 모직물 가공 기술이 영국으로 전해졌다는 점이다. 영국은 그전에도 플랑드르 지방에 양털을 수출해 큰돈을 벌고 있었다. 이제는 고급 모직물을 생산해 수출함으로써 이익을 몇 배나 키울 절호의 기회를 맞은 셈이었다.

플랑드르 안트베르펜의 학살
안트베르펜에서는 1576년 에스파냐 군대가 개신교도 7,000여 명을 학살하는 만행을 저질렀다. 직조공들이 학살을 피해 영국으로 이주하면서 영국에 모직물 가공 기술이 전해지는 계기가 되었다. 이곳은 소설 『플랜더스의 개』의 무대이기도 하다.

16세기부터 영국의 농촌은 큰 변화를 겪었다. 양털 수출이 급격하게 늘면서 영주들이 너도나도 양을 기르기 시작한 것이다. 영주들은 농민들에게 소작을 주던 직영지를 돌려받은 다음, 울타리를 치고는 농토를 갈아엎고 목초지로 만들었다. 이를 '인클로저 운동(울타리 치기 운동)'이라 한다.

문제는 영주들이 직영지뿐 아니라 장원의 마을 공유지에까지 울타리를 쳤다는 것이다. 농민들은 장원의 농지 전체에서 농사를 지었는데, 농지가 절반 이하로 줄면서 수입도 그만큼 줄어들었다. 설상가상으로 땔감을 얻고 가축을 기르던 공유지까지 빼앗기자 농민들의 삶은 삽시간에 악화되고 말았다.

16세기 말에 전해진 플랑드르의 모직물 가공 기술은 양털 수요를 더욱 늘렸고, 목초지로 바뀌는 농지도 갈수록 늘어만 갔다. 더는 농사를 지을 수 없게 된 농민들은 일자리를 찾아 도시로 떠났다. 도시는 이런 사람들로 넘쳐나 임금이 크게 떨어졌고, 일자리를 구하지 못해 굶어 죽는 사람도 많아졌다. 농민 반란을 우려한 정부가 구빈법을 만들어 가난한 사람들에게 잠잘 곳과 먹을거리를 제공할 정도였다.

이제 도시의 수공업자들과 상인들은 노동력을 값싸게 이용할 수 있었다. 양털을 이어 털실로 만들고 천을 짜는 일은 숙련된 수공업자들의 몫이었지만, 양털을 나르고 깨끗이 씻거나 천을 나르는 허드렛일은 숙련되지 않은 값싼 노동력으로도 충분했다.

수공업자들과 상인들은 사람들을 한곳에다 수백, 수천 명씩 모아 놓고 일을 시켰다. 기계만 없다뿐이지 오늘날의 공장과 별 차이가 없었다. 이처럼 숙련된 수공업자들과 숙련되지 않은 노동자들이 공장에 모여 일하는 공장제 수공업을 '매뉴팩처'라고 한다.

그런데 영국산 모직물은 원조 격인 플랑드르(네덜란드)산 모직물에 비해 명성이나 질이 떨어졌다. 나은 점은 단 하나, 값이 싸다는 것밖에 없었다. 영국은 자국산 모직물을 명성이나 질을 크게 따지지 않는 신대륙에 주로 내다 팔았다. 모직물 수출은 영국에 큰돈을 벌어다 주었다. 그럼에도 영국의 수공업자들과 상인들, 무역업자들의 탐욕은 커져만 갔다.

'플랑드르산 모직물만 없다면 더 많은 이익을 차지할 수 있을 텐데……'

수공업자들과 상인들, 무역업자들은 플랑드르의 모직물 산업에 타격을 가해 달라고 영국 정부에 청원했다. 영국 정부도 전 세계의 바다를 누비는 네덜란드 상선들이 부담스럽기는 마찬가지였다.

네덜란드 배
네덜란드가 전 세계의 바다를 마음대로 누빌 수 있었던 것은 세계에서 가장 앞선 조선술 덕분이었다. 네덜란드는 효율적인 공정 관리를 통해 영국의 반값으로 배를 건조할 수 있었고, 그 덕에 유럽 모든 국가의 배를 합친 것보다 더 많은 배를 보유할 수 있었다. 이를 바탕으로 절반의 운임으로 물건을 실어 나르면서 세계 최고의 해운 국가이자 무역 국가로 자리 잡았다. 사진은 네덜란드 나오 빅토리아 호를 복제한 것으로서 칠레의 푼타 아레나스에 있다.

영국 정부는 네덜란드와의 전쟁을 선택했다.

영국과 네덜란드는 전 세계의 제해권을 놓고 크롬웰 호국경 때인 1652년부터 1784년까지 130년 동안 네 차례나 전쟁을 벌였다. 그 전쟁에서 최후의 승자는 영국이었다.

영국과의 전쟁에서 패하면서 네덜란드에서는 해운업과 무역업, 모직물 산업이 내리막길을 걷게 되었다. 영국산 모직물도 플랑드르산 모직물을 제치고 최고급 명품으로 세계를 주름잡았다.

그 뒤 영국은 프랑스까지 제압하고 유럽 최강대국이 되었다. 강력한 군사력, 특히 막강한 해군력을 이용하여 북아메리카, 인도, 서남아시아, 아프리카의 여러 지역을 식민지로 만들었다. 그 결과 영국은 '해가 지지 않는 나라'가 되었다.

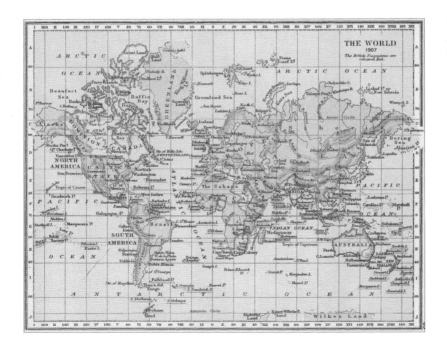

1907년 세계 지도
붉은색이 해가 지지 않는 나라
영국의 영토이다.

싸고 질 좋은 면직물을 얻기 위해

이런 상황에서 새로운 산업이 나타났다. 인도와 북아메리카, 이집트 등의 면화를 원료로 하는 면직물 공업이었다.

영국이 면직물에서 얻는 수입은 모직물과는 비교할 수 없을 만큼 컸다. 면직물은 질이 좋으면서도 값이 싸 누구나 사 입을 수 있었다. 그러다 보니 귀족을 비롯한 상류층에 국한된 모직물보다 시장 규모가 수십, 수백 배나 컸다.

수요는 공급을 낳는 법이다. 곳곳에 면직물 공장이 들어섰다. 면화에서 씨앗을 빼내고 실을 자아 천을 짜는 데는 어마어마한 노동력이 필요했다. 영국에는 때마침 농촌에서 쫓겨난 노동력이 흘러넘쳤다.

'어떻게 하면 더 많이 생산할 수 있을까?'

공장 주인들은 자나 깨나 이 생각뿐이었다. 만들기만 하면 불티나게 팔려 나갔으며 생산이 소비를 못 따라갈 정도였으니 말이다.

생산을 늘릴 방법을 고안해 낸 것은 과학자와 기술자들이었다. 바로 사람 대신 기계를 쓰는 방법이었다.

기계화는 천을 짜는 방직 공업에서 시작되었다. 존 케이라는 발명가가 1733년에 '비사'라는 물건을 발명했다. 전에는 손으로 북을 움직여 씨실에 날실을 엮었는데, 비사를 사용하면 손을 사용할 필요 없이 자동으로 천이 짜였다. 그래서 예전보다 두세 배나 많은 천을 짤 수 있었으며, 더욱이 그렇게 짠 천은 훨씬 촘촘하고 튼튼했다. 비사를 쓰면서 면직물 생산은 두세 배나 늘어났고, 실이 모

면화
면화를 원료로 한 면직물은 사람들이 가장 많이 입는 옷감이다.

자라 천을 못 짤 지경이었다.

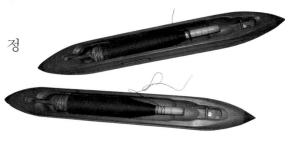

비사를 쓰는 직공들이 점점 늘어났지만, 정작 비사를 발명한 케이는 쫄딱 망했다. 직공들이 케이가 만든 정품 대신 싼 모조품을 사서 썼기 때문이다.

이제 과학자와 기술자들은 면화에서 실을 빼내는 방적 공정을 기계화하는 데 힘을 기울였다. 드디어 1767년 하그리브스가 방적기를 만드는 데 성공했다. 전에는 사람이 물레 하나로 실을 자았지만, 이제는 기계를 이용해 한꺼번에 여러 대의 물레를 돌릴 수 있었다. 하그리브스는 이 기계에 딸의 이름을 붙였는데, 바로 제니 방적기이다.

이듬해인 1768년 아크라이트가 수력 방적기를 발명했다. 물레방아를 돌려 방적기를 작동시키는 방식으로, 제니 방적기에서 뽑는

비사
1733년 케이가 발명한 자동 북으로 씨실에 날실을 자동으로 짜는 역할을 한다. 브래드포드 산업 박물관 소장.

제니 방적기
1767년 하그리브스가 발명한 방적기로 십여 개의 물레를 한꺼번에 돌려 실을 자았다. 영국 랭카스터 헬름쇼어 공장 섬유 박물관 소장.

실보다 튼튼해 인기를 끌었다. 아크라이트는 면화에서 실을 뽑아 천을 짜는 공정을 기계화하여 공장을 운영했는데, 종업원이 5,000명을 넘을 만큼 큰 규모였다고 한다.

1779년에는 크럼프턴이 제니 방적기의 단점을 보완해 뮬 방적기를 만들었다. 면화에서

뽑은 실을 꼬아 튼튼한 실을 얻을 수 있는 데다 수력 방적기보다 크기도 작고 값도 싸 선풍적인 인기를 끌었다. 1812년에 360개의 방적 공장에서 무려 460만 개의 뮬 방적기 물레를 쓸 정도였다.

방적기의 발명과 개량으로 이제는 실이 남아돌았다. 카트라이트는 천을 짜는 방직 과정 전체를 기계화하기로 마음먹고 연구를 거듭해 1785년에 역직기를 발명했다. 실을 기계에 걸면 자동으로 천을 짤 수 있게 만든 기계였다. 이제 케이의 비사와는 비교할 수 없을 만큼 엄청난 양의 천을 짤 수 있게 되었다. 카트라이트는 면화의 솜을 빗질해 실을 뽑기 전 상태로 만들어 주는 소모기도 발명했다.

이처럼 실을 잣고 천을 짜려면 가장 먼저 해야 하는 일이 면화에서 씨를 빼내고 솜만 분리하는 것이다. 이때까지 그 일은 수작업으로 이뤄졌는데, 대단히 번거로웠다. 그 일은 1793년에 미국의 휘트니가 조면기를 발명하면서 기계가 대신 하게 되었다.

뮬 방적기
1779년 크럼프턴이 발명한 방적기로 수십에서 수백 개의 물레를 한꺼번에 돌릴 수 있다. 크기도 작아 큰 공장에서는 만 대 이상을 설치하는 경우도 많았다. 쿼리뱅크 공장 소장.

이렇게 해서 면화에서 씨를 빼는 조면, 솜을 빗질해 실을 뽑기 좋게 하는 소모, 실을 뽑는 방적, 천을 짜는 방직까지 모든 공정이 기계화되었다. 공정 전체가 기계화되면서 씨를 빼고, 빗질하고, 실을 뽑고, 천을 짜던 일을 모두 손으로 할 때보다 생산성이 수천 배나 높아졌다.

조면기
면화에서 씨앗을 빼 내는 기계로 1799년 휘트니가 발명했다. 엘리 휘트니 박물관 소장.

세상을 바꾼 산업 혁명

기계화가 진행되면서 어떤 동력원을 쓸 것인가 하는 문제가 등장했다. 처음에는 물레방아로 기계를 돌리는 수력을 썼다. 그런데 주변에 물이 없으면 기계를 돌릴 수 없으므로 공장이 산골짜기에 들어서야 했다. 산골짜기까지 면화나 면직물을 나르는 것도 큰일이었지만, 일할 사람을 구하는 게 더 큰 일이었다. 그런 까닭에 수력으로는 성장하는 데 한계가 있었다. 뭔가 뾰족한 수를 내야 했다.

'장소의 제약이 없는 새로운 동력원을 찾아내라!'

이 문제를 해결한 사람이 와트이다. 원래 와트는 기계를 고치는 기술자였다. 어느 날 광산에서 쓰는 증기 기관을 고치러 갔다가 증기 기관을 개량할 아이디어를 얻었다. 1768년 와트는 자신의 아이디어를 적용하여 증기 기관을 직접 만들었다. 와트가 개량한 증기 기관은 적은 양의 석탄으로도 높은 효율을 낼 수 있는 데다 고

장도 거의 없어 크게 주목받았다.

저비용 고효율의 증기 기관이 발명되면서 공장이 산골짜기에 자리 잡을 이유가 없어졌다. 원료를 구하기 쉬운 항구나 일꾼과 소비처를 구하기 쉬운 도시에 공장이 들어섰다. 면방직 공업의 발전을 가로막고 있던 족쇄가 풀린 것이다. 면직물 공장이 영국 전역에 우후죽순처럼 생겨났고, 더 많은 사람이 도시로 몰렸다. 증기 기관이 도시화를 촉진한 셈이다.

공장이 늘어나면서 증기 기관과 조면기, 소모기, 방적기, 방직기 같은 기계를 찾는 사람도 크게 늘어났다. 증기 기관을 돌리는 데 필요한 석탄의 수요와 기계를 만드는 데 필요한 철의 수요도 급증했다. 곳곳에서 탄광과 철광이 개발되었고, 제철소와 기계 공장이 늘어났다.

그런데 석탄과 철광석은 부피가 크고 무게도 많이 나가 운반이

와트의 증기 기관
와트의 증기 기관 모형으로, 볼턴앤와트사가 있던 영국 버밍엄 싱크탱크 과학 박물관에 있다.

클러몬트 호
풀턴이 1807년에 만든 최초의
증기선으로, 길이 41미터,
폭 5미터, 무게 150톤이다.
1807년 8월 7일 뉴욕에서
올버니까지 240킬로미터를
시속 약 8킬로미터의 속도로
항해했다.

골칫거리였다. 노와 돛으로 가는 배, 말이 끄는 마차로는 그 많은 양을 나르기 힘들었다. 기계가 끄는 배나 마차가 필요했다. 다행히 증기 기관이 내는 힘은 커다란 배나 마차 수십 대를 움직일 만큼 대단했다. 과학자와 기술자들은 배와 마차에 증기 기관을 도입하려고 애썼다.

마침내 1807년, 미국의 풀턴이 증기 기관으로 두 개의 바퀴를 돌려 나아가는 증기선을 선보였다. 이 배는 뉴욕에서 올버니까지 4일 걸리던 뱃길을 32시간으로 크게 단축했다.

한편 영국의 발명가 스티븐슨은 레일을 깔고 증기 기관으로 한꺼번에 수십 대의 마차를 끌게 하자는 아이디어를 발전시켰다. 1814년에 킬링워스 탄광의 석탄을 운반하는 증기 기관차 블루처 호를 만들었고, 1825년에는 스톡턴에서 달링턴까지 로커모션 호에 450명의 승객을 태우고 시속 24킬로미터로 달렸다. 1829년에는 시속 58킬로미터를 내는 로켓 호를 만들어 이듬해인 1830년 리버풀과 맨체스터를 잇는 64킬로미터 구간을 1시간 만에 주파했

다. 영국이 철도의 무한한 가능성에 주목한 뒤 유럽 여러 나라도
앞다퉈 철도 건설에 나섰다.

철도와 증기선은 교통 혁명을 가져왔다. 물자와 사람을 더욱 많
이, 더욱 빠르게 실어 보낼 수 있게 되었다. 인도에서 생산한 면화
가 한 달도 안 되어 영국에 도착했고, 영국에서 생산한 면제품이
한 달 만에 중국과 일본, 조선에서 날개 돋친 듯 팔려 나갔다. 교
통 혁명은 세계를 하나로 묶었고, 국제 무역은 나날이 확대되었다.

기선과 기차의 발명, 그리고 교통 혁명으로 세상은 몰라보게 바
뀌었다. 석탄을 태우는 연기와 하얀 김이 육지와 강, 바다를 뒤덮
었고 철도망이 전국 주요 도시를 이었다. 심지어 미국의 동부와
서부를 잇는 대륙 횡단 철도, 모스크바와 블라디보스토크를 잇는
시베리아 횡단 철도처럼 1만 킬로미터 가까운 철도도 들어섰다.

면직물 공업의 기계화에서 출발해 석탄 산업, 철강 산업, 기계
공업의 발전을 거쳐 교통 혁명에 이르기까지의 과정이 워낙 짧은
시간에 일어났기에 사람들은 이를 '산업 혁명'이라고 부른다.

산업 혁명을 통해 영국은 세계의 공장이 되었다. 그러자 프랑스, 미국, 독일도 영국의 산업 혁명에 관심을 갖기 시작했다. 이들 나라는 영국에서 발명된 신기하고 편리한 물건을 수입하는 데서 한 걸음 더 나아가 영국이 산업 혁명에 성공한 원인을 밝혀내려 애썼다.

그 열쇠는 과학과 기술의 발전에 있었다. 이 점을 깨달은 프랑스, 미국, 독일에서도 정부가 앞장서서 과학 기술의 발전에 국력을 쏟아 부었다. 얼마 뒤 이들 나라는 전기와 화학, 내연 기관 분야에서 영국을 뛰어넘는 신기술을 확보할 수 있었다. 마침내 각자의 힘으로 산업 혁명에 성공한 것이다.

산업 혁명으로 강대국이 된 유럽 여러 나라는 나머지 세계를 정복하기 시작했다. 그 결과 하나의 세계, 하나의 역사가 마침내 모습을 드러냈다.

산업 혁명과 노동자 계급

기계가 널리 쓰이면서 기업가들은 숙련된 수공업자들을 더는 고

용하지 않았다. 기계로 물건을 생산하다 보니 숙련 여부가 중요하지 않았기 때문이다. 숙련된 수공업자 한 명 값이면 비숙련 노동자 다섯 명을 쓸 수 있었다.

졸지에 일자리를 잃은 숙련된 수공업자들은 자기들의 운명을 파멸로 이끈 기계를 증오했다. 이들은 밤에 복면을 쓰고 공장으로 쳐들어가 기계를 마구 부쉈다. 사람은 건드리지 않고 기계만 파괴했기 때문에 사람들의 미움을 사지는 않았다. 이를 '러다이트 운동'이라 하는데, 1811~1817년 노팅엄·요크셔·랭커셔·더비셔·레스터셔 등 영국 중북부의 면직물 공업 지대에서 널리 확산됐다. 그러나 산업 혁명에 따른 기계화의 물결을 거스를 수는 없었다. 러다이트 운동은 정부의 가혹한 탄압을 받아 수그러들고 말았다.

산업 혁명으로 세계의 공장이 된 영국 사회는 몰라볼 정도로 바뀌었다. 18세기 중엽에 인구의 70퍼센트가 넘던 농민은 1850년에 22퍼센트로 줄었다. 농촌에서 밀려난 농민들이 가진 것은 단 하나, 노동력뿐이었다. 이들은 노동력을 팔아 생계를 잇는 노동자가 되어 도시의 빈민으로 살아갔다.

노동자들의 소득은 형편없었다. 기계화된 공장에서 일하는 데

러다이트 운동
기계화에 불만을 품은 숙련 수공업자와 노동자들이 벌인 기계 파괴 운동을 가리킨다.

카네기 제철소
미국 오하이오 주에 있는 제철소로, 1910년에 촬영한 파노라마 사진이다.

는 별다른 고급 기술이 필요 없었기 때문이다. 가장의 소득이 크게 줄면서 가장 혼자 일을 해서는 생계를 꾸릴 수 없는 시대가 되었다. 부인이건 아이들이건 일할 수 있는 사람이면 모두 나섰다. 가족 모두가 일하지 않으면 배를 곯아야 했다.

실제로 18~19세기 영국에서는 공장에서 예닐곱 살짜리 어린이들을 고용해 12시간 이상 일을 시켰다. 면화에서 실을 잣는 면방적 공장에서는 실이 끊기거나 엉키면 기계 안으로 들어가 끊어진 실을 잇고 엉킨 실을 풀어 줘야 했다. 그런데 기계 안으로 들어가려면 아무래도 몸집이 작은 어린이가 훨씬 유리했다. 임금도 어른보다 훨씬 적어 공장주 입장에서는 큰 이득이었다. 그러다 보니 직업 소개소에 웃돈을 주고 어린이들을 데려오는 경우도 많았다. 소설 『올리버 트위스트』에 나오는, 고아원에서 어린이들을 공장에 팔아 먹는다는 이야기가 사실이었던 것이다.

올리버 트위스트와 감자

1838년에 출간되어 찰스 디킨스에게 부와 명성을 가져다준 소설 『올리버 트위스트』는 수많은 영화와 드라마, 뮤지컬로 리메이크된 걸작이다. 소설 속에서 런던의 공장으로 팔려온 고아 소년 올리버 트위스트는 공장에서 탈출해 소매치기 조직의 바람잡이가 된다. 올리버는 부자의 호주머니를 털려던 동료의 죄를 뒤집어쓰고 체포되지만, 친절한 부자의 도움으로 소매치기 조직에서 벗어난다. 알고 보니 부자는 아버지의 친구였고, 올리버는 그의 양자가 되어 행복하게 살았다. 동화 같은 결말이지만, 이 소설은 산업 혁명 초기 영국 사회의 비정한 뒷모습을 생생하게 그린 사회 비평 소설로 이름 높다.

올리버 트위스트가 고아원에서 하루도 빠짐없이 먹던 음식이 있었으니, 바로 신대륙에서 건너온 감자였다. 당시 올리버 트위스트 같은 도시 빈민들에게는 쇠고기 스테이크도, 밀가루 빵도 그림의 떡이었고, 먹을 수 있는 음식이라고는 값싼 감자밖에 없었다.

올리버 트위스트
1894년에 출간된 《찰스 디킨스 선집》
4권 『올리버 트위스트』에 수록된 삽화로,
소매치기 일당이 올리버를 윽박지르는
장면을 그렸다.

선거법 개정과 계급 정당

산업 혁명은 영국 사회의 신분 제도를 뒤흔들어 놓았다. 귀족과 지주 들은 변화하는 사회에 적응하지 못하고 대부분 몰락해 갔다. 그 자리를 산업 혁명으로 떼돈을 번 기업가들이 차지했다.

자본, 즉 돈은 땅을 빌려 공장을 짓고 기계를 들여오고 노동자 들을 고용할 수 있게 해 주는 소중한 것이다. 즉, 자본주의 사회에서 가장 존귀한 것이 자본이라는 얘기이다. 그러니 돈을 많이 가지고 불릴 줄 아는 기업가야말로 자본주의 사회에서 가장 대접받는 사람이다.

하지만 19세기 초까지 기업가들은 재산에 걸맞은 대우를 받지 못했다. 선거권과 피선거권이 귀족과 지주에게만 있었기 때문이다. 기업가들은 화가 났다. 전 세계에서 돈을 긁어모아 영국을 세계 최고의 부자 나라로 만든 것도 자기들이고 세계 최강의 군대를 유지할 비용을 대는 것도, 세금을 내서 의원들을 먹여 살리는 것도 자기들이다. 그런데 왜 자기들의 대표를 의회로 보낼 수 없느냐는 것이다.

해외에서 곡물을 수입하지 못하도록 막는 곡물법은 기업가들의 분노에 기름을 부은 격이었다. 농업을 보호한다는 명분 아래 곡물 수입을 금지하다 보니 흉년이 들면 식량 가격이 하늘 높은 줄 모르고 뛰었다. 식량 가격이 오르면 노동자들이 끼니를 잇는 데 더 많은 돈을 치러야 한다. 그러면 식량 가격이 오른 만큼 임금도 올려 주어야 하므로 기업가들의 이익이 그만큼 줄어든다.

식량 가격이 오르면 왜 임금을 올려 주어야 할까? 고단한 처지에 몰린 노동자들이 파업이나 태업으로 항의할 것이기 때문이다. 설사 항의를 하지 않더라도 임금을 올려 주어야 한다. 올려 주지 않으면 노동자들이 살 수 없으니까. 노동자들이 굶어 죽으면 누가 공장에 나와 일하겠는가. 물건을 만들 사람도, 사 줄 사람도 없어진다는 이야기이다. 그러면 공장이 멈추고 기업가들도 파산하는 수밖에 없다. 이를 막으려면 임금을 올려 주어야 하는데, 임금 상승은 이윤 하락을 낳는다. 결국 기업가들의 관점에서는 곡물법을 폐지해 값싼 외국 농산물을 들여오는 게 이익이라는 것이다.

반곡물법 동맹을 이끈 코브든, 글래드스턴, 브라이트
곡물의 여신이 곡물법 폐지를 주장하는 코브든, 글래드스턴, 브라이트에게 이삭을 건네 주는 모습을 그렸다. 프랑스 화가 오노레 도미에가 1856년에 그린 풍자화이다. 영국 런던 국립 초상화 박물관 소장.

하지만 의회는 곡물법을 폐지할 생각이 없었다. 농촌의 귀족과 지주들이 곡물법을 지지했기 때문이다.

당시 영국에서는 농촌 인구는 줄어도 의원을 많이 뽑지만, 도시 인구는 늘어도 의원을 별로 뽑지 않았다. 몰락해 가는 중이라지만 귀족과 지주 들의 입김이 여전히 셌기 때문이다. 하지만 이제는 기업가들의 목소리가 커지고 있었다. 이들은 도시 인구가 느는 만큼 의원 수를 늘리라고 외쳤다. 돈 가진 사람들이 하나로 뭉치니 어마어마한 힘을 발휘했다. 결국 영국 의회는 1832년에 도시의 기업가들에게 의회의 문을 열 수밖에 없었다. 기업가 출신 의원들은 곡물법 폐지를 추진했고, 의회는 1846년에 곡물법을 폐지했다.

이를 지켜본 공장 노동자들은 자기들도 대표를 뽑아 의회에 보내야겠다고 생각했다. 자기들의 뜻을 의회에 알려야만 지위 향상이든 생활 향상이든 이룰 수 있다는 점을 깨달은 것이다. 노동자들은 선거법을 고쳐 선거권과 피선거권을 얻어 내기로 마음먹었다. 1839년부터 노동자들은 선거권을 요구하며 정부와 싸웠다. 차티스트 운동, 인민헌장 운동이었다. 하지만 곡물법 폐지로 물가가 내려가면서 차티스트 운동은 흐지부지 끝나고 말았다.

곡물법 폐지로 식량 가격이 내려가면서 영국 노동자들의 생활은 조금씩 나아졌다. 여전히 낮은 임금, 불결한 노동 환경, 장시간 노동에 시달렸지만, 영국 노동자들은 조금씩 나아지는 생활에 투쟁의 방향을 바꿨다. 공장별 노동조합에서 산업별 노동조합, 전국적인 노동조합 연맹으로 단결의 범위를 넓혀 갔지만, 노동자들의 처지를 획기적으로 바꾸는 혁명 대신 조금씩 처우를 개선해 나가

차티스트 운동
1848년 영국 케닝턴에서 열린 차티스트 군중 집회를 윌리엄 에드워드 킬번이 촬영했다. 차티스트 운동은 1848년을 고비로 수그러들었다. 영국 왕실 컬렉션 소장.

는 방향을 선택했다.

유럽의 일부 지식인은 이를 지켜보면서 유럽 대륙의 노동자들이 영국 노동자들의 전철을 밟지 않도록 처음부터 정치 의식을 일깨워야 한다고 생각했다. 이들은 노동자와 민중의 처지를 근본부터 획기적으로 바꾸는 정치 혁명을 꿈꿨다. 이들은 사회의 대다수를 이루는 노동자와 민중이 정치 권력을 장악하고 혁명을 이끌어야 한다고 생각했다. 사회주의자들이었다. 1848년, 이들 사회주의자의 생각을 시험할 무대가 마련되었다. 프랑스를 시작으로 유럽 대륙 전체가 혁명의 소용돌이에 빠져든 것이다.

이후의 산업 혁명

18세기 후반부터 활발해진 전기와 자기에 대한 연구는 전기의 보급을 앞당겼다. 전기는 사람들의 꿈과 상상을 현실로 만드는 마법과도 같은 에너지였다. 밤을 대낮처럼 밝히는 백열전구, 소리를 담는 축음기, 동작을 담는 활동사진기, 바람을 일으켜 더위를 식혀 주는 선풍기, 한여름에도 얼음을 만들어 주는 제빙기, 온도를 낮춰 채소와 과일을 신선하게 보관하는 냉장고 등 온갖 신기하고 편리한 물건들이 만들어졌다. 전기를 쓰면서 사람들의 생활은 더욱 편해졌다. 밤과 낮의 구분이 사라졌고 활동 시간도 더욱 길어졌다.

19세기 전자기력의 발견은 사람들에게 또 한 번의 엄청난 충격을 주었다. 러시아 혁명을 이끈 레닌조차 "소비에트(인민 권력)에 전기 보급을 합친 것이 공산주의"라고 비유했을 정도다. 교통 혁명과 전기 보급으로 사람들의 생활은 뿌리부터 바뀌었다.

19세기 후반에는 기관 안에서 연료를 연소하거나 폭발시켜 증기 기관보다 더 높은 에너지 효율을 얻는 내연 기관이 발명되었다. 내연 기관은 기차와 배의 성능을 더욱 높이는 한편 자동차와 비행기, 로켓 등의 발명으로 이어졌다. 이를 통해 세계는 더욱 빨리 하나가 되었다.

축음기
에디슨이 발명한 가정용 축음기이다.

백열 전등
에디슨의 또 다른 발명품으로, 1879년 12월 멘로 공원을 밝혔다.

시네마토그라프
필름 카메라이자 영사기, 인화기를 겸하는 기계 장치로 1892년에 프랑스의 뤼미에르 형제가 레옹 불리와 함께 발명했다.

영국의 산업 혁명

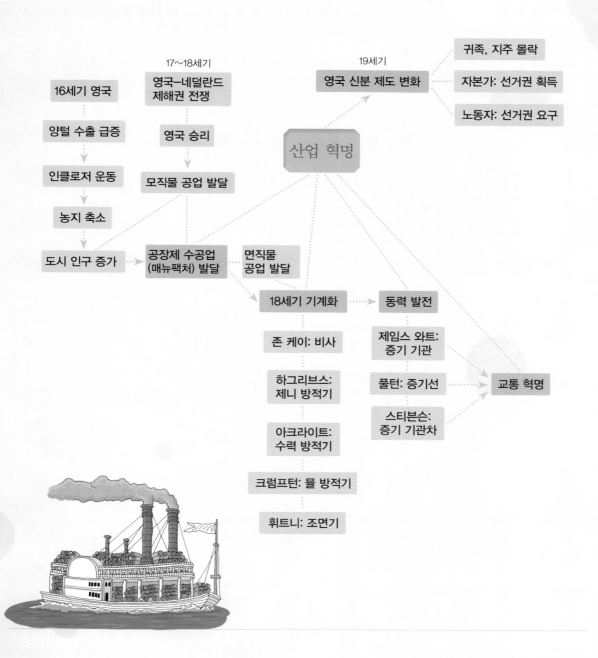

16세기 영국
→ 양털 수출 급증
→ 인클로저 운동
→ 농지 축소
→ 도시 인구 증가

17~18세기
영국-네덜란드 제해권 전쟁
→ 영국 승리
→ 모직물 공업 발달

산업 혁명

19세기
영국 신분 제도 변화
- 귀족, 지주 몰락
- 자본가: 선거권 획득
- 노동자: 선거권 요구

공장제 수공업 (매뉴팩처) 발달

면직물 공업 발달

18세기 기계화 → 동력 발전

존 케이: 비사

하그리브스: 제니 방적기

아크라이트: 수력 방적기

크럼프턴: 뮬 방적기

휘트니: 조면기

제임스 와트: 증기 기관

풀턴: 증기선

스티븐슨: 증기 기관차

교통 혁명

3 1848년 혁명이 유럽을 휩쓸고 민족주의가 대두하다

1848년 2월 프랑스에서 시작된 혁명의 불길은 오스트리아와 독일, 이탈리아로 옮겨붙어 빈 체제를 무너뜨렸다. 하지만 혁명은 나라마다 전혀 다른 결과를 가져와, 프랑스에서는 나폴레옹 3세의 제정을 낳았고, 이탈리아와 독일에서는 통일을 이루는 원동력으로 작용했다. 프로이센과 사르데냐는 프랑스를 격파하고 독일과 이탈리아를 통일하는 데 성공했다.

1848년 2월 프랑스

1장에서 본 바와 같이 프랑스에서는 1830년 7월 혁명으로 루이 필리프가 '시민의 왕'으로서 집권했다. 그는 처음에는 시민이 바라는 유능하면서도 온화한 정부를 지향했다. 시민의 힘이 얼마나 무서운지 똑똑히 알았기 때문이다. 당시 프랑스 국민은 프랑스 대혁명과 나폴레옹 전쟁의 영광을 재현하여 유럽에서 가장 잘살고 강한 나라가 되기를 바라고 있었다. 그러려면 영국보다 산업 발전에 더욱 박차를 가해야 했다.

루이 필리프
1830년 혁명 당시 시민들의
추대로 왕위에 올랐지만,
극심한 부정부패로 국민들의
저항을 불러일으켰다. 독일
화가인 프란츠 빈터할터가
1839년에 그린 작품이다.
베르사유 궁전 소장.

산업 발전을 가속화하는 지름길은 교육이었다. 루이 필리프는 1833년 모든 마을에 초등학교를 설립하도록 법을 정했다. 가난한 집 아이들은 무료 교육을 받되, 그 밖의 아이들은 적당한 수업료를 내도록 했다. 읍이나 면에는 상업학교나 공업학교를 두고, 현에는 사범학교를 두었다. 이처럼 교육 제도를 정비한 결과 학생 수가 1831년 약 200만 명에서 1846년 약 325만 명으로 크게 늘어났다. 교육받은 인력이 늘어남에 따라 산업도 크게 발전했다.

그러나 루이 필리프의 업적은 딱 이만큼이었다. 그가 왕위에 오르면서 바란 것은 국민이 아니라 자신과 자신의 가족이 잘 먹고 잘사는 것이었다. 그 방법으로 루이 필리프가 택한 것은 뇌물이었다. 산업 혁명 과정에서 국가는 재정을 동원해 수많은 사업을 일으켰다. 그중에서도 철도, 도로, 항만 등 인프라 구축 사업과 상하수도 등 근대적인 도시 계획 사업을 그는 뇌물을 받을 절호의 기회로 활용했다. 왕이 솔선수범해 부정부패를 저지르니 위에서 아래까지 썩지 않은 곳이 없었다. 부자는 점점 더 부자가 되었고, 가난한 이는 점점 더 가난해졌다. 경제 발전의 과실이 불공평하게 배분되는 모습에 분노하는 사람들이 갈수록 늘어났다.

부르주아지 상층은 마음껏 돈 벌 기회를 제공하는 루이 필리프 정부를 좋아했다. 반면 부르주아지 하층과 자영업자, 노동자, 농민, 학생들은 갈수록 살기 힘들어지는 현실에 분노했다. 이들의 분노는 루이 필리프 왕에게 집중되었다. 당시 루이 필리프 왕을 풍자하는 그림이 크게 유행했는데, 부르주아지 상층과 결탁하여 자신들의 피땀 어린 생산물을 빼앗아가는 탐욕스러운 인물로 그려지곤 했다.

가난한 사람들은 부르주아지 상층이 장악한 입헌 군주정과 의회제에 반대했다. 이제 공화정은 이들의 바람을 담는 그릇이 아니었다. 이들의 바람은 단 하나, 모두가 고루 잘사는 것이었다. 이들은 산업 혁명의 진전에 따라 나날이 산업화되는 도시 파리에서

가르강튀아
프랑스 화가 오노레 도미에가 1856년에 그린 풍자화로, 루이 필리프를 국민의 피땀 어린 생산물을 탐욕스럽게 집어삼키는 거인 가르강튀아로 묘사했다.

몰래 모여 책을 읽고 앞으로 할 일을 토론했다. 사회주의자 오귀스트 블랑키를 중심으로 비밀 결사를 만들고, 언론을 이용해 대중을 선동하고 가두시위를 조직했다.

루이 필리프 정부는 집권한 지 불과 4년 만에 각종 정치 조직을 불법화하고 이들 조직의 지도자들을 붙잡아 감옥에 가두었다. 1834년에 시민들은 정치적 자유를 빼앗겼다고 생각하여 파리와 리옹에서 시위를 벌였고, 경찰이 시위대를 진압하려 하면서 시위는 폭동으로 발전했다. 루이 필리프 정부는 가면을 벗어 던졌다. 수백 명이 죽고 2,000여 명이 체포되었다.

이듬해인 1835년, 루이 필리프 정부는 언론을 검열하는 법을 만들어 통과시켰다. 국왕을 모독하는 기사는 삭제되었고, 검열을 통과하지 못하면 어떤 그림도 실을 수 없었다. 자유주의적인 부르주아지들은 가난한 이들의 비판을 받아들이고 유연하게 대처하라고 정부에 충고했다. 법률가, 회계사 등 전문직에게는 재산이 부족하더라도 참정권을 확대하는 방법으로 대중의 지지를 넓히라고도 했다. 하지만 루이 필리프 정부는 이러한 충고조차 받아들일 여유가 없었고, 온건파가 설 자리는 사라지고 말았다.

이후 10여 년간 투쟁과 체포가 이어졌다. 이에 대한 반발로 많은 사람이 과격 공화파 진영으로 모여들었다. 그 정부에서 온갖 혜택을 누리는 부르주아지 상층을 제외하고 말이다.

1848년 2월 22일, 과격 공화파는 전국 각지에서 대규모 항의 집회를 계획했다. 하루 전 정부는 집회를 금지하고 경찰을 대규모로 배치했다. 그래도 사람들은 예정된 집회 장소로 모여들었다. 시민

블랑키
사회주의자 블랑키는 프랑스의 급진주의를 대표하는 인물이다. 1830년 7월 혁명이 루이 필리프의 왕정으로 귀결되자, 이에 실망해 비밀 결사를 바탕으로 한 인민 봉기와 계급 투쟁을 주장했다. 실제로 '가족회'와 '계정회'라는 비밀 결사를 조직해 1839년 5월 12일 인민 봉기를 일으켰다. 봉기가 실패하면서 체포되어 사형을 선고받았으나 1848년 2월 혁명 직전에 병보석으로 풀려났다. 그 뒤에도 여러 차례 체포되어 평생의 3분의 1인 33년을 감옥에서 보냈다.

들이 경찰의 진압과 체포에 맞서면서 집회는 폭동과 바리케이드
시가전으로 바뀌었다. 이틀 동안 격렬한 시가전이 벌어졌다. 결국
루이 필리프는 2월 24일 왕위에서 물러나 잉글랜드로 망명했다.

　루이 필리프가 퇴위했다는 소식을 들은 시민들은 승리의 환호
성을 질렀다. 파리를 뒤흔든 환호성은 곧바로 동쪽으로 퍼져 나가
빈 체제의 총본산 오스트리아를 뒤흔들었다.

1848년 3월 오스트리아, 독일 그리고 이탈리아

1848년 3월 13일, 오스트리아 제국의 수도 빈에서 노동자와 학생
들은 파리와 마찬가지로 거리에 바리케이드를 설치하고 시가전에
돌입했다. 그리고 마침내 의회와 황궁으로 쳐들어갔다. 오스트리

아와 유럽 전체를 주무르던 재상 메테르니히는 변장한 채 황궁을 빠져나와 영국으로 도망쳤다. 황제 페르디난트 1세는 두려움에 벌벌 떨며 시민들의 요구를 들어주어야 했다.

그런데 당시 오스트리아 합스부르크 제국은 영국이나 프랑스와 달리 단일한 국민 국가라 부르기 어려웠다. 혼인과 상속, 전쟁으로 구축된 제국으로 오늘날의 오스트리아는 물론 체코와 슬로바키아(보헤미아), 헝가리, 슬로베니아, 크로아티아, 이탈리아 등을 포괄하고 있었다. 이처럼 광대한 제국이었기에 군중의 요구가 하나로 응집되기 어려웠고, 혁명은 매우 복잡하게 진행될 수밖에 없었다.

수도 빈의 군중은 자유주의적 개혁 요구를 담은 헌법 제정을 바랐지만, 보헤미아와 헝가리는 오스트리아와는 별도의 헌법을 마련해 독립이나 자치를 이루려 했다. 또 이탈리아는 오스트리아 제국에서 벗어나 독립과 통일을 이루려고 오스트리아군을 공격했다. 이 과정에서 오스트리아 합스부르크 제국은 삽시간에 분해되는 듯 보였다.

하지만 이 모든 움직임은 눈 깜짝할 새에 오스트리아 합스부르크 제국의 재건으로 귀결되었다. 보수 반동 빈 체제의 총사령부에서 천신만고 끝에 일어난 혁명이 아무런 성과 없이 신기루처럼 사그라진 것이다. 이 짧은 기간에 오스트리아 합스부르크 제국에서는 도대체 무슨 일이 벌어진 것일까?

사태를 이해하려면 두 가지를 먼저 살펴야 한다. 하나는 오스트리아 합스부르크 제국 서쪽 독일에서 당시 벌어진 일이고, 다른 하나는 오스트리아 합스부르크 제국 내 민족 구성의 복잡성이다.

1848년 3월, 프랑스 2월 혁명의 충격은 곧바로 독일로 전파되었다. 당시 독일은 나폴레옹 전쟁으로 사라진 신성 로마 제국의 제후국(공국)들로 나뉘어 있었다. 그런데 나폴레옹 전쟁 이후 독일과 독일인에 대한 각성이 일어나면서 시민적 권리를 바탕으로 한 자유주의적 통일 독일 건설이라는 움직임이 나타났다.

독일의 자유주의적인 지식인들은 3월 5일 하이델베르크에 모여 제헌 의회 구성을 위한 예비 의회를 설치하기로 결의했다. 그리고 약 500명을 프랑크푸르트로 초청하여 예비 의회를 열었다.

3월 초부터 바덴, 바이에른, 작센, 뷔르템베르크, 프로이센 등 여러 제후국에서 자유주의적인 지식인과 학생, 노동자들이 중심이 되어 항의 시위와 시가전, 의회 난입 등을 통해 시민 혁명을 일으켰다. 이들 제후국에서는 기존의 보수 반동 정부가 해체되고 자유주의적인 새 정부가 구성되었다.

특히 프로이센의 수도 베를린에서는 3월 5일 시민들이 폭동을 일으켜 국회 소집과 헌법 제정을 결의했고, 14일에는 군대에 맞설 바리케이드를 시내 곳곳에 쌓았다. 이윽고 18일에는 프리드리히 빌헬름 4세가 왕궁 앞에 모인 군중에게 검열 폐지와 의회 소집, 헌법 제정을 약속했다. 그러나 군대가 군중에게 발포하면서 치열한 시가전이 벌어졌다. 시민 혁명으로 왕정이 붕괴될까 두려워한 프리드리히 빌헬름 4세는 군대를 철수하고 자유주의적 개혁과 독일 통일의 선두에 설 것을 약속해 위기에서 벗어났다.

마침내 5월 18일부터 프랑크푸르트 국민 의회가 프랑크푸르트 성 바울 교회당에서 열렸다. 의회는 여러 제후국에서 선출된 의원

피히테
독일 관념론을 대표하는 철학자로, 나폴레옹 전쟁에서 패한 뒤 강연문 「독일 국민에게 고함」을 통해 독일과 독일인의 각성을 촉구했다. 1808년에 짐머만이 그린 이 캐리커처는 강인한 성품을 잘 보여 준다.

600여 명으로 구성되었으며, 시민적 기본권과 양원제를 바탕으로
한 입헌 통일 제국 건설을 골자로 하는 헌법 초안을 제정했다.

국민 의회에서 문제가 된 것은 크게 두 가지였다. 통일 독일에
어디까지 포함시킬 것이냐를 둘러싼 논쟁이 하나요, 시민적 기본
권을 중심으로 한 자유주의적 개혁을 우선할 것인지 독일 통일을
우선할 것인지를 둘러싼 논쟁이 다른 하나였다.

통일 독일의 범위를 둘러싸고는 대독일주의와 소독일주의가 충
돌했다. 대독일주의는 오스트리아 합스부르크 제국 전체를 포함
해 통일 대제국을 만들자는 주장이다. 다만 여기에서 헝가리는 제
외되는데, 마자르 족 등 비 게르만 족이 다수를 이루었기 때문이

프랑크푸르트 국민 의회
1848년 프랑크푸르트 성 바울
교회당에서 열린 국민 의회에서
로베르트 블룸이 연설하는
모습을 루드비히 폰 엘리오트가
그렸다. 독일 프랑크푸르트
역사 박물관 소장.

다. 이는 통일 대제국의 황제 자리에 오스트리아 합스부르크 제국 황제를 추대하자는 것으로 귀결되었다. 반면 소독일주의는 아예 오스트리아 합스부르크 제국 전체를 배제하자는 주장이었다. 이 제국은 민족 구성이 복잡해 게르만 족의 순결성을 흩뜨리고 힘을 모으는 데도 도움이 되지 않는다는 이유에서였다. 오스트리아 합스부르크 제국을 배제하면 게르만 족 제후국 중 최강국은 프로이센이다. 그러니 소독일주의는 프로이센 왕 프리드리히 빌헬름 4세에게 황제의 관을 바치자는 주장으로 귀결되었다.

프리드리히 빌헬름 4세
프로이센의 군주로, 프랑크푸르트 국민 의회의 독일 황제 추대를 거부했다.

결국 프랑크푸르트 국민 의회에서 세를 얻은 것은 소독일주의였고, 국민 의회는 프리드리히 빌헬름 4세를 독일 황제로 추대했다. 하지만 자유주의적 개혁을 못마땅해 하던 프리드리히 빌헬름 4세는 이를 거부했다.

독일 혁명의 목표가 무엇인지를 둘러싼 논쟁은 1848년 3월 혁명의 성과를 흔적도 없이 날려 버리고, 통일 독일의 전체주의적이고 패권적인 미래를 예견했다는 점에서 매우 중요하다. 자유주의적 개혁을 추구하던 국민 의회는 1848년 가을, 프로이센과 오스트리아 합스부르크 제국의 군대가 폴란드와 헝가리의 자치와 독립을 향한 움직임을 박살 내자 독일의 힘과 우월성에 환호했다. 소수 민족의 인권과 자치는 영광스러운 독일을 위한 장애물에 불과했다. 독일의 자유주의자들이 소수 민족에 대한 탄압을 지지한 순간, 자유주의적 개혁은 끝장나고 말았다. 국민 의회는 이듬해 봄에 통일 헌법 초안을 제정했으나 아무도 거들떠보지 않았다. 그렇게 1848년 독일에서의 3월 혁명은 아무런 성과 없이 흐지부지

되고 말았다.

오스트리아 합스부르크 제국에서도 독일과 마찬가지 일이 벌어졌다. 보헤미아와 헝가리에서 일어난 민족 갈등이 오스트리아 군대의 부활과 제국의 봉합을 가져온 것이다.

3월 혁명 이후 보헤미아에서 자치를 이끈 것은 인구의 다수를 점하는 슬라브계였는데, 슬라브계 정부는 소수파인 독일계의 프랑크푸르트 국민 의회 참가 요구를 묵살하고 슬라브 민족 대회를 소집했다. 이에 불만을 품은 독일계는 오스트리아 군대의 보헤미아 출병을 적극적으로 지지했다. 3월 혁명 이후 집권한 빈의 자유주의 정부는 오스트리아 합스부르크 제국의 해체를 막기 위해 보헤미아에 출병해 슬라브 민족 대회를 해산시키고 보헤미아를 다시 차지했다.

헝가리에서 마자르 민족주의를 표방하는 코슈트의 급진적 정파는 수도를 프레스부르크에서 부다페스트로 옮겼다. 그리고 마자르어를 공용어로 정하는 등 마자르 족을 중심으로 독립을 이루려는 움직임을 본격화했다. 헝가리 내 소수 민족의 불만이 폭발했고, 빈의 자유주의 정부는 크로아티아 인들을 부추겨 내전을 일으켰다. 내전으로 증폭된 증오심은 오스트리아 군대에 대한 반감을 누그러뜨렸고, 오스트리아는 러시아와 함께 헝가리로 군대를 보내 코슈트 정부를 무너뜨리고 헝가리를 다시 편입했다.

오스트리아는 반오스트리아 전선의 주도권을 놓고 대립하면서 세력이 약화된 이탈리아에도 군대를 보내 1848년 3월 혁명 이전으로 되돌렸다. 오스트리아 합스부르크 제국을 봉합하는 데 이처럼 군대가 결정적인 역할을 한 것이다. 이에 따라 군대와 황실의 위상이 크게 높아졌고, 황제는 군대를 동원해 자유주의 정부를 밀어 버렸다.

1848년 6월 프랑스

1848년 루이 필리프를 내쫓은 혁명 세력은 10인의 지도자로 임시 정부를 수립했다. 이 중 7인은 중도파 공화주의자이고, 3인은 사회주의자였다. 이들은 지주와 부르주아지 상층에 국한되어 있던 선거권을 전문직으로 확대해 4월 총선을 치르고 새 의회를 구성했는데, 의원의 약 70퍼센트가 공화주의자, 약 20퍼센트가 보수 왕당파, 약 10퍼센트가 사회주의자였다. 새 의회는 왕정에 의해 훼

파리 시청 앞에서 붉은 깃발을 거부하는 라마르틴
임시 정부의 중심 인물인 라마르틴이 노동자들이 건넨 붉은 깃발을 거부하는 모습을 그린 작품으로, 1848년 프랑스 2월 혁명을 둘러싼 계급 대립을 잘 보여 준다. 프랑스의 역사화가 앙리 펠릭스 에마뉘엘 필리포토가 그렸다. 프랑스 파리 카르나발레 박물관 소장.

손당한 시민적 권리를 지키기 위해 헌법을 고쳐 왕정에서 공화정으로 권력 구조를 바꾸는 작업에 들어갔다.

공화주의자들은 이 수준에서 혁명을 그치려 했지만, 사회주의자들은 한 단계 더 나아가고자 했다. 루이 블랑을 비롯한 사회주의자들은 노동권과 근로 조건을 법으로 정하고 '국립 작업장'을 설치하는 등 사회 개혁에 나섰다. 루이 필리프 시대에 이루어진 산업 혁명의 결과 자유 경쟁이 사람들을 첨예한 생존 경쟁으로 내몰아, 특히 노동자들이 궁지에 내몰렸다고 보았기 때문이다.

국가 재정으로 설립되는 '국립 작업장'은 노동자들 스스로가 협동조합 형태로 운영하는 공장이며 업종별로 조직되었다. 노동자들은 필요한 경우 훈련을 받고 작업에 투입되는데, 고용 시에는 일당 2프랑을 받고 실직 시에는 그보다 적은 수당을 지급받도록 되어 있었다. 요즘에도 보기 힘든 사회 보장 제도였던 셈이다. 임시 정부는 국가 재정을 바탕으로 파리 전역에서 1만~1만 2,000명을 고용한다는 계획 아래 3월부터 국립 작업장 제도를 시행하기 시작했다. 그런데 건설과 섬유, 의류 산업에서의 실업 사태와 맞물리면서 국립 작업장에는 엄청난 수의 실업자가 몰려들었다. 3월 7일 6,100명이던 것이 6월 15일에는 11만 8,310명이나 되었다.

4월 총선에서 70퍼센트의 지지를 받은 공화주의자들은 지지율이 고작 10퍼센트도 못 되는 사회주의자들에게 더는 끌려다닐 수 없다며 국립 작업장에 대한 예산 삭감에 나섰다. 국립 작업장 제도가 예산을 낭비하고 사회 질서를 심각하게 위협한다고 본 것이다. 끝내 공화주의자들은 국립 작업장에 대한 재정 지원을 끊었

루이 블랑
임시 정부에서 국립 작업장을 이끌어 낸 사회주의자이다. 6월의 노동자 폭동이 실패한 뒤 영국으로 망명했다. 1865년에 찍은 사진이다.

다. 심각한 실업 상태에서 국립 작업장 제도로 최소한도의 생활비
보장을 받고 있던 실업자들은 굶어 죽을 위기에 내몰렸다.

실업자와 미래의 실업자(노동자), 그들을 지지하는 사회주의자
들은 6월 23일부터 파리 시내에 바리케이드를 치고 다시 일어섰
다. 하지만 바리케이드는 공화주의자들이 동원한 군대에 허망하게
뚫렸고, 실업자들의 봉기는 6월 26일 막을 내렸다.

시가전이 끝난 뒤 정부와 군대는 봉기 가담자들을 체제에 대한 위
협 세력으로 받아들여 전원 색출에 나섰다. 6월 봉기로 3,000여 명
이 살해되었고, 1만 2,000여 명이 체포되었다. 체포된 이들은 대
다수가 지중해 건너 알제리의 강제 노동 수용소에 갇혔다.

6월 봉기를 진압한 뒤 새 정부의 공화주의자들은 체제를 위협
하는 것은 공화주의 자체라는 왕당파의 공격에 시달렸다. 공화주

의자들은 공화주의를 위협하는 좌우의 공격에서 자신들을 보호해 줄 강력한 지도자가 나오기를 바랐다. 이러한 바람은 1848년 12월, 새 헌법에 따른 대통령 선거에서 나폴레옹 보나파르트(나폴레옹 1세)의 조카인 루이 나폴레옹이 당선되면서 충족되었다.

루이 나폴레옹은 나폴레옹 1세의 영광을 되살려 부강한 프랑스를 만들겠다며 부르주아지와 농민들에게는 '질서'와 '번영'을, 노동자 등 빈곤층에게는 '지원'을 공약했다. 루이 나폴레옹은 나머지 세 후보의 득표수를 합친 것보다 두 배가 넘는 543만 4,226표를 얻어 압도적 승리를 거두었다.

대통령이 된 루이 나폴레옹은 가톨릭교도들의 지지를 얻기 위해 학교 교육에 대한 가톨릭교회의 지배권을 되찾아 주고 로마에 군대를 파견해 교황을 지원했다. 또한 사업 장려 법안을 제정해 부르주아지의 환심을 샀고, 노령 보험 제도를 도입해 노동자들의 지지를 얻었다. 이러한 지지를 바탕으로 루이 나폴레옹은 친위 쿠데타를 일으켜 1851년 국민 투표에서 헌법 제정권을 얻었다. 그리고 1853년 또 다른 국민 투표로 삼촌인 나폴레옹 1세처럼 황제의 자리에 올라 나폴레옹 3세라는 칭호를 받았다. 이렇게 해서 1848년 2월 혁명은 황제 독재 체제의 확립으로 끝났다.

나폴레옹 3세
좌우의 공격에 위기감을 느낀 공화주의자들의 지지로 대통령에 당선되었지만, 삼촌인 나폴레옹 1세처럼 스스로 황제의 자리에 올랐다.

1848년과 청년 마르크스

이러한 1848년 혁명의 전 과정을 추적하며 미래의 희망을 발견한 사람이 있었다. 유대계 독일인으로 파리, 브뤼셀을 거쳐 런던에 망명한 청년 혁명가 마르크스였다.

1842년 《라인 신문》의 주필이 된 마르크스는 급진적인 논조로 독일 사회 전반을 비판해 발행 부수를 세 배로 늘리고 프로이센의 주요 일간지로 떠오르게 하는 등 큰 인기를 끌었다. 하지만 정부가 비판적인 논조를 문제 삼아 정간 조치를 취하자 발행인이 마르크스를 해고했다. 마르크스는 《독일 프랑스 연보》를 발간하자는 제안을 받고 파리로 향했다. 마르크스는 파리에서 《독일 프랑스 연보》를 만들면서 평생의 벗인 엥겔스를 만났다. 파리 망명 시절에도 프로이센 정부의 탄압은 계속되었고, 마르크스는 1845년 벨기에 브뤼셀로 갔다. 브뤼셀에서 그는 엥겔스와 함께 자본주의에 대한 연구를 계속했다.

그러던 중인 1847년 6월, 마르크스는 독일계 영국 이민 수공업자들로 이루어진 의인 동맹(공산주의자 동맹)에 엥겔스와 함께 가입했다. 마르크스는 공산주의자 동맹의 정강 작성을 위임받아 엥겔스와 함께 1847년 12월 중순부터 1848년 1월까지 초안을 만들었다. 이것이 그 유명한 「공산당 선언」이다.

「공산당 선언」은 "하나의 유령, 공산주의라는 유령이 유럽을 떠돌고 있다."는 문장으로 시작한다. 여기서 마르크스는 "지금까지의 모든 역사는 계급 투쟁의 역사"라면서 계급 사회는 프롤레타리아트의 승리에 따라 역사에서 자취를 감추게 될 것이라고 주장했다. 그리고 그동안의 모든 사회주의 형태를 비판하고 누진세와 상속 폐지부터 무상 교육에 이르기까지 공산주의 사회로 나아가는 첫

단계로서 10개의 즉각적인 조치를 제시했다. 그런 뒤, "프롤레타리아트가 잃을 것은 속박의 사슬밖에 없고, 얻을 것은 전 세계이다. 만국의 노동자여, 단결하라!"는 말로 끝맺었다.

　1848년 프랑스·오스트리아·독일 등지에서 혁명이 일어나자, 마르크스는 프랑스 임시 정부의 초청을 받아 파리로 떠났다가 프로이센의 라인란트로 되돌아왔다. 마르크스는 《신 라인 신문》을 통해 노동자들에게 민주적인 부르주아지와 연합할 것을 주장하며, 체포된 노동자 동맹의 급진파 지도자를 대신해 라인란트 민주 의회를 창설했다. 마르크스는 프리드리히 빌헬름 4세가 베를린의 프로이센 의회를 해산시키자 무기와 병력을 끌어모아 지하 저항 운동을 도왔다. 혁명이 무산된 뒤 마르크스는 《신 라인 신문》에서 주장한 논설 때문에 추방되었다. 1849년에 런던으로 간 마르크스는 이곳에서 자본주의와 공산주의 혁명에 대한 연구에 몰두해 『자본』을 집필했다.

마르크스, 엥겔스와 「공산당 선언」
마르크스와 엥겔스는 「공산당 선언」에서 과학적 사회주의를 주장하며 사회주의 혁명의 필연성을 강조했다.

마르크스가 힘들고 고단한 런던 망명 시절을 이겨 내며 『자본』을 집필할 수 있었던 것은 1848년 혁명에서 노동자 계급의 힘을 발견했기 때문이다. 유럽 각국에서 진행되는 산업 혁명으로 노동자 계급은 갈수록 규모와 조직을 키우고 있었다. 이들 노동자 계급에게 근대적인 국민 국가는 부르주아지들의 착취와 억압의 도구일 뿐이었다. 노동자 계급에게 조국은 없었다. 노동자들 자신의 국제적 연대만 있을 뿐이었다.

통일 운동을 부추긴 이탈리아의 각성

1848년 혁명 이전 이탈리아는 수많은 소국으로 나뉜 잡동사니였다. 이탈리아 반도 중부는 가톨릭 교황령이었고 남부와 시칠리아 섬은 양시칠리아 왕국(나폴리 왕국)이, 사르데냐 섬과 북서부는 사르데냐 왕국(구 사보이 공국)이, 북동부는 롬바르드 왕국·파르마 공국·모데나 공국·토스카나 공국·티롤·베네치아 등이 차지하고 있었다. 이 중 교황령은 프랑스의 지원을 받고 있었고, 롬바르드 왕국·베네치아 공화국은 오스트리아의 지배를 받고 있었으며, 파르마 공국·모데나 공국·토스카나 공국·양시칠리아 왕국 등은 오스트리아의 협력자들이 다스리고 있었다.

1848년 혁명이 유럽을 휩쓸고 있을 때 이탈리아도 그 영향을 받아 이들 소국도 민주개혁을 받아들였다. 이 중 사르데냐 왕국의 카를로 알베르토 왕은 시민적 자유와 의회제 정부에 바탕을 둔 새 헌법을 공포해 이탈리아 인들의 희망으로 떠올랐다.

당시 이탈리아 인들은 시민적 자유만 갈구한 게 아니었다. 여러 소국으로 나뉘어 오스트리아와 프랑스 등 외세의 지배를 받는 현실에서 벗어나 고대 로마와 르네상스 시기의 영광을 되살리자는 민족주의적 각성도 일어났다. 이런 각성은 외세를 몰아내고 이탈리아를 통일하자는 '리소르지멘토(통일 운동)'로 표출되었다. 리소르지멘토의 동력은 나폴레옹 전쟁 때 이탈리아를 지배했던 프랑스 인들이 수많은 소국을 통합하고 부르주아지의 정치 참여를 허용한 잠깐의 경험에서 나왔다.

리소르지멘토는 1848년 3월 혁명으로 오스트리아 합스부르크 제국이 해체 위기에 몰린 틈을 타 불타올랐다. 오스트리아가 다스리거나 영향력을 행사하던 지역에서는 각종 저항 운동이 일어났다. 롬바르디아에서는 조세 저항 운동이, 시칠리아와 나폴리에서는 정치범 석방과 헌법 제정을 요구하는 반란이, 토스카나에서는 공화주의자들의 정부 수립 움직임이 있었다. 그리고 교황령에서도 헌법 승인이 이루어졌다. 특히 밀라노와 베네치아에서는 반란이 일어나 시가전을 벌인 끝에 오스트리아 주둔군을 몰아냈다.

사르데냐 왕국의 카를로 알베르토 왕은 이탈리아 인이 힘을 모아 밀라노와 베네치아의 반군들을 돕고 오스트리아를 몰아내자고 역설했다. 이에 사르데냐를 비롯한 이탈리아 전역에서 해방군이 조직되어 반군을 돕기 시작했다. 하지만 오스트리아가 반군을 격파하면서 롬바르디아와 베네치아에 대한 통치권을 되찾아 갔다.

리소르지멘토는 참담한 실패로 돌아가는 듯 보였다. 사르데냐

카를로 알베르토
사르데냐와 피에몬트의 왕으로 1831년부터 1849년까지 재위하면서 이탈리아 통일 운동인 리소르지멘토에 앞장섰다.

왕국의 카를로 알베르토 왕은 참담한 실패의 책임을 지고 물러나고 아들인 비토리오 에마누엘레 2세가 뒤를 이었다. 수상인 카보우르는 냉혹한 국제 정치의 현실을 무시한 리소르지멘토는 실패할 수밖에 없다고 보았다. 현실적인 방향으로 전환할 필요가 있었다.

1855년 사르데냐 왕국은 러시아와 영국·프랑스·오스만 제국 사이에 발칸 반도를 둘러싸고 벌어진 크림 전쟁에 군대를 파병했다. 영국과 프랑스의 협조를 얻기 위해서였다. 1858년 여름, 카보우르는 프랑스의 나폴레옹 3세를 비밀리에 만났다. 그는 이탈리아에서 오스트리아를 몰아내는 데 군사적으로 도움을 준다면 프랑스에 사르데냐 왕국의 영토인 사부아(사보이)와 니스를 넘겨주겠다고 약속했다.

비토리오 에마누엘레 2세
사르데냐의 왕으로 재상인 카보우르의 도움을 받아 이탈리아 통일에 성공했다. 사진은 1861년경의 모습이다.

1859년 사르데냐-프랑스 연합군은 오스트리아와 전쟁을 시작했다. 초기에는 모든 것이 연합군에 유리하게 돌아갔다. 그런데 연합군이 롬바르디아를 정복한 뒤, 나폴레옹 3세가 돌연 오스트리아와 비밀리에 만나 휴전 협정을 맺고 프랑스군을 갑자기 철수시켰다. 여기에는 여러 요소가 복합적으로 작용했다. 프로이센이 오스트리아를 도와 참전하면 대패할지 모른다는 두려움과 반가톨릭적인 사르데냐 왕국을 지원한다며 가톨릭교도들이 항의할지 모른다는 생각, 사르데냐 왕국의 힘이 예상보다 강하다는 점에 대한 우려, 롬바르디아 왕국을 나눠 주겠다는 오스트리아의 약속 등이 그것이었다.

카보우르
비토리오 에마누엘레 2세를 모시고 이탈리아를 통일한 사르데냐의 재상이다. 사진은 1856년의 모습이다.

나폴레옹 3세의 배신으로 사르데냐 왕국은 베네치아로의 진군을 멈출 수밖에 없었다. 그렇지만 토스카나, 파르마, 모데나, 볼로냐, 페라라 등을 병합함으로써 베네치아와 교황령을 제외한 이탈리아 중북부를 통합했다. 카보우르는 나폴레옹 3세가 배신했는데도 사부아와 니스를 넘겨주고 정복한 지역에 대한 합병을 인정받았다. 이제 이탈리아에는 사르데냐 왕국, 오스트리아의 베네치아, 교황령, 양시칠리아 왕국 등 네 세력만 남았다.

1860년 양시칠리아 왕국에서 반란이 일어났다. '붉은 셔츠단' 민병대의 지도자 가리발디가 반란을 틈타 1,000명의 민병대를 이끌고 시칠리아 섬에 도착했다. 가리발디는 양시칠리아 왕국 군대와 접전 끝에 마침내 시칠리아 해방에 성공했다. 점점 세력이 커진 가리발디 부대는 본토로 상륙한 후 북으로 진격해 나폴리마저 점령했다. 가리발디는 양시칠리아 왕국을 공화국으로 만들어 이탈리아 시민 혁명의 기지로 만들려 했지만 이내 마음을 바꿨다. 시민적 자유를 양보하더라도 조국 이탈리아의 통일이 더욱 중요하다고 본 것이다. 가리발디는 이 지역을 사르데냐 왕국의 비토리오 에마누엘레 2세에게 바쳤다. 이에 비토리오 에마누엘레 2세는 1861년 이탈리아 왕이 되었다. 이탈리아의 통일은 사실상 이때 이루어졌다.

이제 남은 것은 오스트리아가 다스리는 베네치아와 이탈리아 반도 중부의 교황령이었다. 카보우르는 우선 베네치아에서 오스트리아를 몰아내기로 마음먹고, 오스트리아의 경쟁자인 프로이센과 군사 동맹을 맺었다. 프로이센은 이탈리아가 남쪽에서 오스트리아를 공격해 오스트리아 군대를 분산시키기 바랐고, 이탈리아는 원수인 오스트리아에 큰 타격을 가해 베네치아를 차지하고 싶어 했

가리발디
붉은 셔츠단을 이끌고 시칠리아와 나폴리의 양시칠리아 왕국을 무너뜨린 뒤 비토리오 에마누엘레 2세에게 이를 바쳐 이탈리아 통일을 앞당긴 영웅이다. 사진은 1861년경의 모습이다.

다. 1866년 이탈리아 군대는 베네치아로 진격했다. 하지만 오스트리아의 저력은 놀라웠다. 이탈리아 군대는 육전과 해전 모두에서 오스트리아에 크게 패했고, 가리발디만 승리를 거두었을 뿐이다.

그런데 오스트리아가 남부 전선으로 병력을 분산한 틈을 타 프로이센이 7주 만에 압승을 거두었고, 이와 함께 상황은 급반전을 맞았다. 프로이센은 베네치아를 이탈리아에 돌려주라고 오스트리아를 압박했다. 하지만 오스트리아는 그렇게 하지 않았다. 프랑스의 나폴레옹 3세에게 베네치아를 넘기면서 프로이센의 압박을 완화시켜 달라고 요청했다. 이에 나폴레옹 3세는 베네치아를 사부아 및 니스와 맞바꿨다. 이탈리아로부터 사부아와 니스를 영구히 넘겨받는 대신 베네치아를 넘겨준 것이다.

이제는 이탈리아 중부의 교황령밖에 남지 않았다. 그런데 교황령은 프랑스의 나폴레옹 3세가 지켜 주고 있었다. 카보우르는 신생 이탈리아 왕국이 유럽의 최강대국 중 하나인 프랑스와 전면전

멘타나로 들어서는 가리발디
1867년 11월 3일 가리발디가 로마를 점령하기 위해 군사를 이끌고 멘타나로 들어서는 모습을 담은 그림으로, 그레고리오가 그렸다. 이탈리아 제노아 리소르지멘토 박물관 소장.

을 벌일 수는 없다고 보았다. 프랑스는 이탈리아의 상대로는 너무 강했다. 카보우르가 할 일은 프랑스와 맞먹을 정도로 단기간에 강력해진 프로이센과 협력을 강화하는 것밖에 없었다. 프랑스와 프로이센이 전쟁을 벌이면 그때 교황령을 접수하자는 생각이었다.

1870년, 프랑스와 프로이센 사이에 전쟁이 일어났다. 나폴레옹 3세는 교황령을 지키던 군대를 로마에서 철수해 프랑스로 되돌렸다. 이탈리아는 보호벽이 사라진 로마를 점령했고, 이듬해인 1871년 이탈리아의 수도로 삼았다.

통일 이후 이탈리아는 고대 로마의 영광을 되살리기 위해 산업 발전에 박차를 가했다. 문제는 산업 발전에 필요한 원료와 시장을 제공할 식민지가 없다는 것이었다. 이탈리아는 식민지 쟁탈전에 뛰어들기 위해 군대에 대한 투자를 늘렸다. 그리하여 1880년대에 홍해 연안의 아프리카 땅 에리트레아와 소말리아 일부를 식민지로 만드는 한편, 1910년대에 오스만 제국(터키)으로부터 리비아를 빼앗아 식민지로 만들었다. 민족주의의 어두운 뒷면인 제국주의와 식민주의를 이처럼 잘 보여 주는 사례도 없을 것이다.

독일 통일을 향해 나아간 비스마르크

1848년 3월 혁명이 자유주의적 개혁보다는 독일 통일이라는 민족주의적 열망에 불을 붙였다는 것은 이미 이야기했다. 독일 통일의 수레바퀴는 1862년 프로이센의 빌헬름 1세(프리드리히 빌헬름

4세의 동생)가 융커(대규모 농장을 경영하는 봉건 지주 계급) 출신의 보수 정치인 비스마르크를 수상으로 임명하면서 빠르게 구르기 시작했다. 비스마르크는 프로이센의 힘을 기르고 오스트리아의 힘을 약화시키며 국제 정세를 적절하게 활용해야만 독일을 통일할 수 있다고 보았다.

비스마르크는 독일 산업의 경쟁력을 세계 최고 수준으로 높이기 위해 제철 및 화학 공업을 중심으로 국가적 지원을 아끼지 않았다. 대학과 학회에 국가적 지원을 강화해 산업 경쟁력 강화에 필수불가결한 과학 기술 수준을 높이고, 직업 교육을 중심으로 하는 교육 체계를 구축해 노동자들의 기술력을 높였다. 특히 어린이에 대한 의무 교육 제도 및 이와 연계된 중등 교육은 산업 발전에 필요한 인재를 육성하는 데 큰 힘이 되었다. 국가가 앞장서서 연구소와 훈련원 등 각종 기술 기관을 정교하게 조직함으로써 세계 최고의 기술력을 확보할 수 있도록 만들었다. 그 결과 독일은 강철·기계·화학 공업에서는 산업 혁명의 발상지이자 세계의 공장이라 불리던 영국을 능가하는 공업 대국으로 성장했다.

다음으로 비스마르크는 독일이 통일을 이루려면 열강의 국제적 압력을 극복할 힘이 필요하며, 그 힘은 바로 철(무기)과 피(군대)라고 생각해 군사력 강화에 온 힘을 기울였다. 이것이 바로 비스마르크에게 '철혈 재상'이라는 별명을 붙여 준 '철혈 정책'이다.

그런데 군비를 증강하려면 재정과 세수를 늘려야 한다. 비스마르크는 자유주의자들이 장악한 의회가 국방 예산을 삭감하자, 국왕만이 이를 해결할 권한이 있다며 예산안 승인 없이 정부를 운영했

빌헬름 1세
프로이센의 왕으로 총리인 비스마르크의 도움을 받아 독일을 통일했다. 1884년 빌헬름 쿤체뮐러가 촬영한 사진이다.

비스마르크
빌헬름 1세를 모시고 독일을 통일한 프로이센의 재상이다. 사진은 독일을 통일한 1871년의 모습이다.

에센의 공장 지대
공업이 발달한 에센의 전경으로
1890년에 촬영했다.

다. 상하 양원의 불일치로 예산안이 통과되지 못할 경우 어떻게 해
야 하는가에 관한 헌법 조항이 없다는 점을 이용한 것이다. 비스마
르크는 관료와 경찰을 동원해 세금을 거둬들였다. 뒤늦게 자유주
의자들이 납세 거부를 선동했지만 관료와 경찰을 동원한 세금 징
수를 막을 방법은 없었다. 비스마르크는 그렇게 거둬들인 세금으로
군비 증강에 막대한 예산을 투입했다.

국정을 단단히 틀어쥔 비스마르크는 독일 통일을 위한 판짜기에
들어갔다. 비스마르크가 보기에 독일 통일은 오스트리아를 얼마
나 약화시키느냐가 관건이었다.

비스마르크는 슐레스비히와 홀스타인을 둘러싼 영유권 분쟁에
오스트리아를 끌어들였다. 유틀란트 반도에 있는 이 두 지역에는
주로 독일인들이 살았는데, 빈 회의가 열린 1815년 이래 독일 연

방에 포함되는데도 덴마크 국왕의 개인적인 지배를 받고 있었다. 그러다가 1864년 덴마크 왕이 두 지역을 병합하려고 하자, 영유권을 놓고 다툼이 일어난 것이다. 덴마크는 프로이센과 오스트리아의 상대가 되지 못했고, 덴마크 왕은 두 지역에 대한 권리를 포기할 수밖에 없었다.

그 뒤 비스마르크는 두 지역의 행정권 분쟁을 일으키고, 이를 구실로 오스트리아와 전쟁을 벌이기로 계획을 세웠다. 이탈리아의 통일 부분에서 이야기했듯이 비스마르크와 카보우르는 프로이센이 오스트리아와 전쟁을 벌이면 이탈리아가 베네치아를 공격하기로 서로 약속했다. 프랑스의 나폴레옹 3세에게 미리 양해를 구한 것은 물론이다.

1866년 비스마르크는 계획한 대로 오스트리아가 차지하고 있던

쾨니히그레츠 전투
1866년 7월 3일 몰트케가 이끄는 프로이센군은 보헤미아 쾨니리그레츠 부근 사도바에서 오스트리아군을 격파했다. 가운데에 말 탄 비스마르크와 몰트케가 보인다. 독일 화가인 게오르그 블라이브트로이가 그린 작품이다. 베를린 독일 역사 박물관 소장.

홀스타인에 군대를 보냈다. 예상대로 오스트리아와 독일 연방을 이루는 대다수 소국은 이를 비난하고 나섰다. 심지어 바이에른, 작센, 하노버 등은 오스트리아 편에 서서 군사를 동원했다. 비스마르크는 독일 연방이 오스트리아를 편든 순간부터 독일 연방은 해체되었다고 맞받아치며 오스트리아를 공격했다.

오스트리아군은 총알을 앞에서 장전하는 구식 전장총으로 무장하고 있었다. 반면 프로이센군은 막대한 국방 예산을 투입해 지금처럼 총알을 뒤에서 장전하는 신식 소총으로 무장하고 있었다. 더욱이 프로이센군은 몰트케라는 천재 전략가가 지휘하는 데다 대포와 병력을 철도로 수송해 기동력도 확보했다. 이때 약속대로 이탈리아군이 베네치아를 공격했기에 오스트리아는 남방을 방어하는 데 병력을 분산해야 했다. 프로이센군은 보헤미아의 쾨니히그레츠에서 오스트리아군에 결정적 승리를 거두었고, 전쟁은 7주 만에 프로이센의 승리로 끝이 났다.

오스트리아는 통일 독일에서 배제되었을뿐더러 베네치아까지 잃었다. 비스마르크는 오스트리아에 우호적인 독일 연방을 해체하고 마인 강 이북의 북독일 연방으로 통합해 자신에게 우호적인 분위기로 바꾸었다.

프로이센-프랑스 전쟁과 독일 통일

독일 통일을 이루는 데 남은 것은 남부 독일의 소국들을 끌어들이는 일이었다. 이를 위해 비스마르크는 유럽의 전통적인 강대국 프랑스와의 전쟁을 꾸몄다. 오랜 숙적인 프랑스와의 전쟁을 통해 남부 독일에 민족주의적 열망을 일으키겠다는 속셈이었다.

마침 프로이센과 프랑스는 프로이센 왕실인 호엔촐레른 가문이 지닌 에스파냐 왕위 계승권을 둘러싸고 대립하고 있었다. 에스파냐에서 혁명이 일어나 부르봉 왕가를 쫓아내고 빌헬름 1세의 사촌인 레오폴드 공을 왕으로 세우려 했던 것이다. 나폴레옹 3세와 프랑스 국민은 기분이 좋지 않았다. 프랑스계인 부르봉 왕가가 쫓겨난 것도 기분 나쁜데, 에스파냐와 프로이센이 손을 잡는다니……. 프랑스와의 전쟁을 꾀하던 비스마르크는 빌헬름 1세의 반대에도 레오폴드 공을 설득해 이를 수락한다고 발표했다. 나폴레옹 3세는 전쟁을 하는 한이 있더라도 이를 받아들일 수 없다고 으름장을 놓았다. 그러자 빌헬름 1세는 레오폴드 공에게 에스파냐 왕위 계승을 포기하도록 했다.

그러한 조치에도 나폴레옹 3세는 다시는 이런 일이 벌어지지 않도록 확실하게 보장하라고 요구했다. 프랑스 대사가 엠스 온천 휴양지에서 산책 중인 빌헬름 1세를 찾아가 문서 보장을 요구한 것이다. 빌헬름 1세는 이를 거절하고는 비스마르크에게 전보를 쳤다. 프랑스 대사가 무례하게 불쑥 찾아와 재발 방지를 문서로 보장해 달라고 요구했다는 내용이다.

비스마르크는 전보를 보고 무릎을 쳤다. 프랑스와 전쟁을 벌일 묘책이 떠오른 것이다. 비스마르크는 독일과 프랑스 국민 양쪽을 자극할 만한 어조로 전보 전문을 살짝 고쳐 영국 신문 기자에게

독일 통일의 주역
왼쪽부터 총리인 오토 폰 비스마르크, 국방 장관인 알베르트 폰 론, 참모총장인 헬무트 폰 몰트케이다. 이들은 독일 군대를 철도로 이동시켜 프랑스가 대비할 틈을 주지 않았다.

은근슬쩍 흘렸다. 신문 기사를 본 독일과 프랑스 사람들은 부글부글 끓어올랐다.

1870년 7월 19일, 나폴레옹 3세는 두 나라가 맞붙으면 프랑스가 이긴다는 프랑스 육군 장관의 확언을 믿고 프로이센에 선전 포고를 했다. 마침내 두 나라가 전쟁에 돌입한 것이다. 하지만 그 장관의 호언장담은 거짓으로 드러났다. 프로이센군은 파죽지세로 프랑스로 쳐들어갔고, 마르스 라 투르·그라블로트·세당 등지에서 결정적인 승리를 거두었다. 프로이센군은 보무도 당당하게 프랑스의 수도 파리로 진군했다.

독일 제국 선포식
1871년 1월 18일 빌헬름 1세는 베르사유 궁전 거울의 방에서 독일 제국의 탄생을 선포했다. 안톤 폰 베르너가 1885년에 그렸다. 독일 비스마르크 박물관 소장.

프랑스군의 패배에 분노한 파리 시민들은 9월 4일, 군대를 이끌었던 나폴레옹 3세를 폐위하고 제3공화국 정부를 수립한 뒤 국민방위군을 조직해 프로이센군에 맞섰다. 하지만 국민방위군은 프로이센군을 막기에는 힘이 부족했다.

프로이센군은 9월 19일 파리를 포위했고, 이후 파리와 몇몇 지역을 제외한 프랑스 전역을 점령했다. 심지어 이듬해인 1871년 1월 18일에는 프로이센 왕 빌헬름 1세가 베르사유 궁전에서 독일 제국 황제 대관식까지 가졌다. 파리의 새 정부는 10일 뒤인 1월 28일에

희망
프랑스 국민이 패전의 박탈감에서 벗어나 회복되기를 바라는 마음에서 피에르 퓌비 드 샤반이 그린 동명 작품으로, 1872년 파리의 살롱에서 전시되었다. 미국 월터 예술 박물관 소장.

독일군에 항복했다. 독일은 프랑스와 5월 10일 프랑크푸르트 조약을 맺었는데, 프랑스에는 매우 가혹한 조약이었다. 프랑스는 독일에 50억 프랑이라는 막대한 전쟁 배상금을 지불하고, 배상금을 다 낼 때까지 독일군 주둔 경비를 부담하며, 알자스와 로렌도 독일에 넘겨주어야 했다.

프랑스의 패배와 독일의 통일은 유럽의 정세를 근본적으로 뒤흔들었다. 통일 독일은 영국에 맞설 유럽의 최강국으로 떠올랐다. 이탈리아도 프랑스의 패배를 틈타 로마로 진군해 통일을 이루었다. 그런데 독일과 이탈리아는 통일 이전에는 약소국이었기 때문에 해외에 식민지가 거의 없었다. 이들 두 나라가 식민지 쟁탈전에 뛰어들면서 전쟁의 먹구름은 갈수록 짙어만 갔다.

파리 코뮌

1871년 1월 28일 프랑스가 독일에 항복한 뒤 프로이센과 조약을 맺기 위해 소집된 국민 의회
는 왕당파가 다수를 차지했다. 공화주의자들이 다수를 이루는 파리 시민들은 베르사유에서 열
리는 국민 의회가 왕정을 부활시키지 않을까 염려했다. 그런데 임시 국민 정부의 행정 수반을
맡고 있던 아돌프 티에르가 파리의 질서 유지를 위해 국민방위군을 무장 해제시키기로 하자,
파리 시민들은 3월 18일 봉기해 3월 26일 코뮌 정부를 세웠다. 공화주의자들과 사회주의자들
이 이끄는 파리 코뮌 정부는 베르사유 정부와 맞서야 했다.

그러나 코뮌 병사들은 군사 조직을 갖추지 못해 공세를 취할 수가 없었다. 5월 21일 방비가 없
는 곳을 통해 정부군이 파리로 들어와 '피의 일주일' 동안 무력 진압에 나섰다. 코뮌 병사들은
바리케이드를 치고 공공건물에 불을 지르며 저항했지만, 진압을 피할 수는 없었다. 이 과정에
서 코뮌 병사 약 2만 명과 정부군 750명가량이 죽었다. 코뮌이 무너진 뒤 정부는 무자비한 탄
압을 가하여 약 3만 8,000명을 체포하고 7,000명 이상을 추방했다.

파리의 바리케이드
1871년 파리의 노동자들은 코뮌 정부를 지키기 위해
바리케이드를 쳤다. 1871년에 리슈부르가 촬영했다.
미국 메트로폴리탄 미술관 소장.

파리 코뮌 기념비
페르 라 셰즈의 파리 코뮌 기념비 앞에 누군가가
꽃을 가져다 놓았다.

1848년 혁명

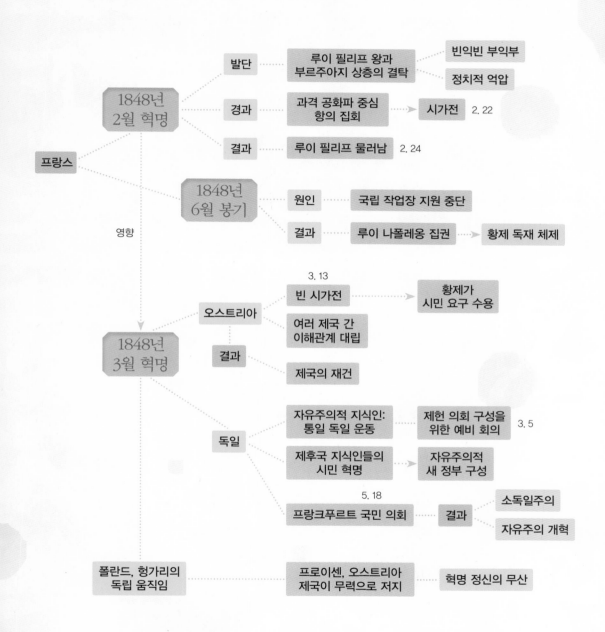

프랑스

1848년 2월 혁명

발단 — 루이 필리프 왕과 부르주아지 상층의 결탁 — 빈익빈 부익부 / 정치적 억압

경과 — 과격 공화파 중심 항의 집회 → 시가전 2. 22

결과 — 루이 필리프 물러남 2. 24

1848년 6월 봉기

원인 — 국립 작업장 지원 중단

결과 — 루이 나폴레옹 집권 → 황제 독재 체제

영향

1848년 3월 혁명

오스트리아

3. 13
빈 시가전 → 황제가 시민 요구 수용

여러 제국 간 이해관계 대립

결과 — 제국의 재건

독일

자유주의적 지식인: 통일 독일 운동 — 제헌 의회 구성을 위한 예비 회의 3. 5

제후국 지식인들의 시민 혁명 → 자유주의적 새 정부 구성

5. 18
프랑크푸르트 국민 의회 — 결과 — 소독일주의 / 자유주의 개혁

폴란드, 헝가리의 독립 움직임 — 프로이센, 오스트리아 제국이 무력으로 저지 — 혁명 정신의 무산

제2부
제국주의와 사회주의

4
세계 패권을
둘러싼 경쟁,
제국주의가
시작되다

5
전 지구적
식민지화가
전개되다

6
제1차 세계 대전이
터지다

산 업 혁명으로 부국강병을 이룬 서양 열강은 전 세계를 식민지화하려고 했다.
아편 전쟁으로 문호를 개방한 중국은 결국 서양 열강의 반식민지가 된 반면
미국에 문을 연 일본은 메이지 유신으로 근대화에 성공했다.
독일, 이탈리아, 러시아, 미국, 일본 등이 식민지 획득에 뛰어들면서
열강들 간에 식민지 쟁탈전이 벌어졌고 그 결과 제1차 세계 대전이 터졌다.
제1차 세계 대전 이후 한국, 중국, 인도 등지에서 독립운동이 크게 일어났다.
1929년 세계 대공황이 일어나자 독일, 이탈리아, 일본이 전쟁으로 위기를
벗어나고자 했고, 이로 인해 제2차 세계 대전이 벌어졌다.

9
전체주의가
등장하면서
제2차 세계 대전이
벌어지다

7
사회주의가 확산되고
러시아 혁명이
일어나다

8
식민지와
반식민지에서
민족 독립운동이
펼쳐지다

4 세계 패권을 둘러싼 경쟁, 제국주의가 시작되다

프랑스를 누르고 통일을 이룬 독일은 새로운 발견과 발명을 바탕으로 세계 최강대국인 해가 지지 않는 나라 영국을 뛰어넘는 산업 발전을 이루었다. 신흥 강국이 된 독일과 이탈리아, 러시아, 미국 등이 19세기 중엽 이후 식민지 쟁탈전에 뛰어들면서 제국주의 열강의 대립은 갈수록 심해졌다.

새로운 패권 경쟁과 식민지 쟁탈전

1870년의 프로이센-프랑스 전쟁과 1871년의 독일 통일은 세계 패권을 둘러싼 경쟁의 제2막이 올랐음을 보여 주는 대사건이었다. 1800년대 초반 나폴레옹 전쟁에서 프랑스에 형편없이 패한 독일(프로이센)이 불과 60여 년 만에 프랑스를 한 방에 때려눕힌 것이다. 비록 빈 체제 아래에서 패전국으로 약화되었다 해도 1848년 혁명 이후 나폴레옹 3세 치하에서는 나폴레옹 1세의 영광을 재현할 만큼 유럽의 강대국으로 자리 잡은 프랑스였는데 말이다.

이런 사태의 원인을 알기 위해서는 빠르게 변화한 당시 세계 정세를 이해할 필요가 있다.

첫째, 세계 최초로 산업 혁명에 성공해 세계 최강대국으로 군림하던 영국의 힘이 예전 같지 않았다. 영국의 경제력은 영국의 군사력, 특히 해군력의 원천이었다. 나폴레옹 전쟁 때 영국이 나폴레옹 1세의 대륙 봉쇄령에도 굴하지 않고 유럽 대륙 전체와 맞설 수 있었던 것도 바로 이러한 뒷받침이 있었기 때문이다. 그런데 1870년대 이후 독일과 미국이 영국의 경제력을 따라잡기 시작했다. 이는 강철의 경우만 봐도 알 수 있다. 강철은 철도, 기차, 기선, 기계, 대포, 소총의 주재료로 쓰여 산업 혁명의 꽃이라 일컫는데 1914년경 독일은 영국 강철 생산량의 두 배를 넘었고, 미국은 네 배를 넘었다. 이 두 나라는 상선과 군함 건조 능력, 기계와 무기 제조 능력에서 영국을 추월했다. 영국의 패권은 갈수록 흔들렸고, 그만큼 영국의 패권에 도전하는 나라들도 점차 늘어났다.

둘째, 전기의 발견과 활용을 통해 산업의 양태와 사람들의 삶이 뿌리부터 바뀌었다. 전기는 먼 거리까지 손실 없이 보낼 수 있는 데다 열과 빛으로도 바꿀 수 있다. 이런 특성을 이용해 발전, 송전, 변전, 배전 체계를 구축하면 어디에서나 기계를 움직일 수 있다. 전동기(모터)의 발명이 바로 그런 환경을 구축해 주었기에 산업의 지평이 크게 넓어졌다. 이는 독일의 생산 능력을 비약적으로 증가시키는 결과를 가져왔다. 독일은 국가에서 지원해 만들어진 몇몇 대규모 공장을 제외하고는 소규모 작업장이 대부분인지라 이런 산업 환경에 매우 적합했다.

셋째, 이전보다 화학 공업의 중요성이 커졌다. 화학 공업에서 가장 앞선 나라가 독일이었는데 각종 화학 물질 수출 시장의 약 90퍼센트를 차지할 정도였다. 또한 독일은 내연 기관을 실용화함으로써 발전기와 기선, 자동차의 동력으로 증기 기관 대신 내연 기관을 쓰도록 만들었다. 내연 기관의 급속한 보급은 그 연료가 되는 석유를 정제하는 정유 산업과 석유 화학 산업의 발달이라는 부수적 효과를 가져왔다.

이렇듯 독일이 빠르게 성장하자, 독일에 대해 경각심을 갖게 된 영국은 프로이센-프랑스 전쟁 이후 독일을 견제하기 위해 전통적인 적대국인 프랑스와 손을 잡았다. 영국과 독일의 패권 경쟁은 세계

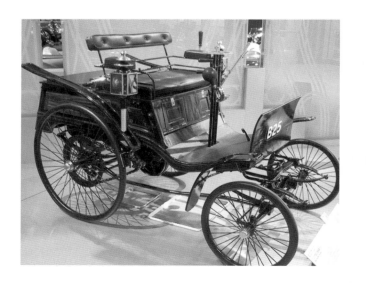

벤츠 벨로
독일의 카를 벤츠가 1894년에 만든 자동차로.
1895년 미국에서 열린 최초의 자동차 경주 대회인 시카고 타임스 헤럴드 경주 대회에서 우승했다. 휘발유를 연료로 한 내연 기관으로 움직인다.

각지에서 치열하게 전개되었고, 다양한 동맹 관계를 축으로 패권 경쟁이 증폭되면서 지구적 규모의 대립으로 발전했다. 영국과 독일의 군사적 대립은 주로 해군력을 둘러싸고 진행되었다.

그런데 독일은 전통적 강대국인 영국이나 프랑스와 달리 해외 식민지를 개척할 여력이 없었다. 당시 식민지는 강대국들의 경쟁력에서 가장 중요한 원동력이었다.

식민지는 식민 본국의 산업 발전에 필요한 각종 원료나 식량을 값싸고 안정적으로 공급할뿐더러 각종 공산품의 판로를 보장

한다. 또한 과잉 자본의 투자처이자 배출구로 작용해 경제 공황을 막아 주는 역할도 했다. 1870년대 이후에는 원료 및 식량 공급지, 상품 시장, 과잉 자본 투자처라는 세 가지 역할 중 세 번째 역할이 점점 중요해졌다.

드레드노트급 전함과 유보트
영국의 드레드노트급 전함과 독일의 유보트 잠수함은 이 시기 해군력 경쟁을 상징한다.

식민 본국이 수출로 벌어들인 돈이 적정 수준을 넘어 유통되면 물가가 크게 오른다. 물가 상승은 임금 상승을 부채질하고, 이는 이윤율 하락으로 이어진다. 이를 막으려면 국내의 사회 간접 자본이나 산업 시설에 투자해 유통되는 돈을 줄여야 하는데, 그것도 한계가 있다. 과다한 투자는 공산품의 생산량을 늘려 악성 재고를 누적시킬 수 있기 때문이다. 이는 가격 하락과 손실 누적을 부채질하는데, 이것이 사회 전체로 확대된 것이 바로 과잉 생산 공

황이다. 역사상 가장 대표적인 과잉 생산 공황은 제2차 세계 대전의 원인으로 작용한 1929년 세계 대공황이다.

과잉 생산 공황을 막으려면 과다하게 축적된 자본을 투자해 배출할 곳이 필요한데, 그런 역할을 하는 곳이 바로 식민지이다. 식민 본국의 과잉 자본은 식민지의 항만, 철도, 도로, 발전소 등 사회 간접 자본과 광산, 유정, 플랜테이션 농장 등에 투자된다. 이는 또한 식민지 주민들의 노동을 보다 효율적이고 광범위하게 초과 착취하게 하여 식민 본국의 이윤율 저하와 과잉 생산 공황을 막아 준다.

독일 입장에서는 영국에 버금가는 힘을 가지고도 통일이 늦어져 식민지 쟁탈전에 뒤늦게 뛰어든 것이 천추의 한이었다. 그리하여 국력을 총동원해 식민지 쟁탈전에 뛰어들었다. 하지만 세계 대부분은 벌써 다른 나라들이 차지하고 있었고, 남은 곳이라고는 아프리카 내륙과 동아시아, 태평양 제도밖에 없었다. 독일은 남은 지역을 차지하려 애쓰는 한편, 다른 나라들과 전쟁을 벌여서라도 식민지를 빼앗으려 했다.

기존에 식민지를 차지한 나라들이 이를 그냥 두고 볼 리 없었다. 독일과 이들 나라의 충돌이 갈수록 잦아졌다. 세계 곳곳에서 벌어지는 식민지 쟁탈전의 규모가 커지는 만큼 유럽 여러 나라 국민 사이의 감정도 악화되었다. 이러한 악감정의 끝은 세계적 규모로 벌어진 총력전, 즉 세계 대전이었다.

한편 미국도 해외 식민지에 관심을 갖기 시작했다. 1898년 하와이를 병합하고, 같은 해 에스파냐와 전쟁을 벌여 쿠바, 필리핀, 푸

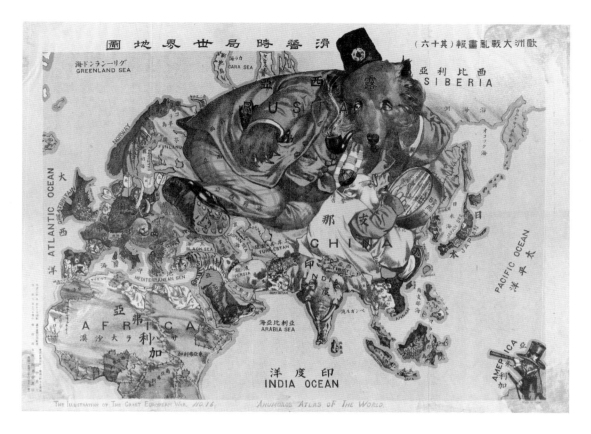

에르토리코, 괌을 획득한 것이다.

　식민지 쟁탈전이 어떻게 세계 대전으로 발전하는지 살펴보기 전에 유럽 여러 나라가 어떻게 세계 대부분을 식민지로 만들었는지, 식민지 쟁탈전의 복잡한 역학 관계가 어떻게 전개되었는지를 먼저 이해해야 한다.

풍자로 보는 세계지도
1900년대 초반에 일본에서 만들어진 지도로, 동물을 의인화하여 열강의 세계 분할을 잘 보여 준다.

러시아와 미국이 해외 식민지 확대에 늦게 뛰어든 까닭

19세기 말의 세계 지도를 보면 독일과 이탈리아뿐만 아니라 러시아와 미국도 해외 식민지가 많지 않다는 것을 알 수 있다. 독일과 이탈리아는 통일이 늦어져 식민지를 개척할 여력이 없었다고 하지만 러시아와 미국은 왜 식민지가 적은 걸까?

▪ 미국

1776년 독립 전쟁을 통해 13개 주의 연방으로 출발한 미국은 19세기 말까지 식민지를 개척할 필요를 전혀 느끼지 못했다. 서쪽으로 광활한 대륙이 펼쳐져 있었기 때문이다.

유럽에서 들어오는 이민을 통해 서부 개척을 위한 인구를 충당한 미국은 1803년 루이지애나를 프랑스로부터 1,500만 달러를 주고 사들이고, 1819년 에스파냐로부터 플로리다를 사들였다. 또한 멕시코를 무력으로 압박해 1845년 텍사스를 병합하고, 1848년 캘리포니아를 빼앗았으며, 1853년에는 캘리포니아 남부를 사들였다. 이들 지역에는 원주민인 아메리카 인디언이 살고 있었지만, 군대를 동원해 이들을 황무지로 내쫓고 강제로 차지한 뒤 농지로 개척했다.

19세기 중엽 이후 미국에서도 산업 혁명이 시작되면서 남부와 북부의 대립이 심해졌다. 남부는 흑인 노예를 이용한 대농장 경영이 발달했고, 북부는 자유로운 노동력을 이용한 상공업이 발달했다. 이에 남부는 노예제와 자유 무역을, 북부는 노예제 폐지와 보호 무역을 주장했다. 남부와 북부의 갈등은 새로 개척한 서부 주들이 노예제 문제에 어떠한 입장을 취하느냐를 놓고 점점 심해졌다.

1860년 노예제 폐지를 주장하

대륙 횡단 철도 개통
1869년 5월 10일, 동서로 나뉘어 건설되던 대륙 횡단 철도가 유타 주 프로몬토리에서 만나는 역사적 장면을 기념해 촬영했다.

는 링컨이 대통령으로 당선되자, 남부의 7개 주가 아메리카 연방을 결성해 북부에 대항하면서 1861년 남북 전쟁이 일어났다. 초기에는 남부가 우세했지만 1863년 링컨이 노예 해방을 선언하면서 전세는 북부로 기울기 시작했고, 1865년 북부의 승리로 전쟁은 끝을 맺었다. 남북 전쟁이 끝난 뒤 1869년 대륙 횡단 철도가 완공되었고, 미국은 19세기 말 세계 최대의 공업국으로 발돋움했다.

이때부터 미국은 해외 식민지에 관심을 갖기 시작했다. 1898년 하와이를 병합하고, 같은 해 에스파냐와 전쟁을 벌여 쿠바, 필리핀, 푸에르토리코, 괌을 획득했다.

▪ 러시아

유라시아에 걸친 러시아도 미국과 사정이 비슷했다. 시베리아 동쪽으로 뻗어 나갈 수 있었기 때문에 식민지 개척에 관심을 두지 않았다. 러시아는 16세기 이후 시베리아 개척에 나서 17세기 중엽에는 시베리아 전체를 지배하게 되었다. 1891년 시베리아 철도를 놓기 시작하면서 시베리아 개발에 본격적으로 나섰다. 전통적인 육군 강국 러시아는 해외 식민지를 개척하기보다는 서부의 폴란드와 서남부의 흑해·발칸 반도, 동남부의 아프가니스탄 등으로 영토를 확대하려 했다. 이러한 영토 확장 정책은 유럽 여러 나라와 복잡한 갈등을 일으켰다.

크림 전쟁
1854년 6월 러시아군은 쿠루크다라에서 오스만 군대에 대승을 거두었다. 하지만 영국, 프랑스, 이탈리아 사르데냐 왕국 등의 개입으로 크림 전쟁에서 패배하고 말았다.

세계 여러 지역의 식민지화

인도의 식민지화

15세기 말 바스쿠 다 가마의 인도 항로 발견 이후 포르투갈이 한때 인도와 동남아시아에서의 향신료 무역을 장악해 큰돈을 벌었다. 그러다가 영국이 16세기 말에 에스파냐 무적함대를 격파한 뒤 영국과 네덜란드가 전 세계 해상 무역의 주도권을 놓고 각축을 벌였다. 두 나라는 인도에 동인도 회사를 두고 인도 무역을 독점하려고 애썼는데, 17~18세기 네 차례의 다툼 끝에 영국이 최종 승자가 되었다. 그 뒤 프랑스가 동인도 회사를 세우고 영국의 무역 독점에 도전장을 내밀었다. 1757년, 영국이 플라시 전투에서 이겨 프랑스의 도전을 물리치고 인도를 독점할 권리를 차지했다.

로버트 클라이브
동인도 회사의 첫 총독으로 인도에 대한 지배권을 확립한 로버트 클라이브가 플라시 전투 이후 벵골 군주인 미르 자파르를 만나는 모습이다. 1760년경 프랜시스 헤이멘이 그렸다. 영국 런던 국립 초상화 박물관 소장.

한편 18세기 초 인도를 지배하던 무굴 제국은 힌두교도와 이슬람교도 간의 반목으로 힘이 매우 약해졌다. 그리고 인도 중부에서 독립한 마라타 왕국이 18세기 중엽에 무굴 제국을 넘볼 만큼 세력을 키우다 아프가니스탄 왕국에 가로막혔다. 이에 따라 인도 북부에서는 아프가니스탄과 마라타, 무굴 제국 등이 대립했다.

이러한 혼란을 틈타 영국은 동인도 회사의 주도 아래 인도를 식민지로 만들어 나가기 시작했다. 인도인들은 영국의 침략에 맞서 여러 전쟁을 벌였지만 각개 격파되고 말았다. 영국은 이름만 남은 무굴 제국을 앞세워 인도 전역을 다스렸다.

1857년 동인도 회사의 인도인 용병인 세포이가 반란을 일으켰다. 그러자 영국은 이를 진압하고 영국령 인도 제국을 세워 빅토리아 여왕이 인도를 직접 다스리는 방식으로 전환했다. 영국은 인

러크나우 구원
1857년 헨리 해브록이 이끄는 영국군이 러크나우를 포위한 세포이들을 뚫고 러크나우의 영국군을 구원하는 모습을 1859년 토머스 존스 베이커가 그렸다. 영국 런던 국립 초상화 박물관 소장.

도인들의 저항을 잠재우기 위해 세포이 항쟁의 원인이 된 동인도 회사를 해체하고, 인도인들을 관리로 등용하며, 인도인들의 관습과 제도를 보존하는 유화 정책을 폈다. 그 뒤 영국은 인도를 발판으로 아프가니스탄과 미얀마를 인도 제국에 병합했다.

영국은 인도에서 면화와 차, 인디고 염료, 양귀비 재배를 강제했다. 면화는 영국 산업 혁명의 뿌리인 면직물 산업의 원료였고, 인디고 염료는 염색 산업의 원료였다. 차와 양귀비는 영국이 중국에 대한 무역 적자를 막으려고 심은 것이다. 인도 홍차는 중국차 수입을 대체했고, 양귀비에서 생산한 아편은 중국의 차와 도자기, 비단 등 값비싼 사치품 때문에 생기는 적자를 메우려고 중국으로 밀수출했다.

동남아시아의 식민지화

동남아시아는 인도와 중국 사이의 지역으로 오늘날의 미얀마, 타이, 말레이시아, 싱가포르, 인도네시아, 필리핀 그리고 인도차이나 반도의 라오스, 캄보디아, 베트남을 가리킨다.

이 지역에 처음 진출한 유럽 국가는 대항해 시대를 이끈 포르투갈과 에스파냐였다. 1509년 포르투갈 함대가 믈라카 해협으로 나아가 1511년 믈라카 왕국을 점령하고 동남아시아와 동아시아 진출의 전초 기지로 삼았다. 에스파냐는 마젤란의 세계 일주 이후 신대륙에서 태평양을 건너 동남아시아로 진출했다. 대항해 시대에는 항해에 한 번 성공하면 향신료 무역을 통해 수백 배의 이익을 볼 수 있었다. 따라서 포르투갈과 에스파냐는 향신료의 산지로 유명한 말루쿠 제도(그래서 붙은 이름이 향료 제도)를 놓고 맞붙었다. 이 전쟁에서 패해 한 발 물러선 에스파냐는 1571년에 필리핀 마닐라를 점령하고 중국 명나라와 교역했다.

1580년 포르투갈 왕실의 대가 끊기면서 에스파냐 왕실은 포르투갈 왕위까지 차지하게 되었다. 혼인 관계로 왕위 계승권을 갖게 된 것이다. 하지만 동남아시아에 대한 에스파냐의 지배권은 1588년 에스파냐 무적함대가 영국 함대에 패하면서 크게 흔들렸다. 1596년에는 네덜란드가, 1600년에는 영국이 동남아시아로 들어온 것이다. 말루쿠 제도와 동아시아 교역을 둘러싼 싸움에서 승리한 나라는 네덜란드였다. 네덜란드는 1641년 믈라카 해협을 장악해 한동안 아시아 교역을 독점했다.

하지만 17~18세기에 네덜란드와 영국 간의 네 차례 싸움에서 영국이 승리하면서 동남아시아의 상황은 크게 바뀌었다. 영국은 인도를 거점으로 1791년 페낭, 1819년 싱가포르와 말레이를 차지하고 동아시아와 동남아시아의 교역을 장악했다. 영국은 또한 미얀마와 세 차례에 걸쳐 전쟁을 벌여 1885년 미얀마를 식민지로 만들었다.

한편 플라시 전투 이후 인도에서 물러난 프랑스는 베트남에 눈독을

타이손 당을 공격하는 프랑스 군
프랑스 군이 타이손 당이 장악한 요새를 공격하는 모습을 그렸다.

들였다. 프랑스는 베트남의 내란에 개입하여 1802년 응우옌 푹 안이 타이손 당을 멸하고 응우옌 왕조를 세울 수 있도록 도우면서 세력을 키웠다. 나폴레옹 3세는 1858년에 프랑스 선교사 박해 사건을 빌미로 다낭을 공격하고 이듬해 사이공을 점령한 뒤, 1884년 청·프랑스 전쟁에서 승리해 베트남 전체를 식민지로 만들었다.

그 뒤 프랑스는 시암(타이의 옛 이름)을 압박하여 1864년 캄보디아에 관한 권리를 얻어 내 보호국으로 삼고, 19세기 말에는 메콩 강 동쪽의 라오스를 식민지로 삼았다. 하지만 시암은 말레이를 중심으로 세력을 넓히던 영국, 그리고 베트남을 중심으로 세력을 넓히던 프랑스의 완충 지대였기에 겨우 독립을 유지할 수 있었다.

한편 네덜란드는 인도네시아를 식민지로, 에스파냐는 필리핀을 식민지로 개발했다. 이들 두 나라는 이 지역에 열대 플랜테이션 농장을 만들어 공업용 원료나 기호 식품으로 쓰이는 수출용 열대 상품 작물을 재배해 많은 돈을 벌어들였다. 하지만 에스파냐는

크리스트교 선교의 자유를 주장해 종교 충돌을 조장한 뒤 군대를 보내 식민지로 만드는 방식은 **프랑스 제국주의**의 전형적인 침략 수법으로 중국의 제2차 아편 전쟁, 우리나라의 병인양요에서도 사용되었다.

수업 시작
미국 국기를 입은 교사가 필리핀, 하와이, 푸에르토리코, 쿠바라 쓰여진 옷을 입은 네 아이를 윽박지르며 가르치고 있다. 미국의 제국주의적 침략을 풍자한 그림으로, 영국 잡지 《펀치》 1899년 1월 29일자에 실렸다.

1898년 미국과의 전쟁에서 패해 필리핀과 괌, 푸에르토리코, 쿠바를 빼앗기고 말았다.

오세아니아와 태평양 섬들의 식민지화

유럽 인이 오스트레일리아 대륙에 대해 알게 된 것은 1643~1644년 네덜란드 아벌 타스만과 1770년 제임스 쿡의 탐사 덕분이다. 1768년 영국 해군과 영국학사원의 의뢰를 받은 쿡은 뉴질랜드에 도착했고, 1770년 오스트레일리아 동쪽 해안선을 따라 북상하면서 탐험했다. 당시 쿡은 오스트레일리아 동부에 대한 영유권을 선포하고, 이곳을 뉴사우스웨일스라고 이름 붙였다. 영국은 범죄자들을 이곳으로 보내는 한편, 영국 해군의 아서 필립 대위를 초대 총독으로 임명해 식민지를 개척했다.

폴리네시아 인들이 뉴질랜드에 정착하기 시작한 것은 늦어도 1000년경이었으며, 그보다 2~3세기 전의 일일 가능성이 크다. 폴리네시아 시대 말기인 18세기에는 약 10~20만 명의 마오리 족이 사우스 섬과 노스 섬에서 살고 있었다.

1840년 영국은 마오리 족과 조약을 맺었다. 영국이 마오리 족의 토지 소유권을 보장하는 대신 뉴질랜드의 통치권을 양도받는 조건이었다. 그러나 영국은 마오리 족이 중요

제임스 쿡 동상
제임스 쿡은 오스트레일리아와 뉴질랜드, 태평양의 여러 섬을 탐험했다. 영국 런던 그리니치에 있는 동상이다.

한 땅을 팔지 않자 1860년부터 10년 동안 전쟁을 벌여 그들을 쫓아냈다.

한편 에스파냐의 발보아가 1513년 태평양을 발견한 뒤, 포르투갈의 마젤란 함대가 태평양을 횡단했다. 에스파냐의 뒤를 이어 네덜란드가 태평양 탐험에 앞장섰고, 18세기에는 영국과 프랑스가 탐험을 주도했다. 그 뒤 태평양의 여러 섬은 각국 해군과 상선의 기항지로 주목받았다. 유럽 나라들은 이 섬들을 서로 차지하려고 쟁탈전을 벌였다. 그리하여 프랑스는 누벨칼레도니와 프랑스령 폴리네시아를, 독일은 뉴기니 섬 북부와 비스마르크 제도·나우루·서사모아(지금의 사모아) 등을 차지했다.

세계 여러 지역의 식민지화

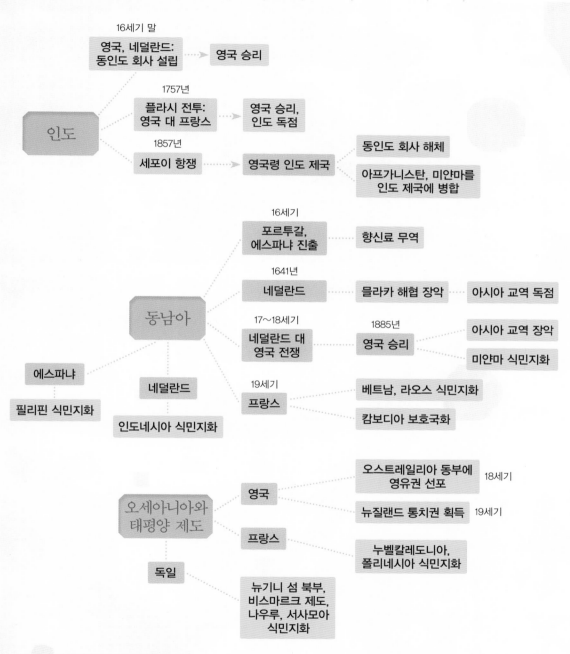

16세기 말

영국, 네덜란드:
동인도 회사 설립 → 영국 승리

인도

1757년

플라시 전투:
영국 대 프랑스 → 영국 승리,
인도 독점

1857년

세포이 항쟁 ⇢ 영국령 인도 제국

동인도 회사 해체

아프가니스탄, 미얀마를
인도 제국에 병합

16세기

포르투갈,
에스파냐 진출 ⋯ 향신료 무역

동남아

1641년

네덜란드 ⋯ 믈라카 해협 장악 ⋯ 아시아 교역 독점

17~18세기

네덜란드 대
영국 전쟁 → 영국 승리

1885년

아시아 교역 장악

미얀마 식민지화

에스파냐

필리핀 식민지화

네덜란드

인도네시아 식민지화

19세기

프랑스

베트남, 라오스 식민지화

캄보디아 보호국화

오세아니아와
태평양 제도

영국

오스트레일리아 동부에
영유권 선포 18세기

뉴질랜드 통치권 획득 19세기

프랑스

누벨칼레도니아,
폴리네시아 식민지화

독일

뉴기니 섬 북부,
비스마르크 제도,
나우루, 서사모아
식민지화

5 전 지구적 식민지화가 전개되다

영국이 아편 무역에 나서면서 중국과 아편 전쟁이 벌어졌고, 태평천국 운동과 제2차 아편 전쟁, 의화단 운동을 거치면서 중국은 근대화에 실패하고 서양 열강의 반식민지가 되었다. 미국에 개항한 일본은 메이지 유신을 거쳐 근대화에 성공했다. 영국과 프랑스, 이탈리아, 독일 등이 아프리카 내륙의 식민지화에 나서면서 아프리카 분할도 끝이 났다.

중국의 반식민지화

중국의 문호 개방

아편은 양귀비의 진액을 말려 굳힌 마약이다. 1840년, 바로 이 아편을 놓고 영국과 청나라 사이에 전쟁이 벌어졌다. 청나라가 영국의 아편 밀수범을 단속하자 영국이 전쟁을 일으킨 것이다.

"아편도 상품이다. 아편의 자유 무역을 막지 말라!"

영국 정부가 앞장서서 마약을 밀수하다 단속에 걸리자 마약의 자유 생산과 유통을 보장하라며 전쟁을 일으킨, 뻔뻔하기 짝이 없는 행동이었다.

양귀비 열매
아편은 양귀비 열매에서 나오는 하얀 진액을 말려 굳힌 것이다.

대체 영국은 왜 이런 일을 벌인 걸까? 17세기 말부터 영국은 네덜란드와 함께 중국과의 교역에 나섰다. 마침 유럽에서 중국의 차, 도자기, 비단 열풍이 불어 영국 상인들은 떼돈을 벌었다(물론 중국도 물건값으로 받는 은 덕분에 엄청난 호황을 누렸다).

영국 상인들은 더 많은 이익을 남기고 싶었다. 그동안에는 기껏해야 동남아시아에서 쌀 같은 곡물을 싣고 중국으로 들어가 차, 도자기, 비단 등을 싣고 나오는 정도였다. 그런데 곡물은 무겁기만 하고 이익이 많지 않았다. 다른 나라에 하듯이 공장에서 대량 생산한 영국제 면직물 등을 팔아 많은 이익을 얻고 싶었다. 하지만 중국에서는 영국제 면직물이 전혀 팔리지 않았다. 비단보다 질도 안 좋고 가격도 만만치 않은 걸 누가 사겠는가?

몇몇 영국 상인이 나쁜 꾀를 냈다.

"식민지인 인도에서 양귀비를 재배해 아편을 만들어서 청나라에 비싼 값으로 팔자."

"처음에는 거의 공짜로 나눠 주자. 고객이 폭발적으로 늘어나면 그때 값을 크게 올려 이익을 보는 거지. 아편에 중독되면 끊기 힘들잖아."

아편 밀수가 크게 늘면서 중국 전체가 발칵 뒤집혔다. 아편 중독도 문제였지만, 경제 문제는 더 심각했다. 상품을 팔면 들어오던 은 대신 아편이 들어오니 은이 부족해진 것이다. 은이 모자라면 은값이 크게 오른다. 청나라에서는 은을 돈으로 썼기에 은값이 오르자 물가도 올라갔다. 실질 소득이 줄어들어 살기 어려워진 백성들은 곳곳에서 들고 일어났다.

1839년, 청나라 조정은 임칙서를 흠차대신으로 삼아 영국과의 교역이 이루어지던 광저우로 보냈다. 임칙서는 비록 한인이지만 어떤 협박과 위협에도 굴하지 않는 관리라 아편 밀수를 확실히 근절하리라 기대했다.

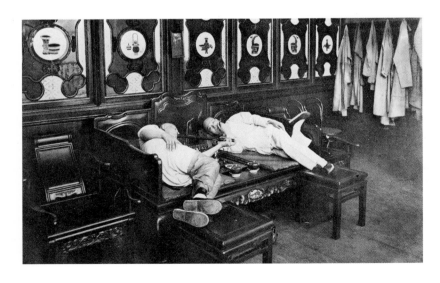

아편을 피우는 중국인
중국 상하이의 아편굴에서
중국인들이 아편을 피우고 있다.

임칙서 상
중국 선전 시 난샨 구 종샨
공원에 있는 조각상으로,
임칙서의 강인하고 물러설 줄
모르는 기상을 잘 보여 준다.

임칙서는 기대에 걸맞은 성과를 보여 주었다. 영국 상인들의 항의에도 아랑곳하지 않고 영국 상선들을 철저히 수색해 2만 상자나 되는 아편을 모두 불태웠다. 또한 영국 상관을 봉쇄하고는 영국 상인들에게 다시는 아편을 밀수하지 않겠다는 서약서를 제출하라고 요구했다. 하지만 영국 상인들은 서약서를 제출하지 않고 마카오로 철수했다.

그러던 중, 술 취한 영국 선원들이 중국 농민을 살해한 사건이 일어났다. 임칙서가 범인 인도를 요구했으나 영국이 이를 거절하면서 두 나라 관계가 더욱 악화되었다. 임칙서는 군대를 동원해 마카오를 봉쇄했고, 마카오를 다스리던 포르투갈은 영국인들을 바다로 이주시켰다. 이들을 구출하고 청나라의 압력을 해제하기 위해 영국 함대가 파견되었다. 두 나라 함대가 충돌하면서 선전 포고도 없이 맞붙었고, 결과는 청나라의 참패였다. 임칙서는 즉

각 영국과의 무역 금지를 선포했고 영국은 원정군을 파견했다. 영국 해군은 전함 40척과 병력 4,000명을 보내 청나라 수도 베이징과 연결되는 다구와 톈진을 위협했다. 1841년에는 증원군 1만 명을 보내 난징을 압박했다.

마침내 청나라 조정은 1842년 8월, 난징 앞바다에 정박 중인 영국 전함 콘월리스 호에서 영국과 난징 조약을 맺어야 했다. 난징 조약은 청나라에는 불리하고 영국에는 유리한 불평등 조약이었다. 그 뒤 영국은 1843년 7월 통상 장정, 1843년 10월 후먼 조약

을 맺었다. 이를 통해 개항장에서 저지른 영국인의 범죄는 영국 영사가 재판하고, 개항장에 영국이 주권을 행사하는 조계(외국인 거주지)를 두며, 다른 나라에 새로운 권리를 주는 조약을 맺으면 영국도 자동으로 그 권리를 얻는다는 최혜국 대우 조항을 추가했다.

미국과 프랑스도 1844년 영국과 비슷한 조건으로 조약을 맺었다. 프랑스는 개항장에서 선교의 자유를 보장한다고 규정한 점이 다를 뿐이다. 이렇게 중국은 서양의 힘에 굴복하여 나라의 문을 열었다.

첸피의 중국 함대를 공격하는 영국 함대
1841년 1월 7일에 벌어진 제2차 첸피 해전을 묘사한 그림으로, 1843년 에드워드 벨처가 쓴 책에 실려 있다. 영국 함대는 중국 전함 11척을 파괴하고 191문의 대포를 노획하는 등 압승을 거두었다.

중국 정부가 영국에 굴복한 까닭

당시 중국인들은 영국의 아편 밀수와 전쟁 선포에 크게 분개했다. 그래서 곳곳에서 자발적으로 창칼을 들고 영국에 맞서 일어났다. 광저우 교외 삼원리에서는 농민 수만 명이 무기를 들고 영국군을 포위하기까지 했다.

중국 정부가 이러한 민간의 움직임을 이용해 장기 유격전으로 대응했다면 영국군도 커다란 어려움에 부딪혔을 것이다. 하지만 당시 중국의 정치권력을 독점하고 있던 민족은 소수 민족인 여진족이었다. 이들은 민간에서의 자발적인 영국 반대 운동이 반정부 운동으로 발전하지 않을까 두려워했다. 이것이 중국 정부가 영국과 서둘러 난징 조약을 맺은 이유다.

영국-중국 전투에서 난징 조약까지
왼쪽부터 시계 방향으로 영국군의 추산 팅하이 요새 점령(1840년 7월), 영국 18 근위 연대의 아모이 요새 공격(1841년 8월 26일), 난징 조약 체결(1842년 8월 29일) 장면을 담은 그림이다.

태평천국 운동

아편 무역으로 인한 경제 붕괴에 이어 아편 전쟁으로 거액의 배상금까지 물게 된 중국에서 그 부담은 결국 농민에게로 돌아갔다. 세금 부담이 너무 커진 농민들은 땅을 잃고 헤매야 했다. 소작 조건은 갈수록 나빠졌고 농민들의 불만은 하늘을 찔렀다. 아편 전쟁 패배로 청나라 조정의 위신이 땅에 떨어지자 농민들이 곳곳에서 반란을 일으켰다.

농민 반란군 중 가장 위세를 떨친 것은 홍수전의 배상제회였다. 배상제회는 아편·도박·매춘과 같은 사회악의 일소를 주장하는 한편, 토지를 비롯한 모든 생산물이 상제의 소유라며 국가에 의한 소유와 균등 분배를 주장했다. 특히 토지 분배는 무거운 세금 부담으로 땅을 잃은 빈농과 노동자들이 앞다퉈 배상제회에 가입하는 계기로 작용했다.

태평천국 상
광시 장족 자치구 우저우 시 멩산에 있다.

크리스트 교리와 민중 종교를 결합한 배상제회

1837년 과거 시험에서 낙방한 충격으로 정신 쇠약에 걸린 홍수전은 꿈속에서 검은 옷에 금발을 한 고귀한 노인과 중년의 남자를 만났다. 그들은 세상에 들끓는 악마를 퇴치하라는 부탁과 함께 홍수전에게 칼과 인장을 주었다. 정신 쇠약에서 벗어난 뒤 홍수전은 고향에서 훈장으로 일하며 아이들을 가르치면서 과거 시험을 치렀지만 계속 낙방했다. 마지막 네 번째 시험에서 낙방한 1843년, 홍수전은 크리스트 교리를 설명한 책을 훑어보고는 자신이 꿈속에서 하느님(상제)과 예수 그리스도를 만났음을 깨달았다. 그는 자신이 하느님이 중국을 구제하기 위해 보낸 둘째 아들이자 예수의 동생이라고 생각했다.

1844년 홍수전은 친척과 친지들에게 자신의 교리를 가르치는 한편, 우상 숭배를 막는다며 서원에 모신 공자의 위패를 부쉈다. 그 일로 그는 훈장 자리에서 쫓겨났다.

홍수전은 1846년 배상제회를 결성했는데, 하느님(상제)을 숭배하는 모임이라는 뜻이다. 배상제회는 전통 민중 종교인 백련교가 원나라를 멸망시키는 농민 반란에 중요한 역할을 한 것과 마찬가지로 청나라의 쇠퇴에 결정적인 역할을 했다.

홍수전 상
태평천국의 수도였던 난징 천왕부 터에 있다.

교세가 눈덩이처럼 불어나자 홍수전은 1850년에 광시 성 구이 핑 현 진텐춘에서 교도들을 모아 반란을 일으켰다. 2만여 교도가 모든 재산을 헌납하고 군인으로 입대했다. 이들은 만주족이 강요 한 변발을 자르고 머리를 길러 장발족이라고 불렸다. 하느님이 만 물을 창조할 때처럼 남녀노소나 빈부의 차가 없는 태평천국을 지 상에 건설하자는 홍수전의 가르침은 가난한 백성들을 뒤흔들었 다. 그리고 한족이 힘을 모아 청나라 오랑캐를 무찌르자는 주장은 한족의 민족주의를 자극했다.

1851년 1월 11일 홍수전은 태평천국의 수립을 선언하고, 3월 천 왕에 즉위했다. 전 재산을 배상제회에 헌납하고 엄격한 규율 아래 생활하던 태평천국군은 백성들의 호응을 받아 광시·후난·후베 이·장시·안후이 성으로 세력을 넓혔다. 1853년에는 난징을 점령 하고 그곳을 도읍으로 삼았다.

그러나 태평천국은 한족의 힘을 하나로 묶는 데는 실패했다. 국 유화와 토지 분배 같은 급진적인 사회 개혁 주장이 가난한 피지배 층에게는 폭발적인 호응을 얻었지만, 지배층인 신사 계층과 지주, 상인들에게는 적개심을 일으켰기 때문이다. 더욱이 영국·프랑스 등 외국 세력도 태평천국의 급진적인 주장을 위험하다고 보았다.

청나라 조정은 이러한 움직임을 적절히 활용했다. 한족 지배층 인 신사·지주들과 손잡았고, 때로는 외국 세력과도 손을 잡았다. 청나라 조정은 증국번을 비롯한 한족 관리들에게 임시로 의용군 을 모집해 태평천국군을 토벌하도록 했다. 만주족이 장악한 팔기 군만 유일한 군사력으로 인정하던 생각에서 벗어난 파격적인 조

신사는 과거에 합격한 유교 지식인으로 명나라와 청나라의 지배층이었다. 지방관과 협력해 지방 사회를 이끌었다. 태평천국 운동 당시 사재를 털어 의용군을 모집해 태평천국군을 진압하는 데 공을 세웠다.

증국번(왼쪽)과 이홍장(오른쪽)
증국번은 상군을, 이홍장은
회군을 조직해 태평천국 진압에
공을 세워 중앙 정계에 진출했다.

치였다. 그에 따라 증국번은 후난 성에서 상군이라는 의용군을, 이홍장은 장쑤 성에서 회군이라는 의용군을 조직했다.

　청나라 조정은 팔기군과 의용군을 총동원해 지도부의 분열과 무능으로 기세가 한풀 꺾인 태평천국군을 곳곳에서 공격했다. 1864년 홍수전이 죽고 난징이 함락되면서 태평천국 운동은 막을 내렸다. 태평천국의 급진적 사회 개혁은 비록 실패했지만, 이는 훗날 뜻밖의 성과로 이어졌다. 태평천국이 내건 한족 해방의 구호가 증국번·이홍장 등 한족 관료들이 중앙으로 진출해 만주족과 함께 권력을 나눠 갖는 데 영향을 미친 것이다.

제2차 아편 전쟁

　태평천국군과 청나라 군대 사이의 공방전이 치열하게 전개되던 1856년, 영국과 프랑스는 중국이 문호를 개방했는데도 수출이 늘지 않아 고민에 빠졌다. 몇몇 항구에서만 교역하기 때문에 물건이

팔리지 않는다고 생각한 두 나라는 중국 전역에서 교역하면 수출을 늘릴 수 있다고 보았다.

하지만 청나라 조정이 중국 전역에서 교역할 권한을 내줄 리가 없었다. 두 나라는 무슨 트집을 잡아서라도 전쟁을 일으켜 청나라 조정을 무릎 꿇리기로 했다.

때마침 광저우 앞 주장 강에 정박 중인 애로 호에 중국 관리들이 올라가서 중국인 선원 열두 명을 해적 혐의로 붙잡아 가는 사건이 벌어졌다. 애로 호는 선주와 선원들은 중국인이었지만, 선장이 영국인이었고 선적도 영국이 지배하는 홍콩에 두고 있었다. 광저우의 영국 영사는 선원들을 즉각 풀어주고, 배에 걸려 있던 영

팔리교 전투
제2차 아편 전쟁 기간 중 영국과 프랑스 연합군은 1860년 12월 21일 팔리교에서 청나라 군사를 물리치고 베이징으로 나아갔다. 프랑스 화가 에밀 바야르가 그렸다.

국 국기를 함부로 내린 데 대해 공개 사과하라고 요구했다.

당시 애로 호에는 영국 국기가 걸려 있지도 않았고, 선적도 만기가 지나 영국과는 아무 상관이 없었다. 청나라는 영국이 나설 까닭이 없다고 반발하면서도, 그들의 신경을 건드리지 않으려고 선원들을 모두 영국 영사관으로 보냈다. 그런데 영국 영사는 이들을 받아들이지 않고 영국군을 동원해 전쟁을 일으켰다.

프랑스도 영국과 함께 군대를 파견했다. 그해에 가톨릭 선교사가 광시 성에서 법을 어기고 선교하다 붙잡혀 처형된 사건이 있었는데, 이를 빌미로 한 것이다. 러시아 역시 영국과 프랑스를 지지하는 대가로 조약 개정 협상에 참가하기로 했다. 영국과 프랑스 두 나라 군대는 광저우에 꼭두각시 정부를 세우는 한편, 톈진으로 진격해 청나라와 톈진 조약을 맺었다.

그런데 청나라는 외국 사절이 베이징에 들어오는 걸 꺼려 상하이에서 비준서를 교환하려 했다. 이에 영국과 프랑스 군대가 출동해 1860년 베이징을 함락했다. 두 나라 군대는 황제의 별궁인 원명원으로 쳐들어가 금은 세공품과 각종 장식품을 약탈한 후 불을 질렀다. 청나라 황제는 열하(지금의 청더)의 여름 별장으로 피난 가고 대신들이 서둘러 협상을 벌여 베이징 조약을 맺었다.

원명원 터
원명원은 베이징에 있는 별궁으로 제2차 아편 전쟁으로 폐허가 되었다. 사진은 예수회 선교사 카스틸리오네 등이 설계한 서양식 궁궐의 잔해이다.

양무운동

동네북 신세가 된 청나라는 서양의 무력을 들여오기로 했다. 이것이 말 그대로 양무운동, 즉 서양의 무기와 군대 체계, 훈련 방법 등 주로 군사적인 측면에서 서양 문물을 도입하는 것이었다.

청나라 조정은 영국군 장교들을 지휘관으로 고용해 중국인으로 이루어진 신식 군대의 훈련을 맡겼다. 영국군 장교들은 서양식 소총과 대포로 군인들을 무장시킨 다음 서양식 병력 편제로 훈련시켰다. 이들은 소수 정예라도 병력을 효과적으로 배치하고 운용한다면 구식 군대가 아무리 많이 몰려와도 물리칠 수 있다고 생각했다. 청나라 조정은 훈련을 마친 신식 군대 약 5,000명을 태평천국군과의 전투에 투입했다. 신식 군대는 투입된 작전마다 엄청난 전과를 올리며 승리를 거두었다. 청나라 조정은 이들에게 상승군이라는 이름을 내렸다.

찰스 조지 고든
영국군 장교 출신으로 신식 군대인 상승군을 훈련시켜 태평천국 진압에 큰 공을 세웠다.

청나라 조정은 상승군의 훈련 성과를 바탕으로 신식 군대를 확대하는 한편, 증기선에 서양식 대포를 탑재한 군함을 사들여 해군을 창설했다. 산둥·직예·만주 바닷가에 포대를 설치해 베이징 방비에 힘을 쏟았다. 또한 군수 공장과 조선소를 세워 무기·탄약·선박 등을 스스로 만들었다.

국방 부문에서 시작된 근대화는 통신·운수·광공업으로 확대되어 근대적인 방적·방직 공장도 세워졌다. 그러나 부패한 관료들이 이들 공장의 경영권을 장악하면서 근대적 산업이 빠르고 자유롭게 발전하는 길을 가로막았다.

양무운동은 전통적인 정치와 사회 체계는 그대로 둔 채 서양

금릉 기기국
이홍장이 양무운동의 일환으로
1865년 난징에 세운 군수 공장.
서양식 대포와 화약을 생산했다.
존 톰슨이 1872년에 촬영한
사진이다.

문물, 그것도 군사적 측면에서 필요로 하는 문물만 들여오면 서양의 힘을 이겨 낼 수 있다는 생각에서 출발했다. 비록 군사적인 부문은 서양에 뒤졌지만, 다른 모든 것은 서양보다 뛰어나다는 중화주의를 버리지 못했던 것이다.

그런데 과연 서양에 뒤진 것이 군사 부문만이었을까? 중국인들의 의문은 갈수록 짙어만 갔다.

서양의 반식민지가 된 중국

양무운동은 기대하던 바를 차근차근 이루어 가는 듯 보였다. 청나라는 1882년 조선의 파병 요청을 받아들여 성과를 냈다. 임오군란으로 도피한 명성 황후가 파병을 요청했고, 이에 청나라가 조선에 군대를 보내 임오군란을 일으킨 구식 군인들과 도시 빈민들을 무자비하게 진압한 것이다. 청나라 군대는 슬그머니 조선에 눌러앉아 조선의 내정에 사사건건 간섭하기 시작했다. 명목상의 종주권을 실질적인 지배권으로 바꿔 불공정한 교역을 통해 조선의 재부를 빼앗고, 그 재부를 바탕으로 양무운동에 들어가는 비용을 충당하려는 계획이었다. 청나라 상인들이 조선으로 쏟아져 들어와 중계 무역으로 큰돈을 벌었고, 그 돈 역시 양무운동의 밑거름이 되었다.

하지만 양무운동으로 키워 낸 청나라 군대의 힘은 여전히 서양 열강의 상대가 되지 못했다. 1884년 청나라는 베트남을 식민지화하려는 프랑스와 전쟁을 벌였지만 참패하고 말았다. 조선의 사례를 베트남으로 확대하려는 청나라의 생각은 실패로 돌아갔다.

베트남에서 패배한 청나라는 조선에 대한 수탈을 더더욱 강화했고, 이는 조선에서 재부를 빼앗아 근대화의 비용을 충당하려는 일본과의 충돌로 이어졌다. 조선에서의 청·일 대립은 1894년 동학 농민 운동 진압을 둘러싸고 청·일 전쟁으로 발전했다.

황해 해전
1894년 9월 17일 일본 해군 연합 함대와 청나라 북양 함대 사이에 벌어진 황해 해전에서 북양 함대가 격침되는 장면을 담았다. 바다 위와 바닷속을 동시에 세밀하게 그린 그림으로, 원제는 〈아국함대어황해청함격침지도〉이다.

청·일 전쟁에서 청나라 군대는 일본군에 형편없이 패배했다. 청나라는 일본과 시모노세키 조약을 맺고 조선에 대한 종주권 포기, 랴오둥 반도·타이완·펑후 제도 할양, 배상금 2억 냥(일본 돈으로 약 3억 엔) 지불, 서양 열강에 준하는 통상 조약 체결 등을 약속했다.

영국·프랑스 같은 서양 열강이 아니라 일본에까지 패배하는 모습을 지켜본 사람들 사이에서 양무운동 노선을 버려야 한다는 목소리가 높아졌다. 군사 부문뿐 아니라 서양의 제도와 사상을 전반적으로 받아들여 정치 개혁에 나서지 않으면 중국 자체를 지키는 일조차 버거우리라는 위기의식이 작용한 것이다.

마침내 1898년 무술년에 광서제가 캉유웨이·량치차오·담사동 등의 건의를 받아들여 제도 개혁을 추진했다. 광서제는 40여 개의 칙령을 내려 과거제 폐지, 국립 초·중·고등학교 및 대학 설립, 서양식 산업·의학·과학·상업·특허 제도 추진, 정부 행정 쇄신, 법전 개정, 군대 혁신 등을 추진했다. 그리고 다른 한편으로는 특권 지배층의 부정부패도 공격했다. 이를 무술변법 또는 변법자강 운동이라고 한다. 여기서 변법은 법을 고친다는 뜻으로 법과 제도를 고쳐 부강한 나라를 만들려고 한, 위로부터의 개혁 움직임을 나타낸다.

하지만 청 황실에서 가장 지위가 높은 서태후가 군대를 동원해 정변을 일으키면서 상황은 다른 국면으로 나아갔다. 서태후는 광서제를 유폐하는 한편, 개혁 세력을 체포해 처형했다. 이때 캉유웨이와 량치차오는 일본으로 탈출했고, 동료 여섯 명은 처형되었다.

서태후
후버트 보스가 1900년경에 그린 서태후의 초상화이다.

서태후를 비롯한 특권 지배층은 백성들의 주의를 다른 곳으로
돌리기 위해 외국 세력에 반대하는 의화단을 지원했다. 1900년에
의화단은 "청나라를 도와 서양 세력을 멸망시키자"라며 철도와 전
선을 파괴하고 교회와 병원에 불을 질렀다.

영국·프랑스·러시아·일본 등 8개국은 의화단 및 이를 지원하
는 서태후와 전쟁을 벌였다. 전쟁에서 패한 청나라는 1901년 11개
국과 신축 조약을 맺었다. 여러 부문에서 주권이 제약되는 조약을
체결하면서 중국은 제국주의 열강의 반식민지로 전락했다.

**베이징으로 진격하는 8개국
연합군**
1900년 8월 13일, 8개국 연합군이
의화단의 난을 진압하기 위해
베이징으로 들어오고 있다.
연합군은 의화단 색출을
명분으로 민간인을 살해하고
약탈하는 만행을 자행했다.

신해혁명

19세기 말부터 20세기 초에 중국이 제국주의 열강의 반식민지
가 된 뒤, 중국인들 사이에는 하나의 깨달음이 널리 퍼졌다. 청나

라를 무너뜨리지 않으면 중국이 반식민지 상태에서 벗어날 수 없다는 것이었다. 중국인들의 외국 반대 운동은 청나라 타도 운동으로 발전했다.

1911년 청나라의 철도 국유화령에 중국인들은 거세게 저항했다. 청나라 조정이 민영 철도를 빼앗은 뒤 이를 외국에 팔아넘겨 부족한 재정을 메우려는 속셈임을 알아차렸기 때문이다. 광둥·후난·후베이·쓰촨 성을 중심으로 일어난 철도 국유화령 철회 시위는 이내 폭동으로 발전했다.

중국 혁명 동맹회를 결성하고 무장봉기를 통해 새 중국을 꿈꿔 온 쑨원이 1903년에 봉기를 일으켰다. 우한의 신식 군대 일부가 폭동 진압을 위해 쓰촨 성으로 파견되는 것을 기회로 삼은 것이다. 8월 20일 혁명군은 우창·한커우·한양을 점령하고 후베이 성의 독립을 선언했다. 뒤이어 후난 성을 비롯한 전국의 각 성이 독립을 선언했다. 독립한 각 성 대표는 상하이에 모여 쑨원을 임시 대총통으로 추대하고, 1912년 1월 1일 난징에 중화민국 임시 정부를 수립했다.

청나라 정부는 위안스카이에게 혁명 진압을 맡겼다. 하지만 위안스카이는 쑨원으로부터 임시 대총통의 지위를 양보하겠다는 밀약을 받고는 2월 12일 선통제 푸이를 퇴위시켰다.

이리하여 청나라는 누르하치가 즉위한 이래 12대 296년, 명이 멸망한 지 268년 만에 멸망했다. 위안스카이는 중화민국 초대 대총통에 올랐다. 중화민국의 탄생으로 중국이라는 거인이 다시 일어설 가능성이 마침내 열리는 순간이었다.

위안스카이
위안스카이는 이홍장이 지휘하던 안후이군에서 경력을 쌓았다. 1882년 임오군란 때 조선에 파견되어 조선 속방화 정책을 성공적으로 추진해 청나라 조정의 인정을 받았다. 1884년에는 갑신정변을 진압한 뒤 1885년 조선 주재 총리교섭통상사의가 되었다. 1908년 서태후가 사망한 뒤 모든 관직을 박탈당하고 은퇴했지만, 신해혁명이 일어나자 청나라가 다시 불러 사태 해결을 맡겼다. 쑨원과의 협상을 통해 중화민국의 초대 대총통으로 취임했다.

중국 혁명의 지도자 쑨원

쑨원은 1866년 광둥 성 샹산의 가난한 농가에서 태어났다. 1879년 미국에서 쿠리(노동자)로 일하던 맏형을 따라 하와이로 건너간 쑨원은 고등학교와 대학에서 공부하면서 서구 문물을 처음 접했다. 1892년 홍콩 서의서원(홍콩 대학교 의학부)을 졸업한 뒤 잠시 개업의로 활동하기도 했으나 곧 혁명가의 길로 뛰어들었다.

1894년 바람 앞의 등불 같은 중국의 위기를 극복할 방안을 적어 북양 대신 이홍장에게 보냈지만 외면만 받았다. 이후 쑨원은 하와이로 건너가 광둥 출신의 사무원·농민·장인 등 하층민들을 모아 비밀 혁명 결사인 흥중회를 결성했다. 1895년에는 광둥 성의 성도 광저우에서의 무장봉기를 계획했다. 하지만 계획은 실패로 돌아갔고, 그는 16년에 걸친 망명 생활을 시작했다.

1905년 도쿄에서 흥중회, 화흥회, 광복회 등을 합쳐 중국 혁명 동맹회를 결성하고 총리가 되었다. 때마침 간선 철도를 모두 국유화한다는 청나라 조정의 조치가 내려졌는데, 이는 오랜 해외 망명 생활에 지친 쑨원과 중국 혁명 동맹회에 커다란 기회가 되었다. 그 조치가 1911년 신해혁명을 촉발했기 때문이다. 쑨원은 그해 12월 상하이로 돌아와 임시 대총통이 되었다.

쑨원
쑨원은 신해혁명이 일어나자 중국 상하이로 돌아와 중화민국 정부의 임시 대총통이 되었다.
맨 앞줄 가운데가 쑨원이다.

일본의 문호 개방과 근대화

중국이 아편 전쟁에 져서 영국에 나라의 문을 연 지 12년이 지난 1854년, 일본도 문호를 개방했다.

태평양의 고래잡이배에 물과 연료를 보충해 줄 항구를 필요로 했던 미국은 1853년에 페리 제독이 지휘하는 함대를 일본에 보냈다. 4척의 군함으로 이루어진 미국 함대는 우라가(지금의 요코스카)에 입항하여 미국 대통령의 친필 서한을 전달했다. 미국 배가 연료나 식량 같은 물자를 보급받을 수 있도록 일본의 항구들을 개방하라는 내용이었다. 페리 제독은 함포를 쏘며 무력시위를 벌이다가 유유히 물러난 후, 이듬해인 1854년 도쿄 만에 입항했다. 제국주의 국가들이 흔히 써먹던 '포함 외교', 즉 함포를 쏘아 겁을 준 뒤 원하는 것을 얻어 내는 외교 정책이었다.

당시 일본을 다스리던 도쿠가와 막부는 여러 번의 다이묘들에

흑선
미국 페리 제독이 이끌고 온 함대는 철로 만든 증기선들로 이루어져 있어 흑선(검은 배)이라고 불렸다. 페리 제독은 일본을 위협해 미·일 화친 조약을 맺고 일본의 문호를 개방하게 했다.

게 이 문제에 관해 물었다. 다이묘들은 목숨 걸고 싸우자는 쪽과 무력으로는 미국 함대의 상대가 되지 못하니 문호를 개방하자는 쪽으로 나뉘어 의견이 분분했다. 도쿠가와 막부는 교토의 일본 국왕에게 승인을 얻어 낸 뒤 미국과 조약을 맺었다. 당시 국왕은 허수아비나 다름없는 존재였음에도 굳이 그 승인을 받은 것은 국민들의 불만을 잠재우기 위해서였다. 미국에 시모다와 하코다테 두 항구를 열고, 시모다에 미국 영사관을 둔다는 내용이었다.

막부가 사전 작업을 했음에도 일본인들은 도쿠가와 막부가 쇠로 된 검은색 증기선, 즉 흑선의 위협에 힘없이 무릎 꿇은 사실에 크게 분개하였다. 국민들은 국왕이 외세에 맞서 싸울 중심 역할을 해 주기를 기대했다. 막부를 타도하고 국왕을 중심으로 외세에 맞서 싸우려는 움직임이 사쓰마 번과 조슈 번을 중심으로 크게 번졌다. 그 결과, 일본은 막부파와 국왕파로 나뉘어 내란이 일어날 위기에 빠졌다.

1867년, 도쿠가와 막부가 도사 번의 중재를 받아들여 국왕에게 통치권을 돌려주었는데, 이를 대정봉환이라 한다. 이로써 대규모 내란이 일어날 위기는 넘겼다. 통치권을 돌려받은 일본 국왕은 도쿠가와 막부를 타도하라는 비밀 칙령을 내렸다. 칙령을 받은 국왕파는 사쓰마 번, 조슈 번과 함께 정변을 일으켜 막부 통치를 끝내고 새 정부를 수립했다. 이를 메이지 국왕의 이름을 따 '메이지 유신'이라 한다.

메이지 유신 이후 사쓰마·조슈·도사 번을 중심으로 한 새 정부는 일본의 중앙 집권화를 추진했다. 대표적으로 폐번치현을 들

메이지 왕
메이지 유신을 통해 막부 정권을 끝내고 새 정부를 수립해 일본을 근대화시켰다.

수 있다. 폐번치현은 다이묘가 다스리는 번을 없애고 국왕이 지방
장관을 파견해 다스리는 현을 두는 제도이다. 아울러 새 정부는
다이묘와 사무라이 등 봉건 지배층의 특권을 폐지해 중앙 집권화
를 서둘렀다.

새 정부는 부국강병을 위해 유럽의 근대 문물을 적극적으로 받
아들이는 쪽을 택했다. 이에 따라 유럽으로 이와쿠라 사절단을
보냈다. 1871년부터 2년 동안 세계 일주를 하며 근대 문물을 직접
보고 오도록 한 것이다. 이들은 특히 독일을 통일하고 프랑스를
격파한 프로이센의 제도에 주목하고 자세히 연구했다. 새 정부는
이들의 보고서를 바탕으로 근대화에 나섰다.

1872년부터 1890년까지 2,250킬로미터의 철도가 놓이고 전국
주요 도시에 전신선이 깔렸다. 기선이 바다를 오가고, 기차가 육지
를 누볐다. 학교에서는 서양의 근대 학문을 가르쳤고, 공장에서는
기계가 물건을 쏟아 냈다. 군대도 총과 대포로 무장한 신식 군대
로 바뀌었다. 1889년에는 헌법을 공포하고 1890년 양원제 의회를

소집했다. 그야말로 하늘이 놀라고 땅이 흔들리는 변화가 일본을 휩쓸었다.

하지만 근대 문물을 들여오는 데는 어마어마한 돈이 들었다. 그 돈을 모두 국민에게 부담 지우다가는 언제 폭동과 반란이 전국을 휩쓸지 몰랐다. 다른 데서 그 돈을 벌충할 필요가 있었다. 그래서 택한 방법이 한반도를 송두리째 집어삼키는 것이었다.

일본 정부는 치밀한 음모를 짠 다음, 운요 호 사건을 일으켰다. 남의 바다를 침범해 함포를 쏘고는 대응 사격을 했음을 빌미로 함대를 이끌고 와 협박한 것이다. 미국의 페리 제독이 일본을 협박했던 '포함 외교'를 흉내 낸 것이다. 결국 조선은 1876년 일본에 나라의 문을 열었다(강화도 조약).

조선의 문이 열리자 일본인 상인들이 물밀듯 밀려 왔다. 일본인 상인들은 영국제 면직물과 석유, 램프, 성냥, 궐련(담배), 설탕, 소

고즈케 토미오카 제사장
1872년에 완공한 토미오카 제사장은 누에고치에서 명주실을 뽑는 공장으로, 유네스코 세계 문화 유산에 오른 서양식 근대 공장이다. 우타가와 쿠니테루가 1872년에 그렸다.

다 등 신기한 서양 물건을 수입해 몇 배 이윤을 붙여 조선에 팔았다. 조선에 중계 무역을 해 벌어들인 돈은 자국에 공장을 짓고 무기를 사는 데 고스란히 들어갔다. 얼마 지나지 않아 일본인 상인들은 서양에서 수입한 물건 대신 자국에서 생산한 물건들을 팔기 시작했다. 일본인 상인들은 더 많은 돈을 긁어 갔고, 이는 다시 공장에 투자되었다.

만만치 않은 힘을 기른 일본은 1894년, 동학 농민 운동을 진압한다는 빌미로 조선에 군대를 보냈다. 그러고는 경복궁으로 쳐들어가 친일 내각을 세우는 한편, 청나라 군대를 기습했다. 청·일 전쟁이었다. 근대화에 성공한 일본의 힘은 무서웠다. 청·일 전쟁에서 승리한 일본은 청나라로부터 만주, 타이완, 펑후 열도를 빼앗았다. 하지만 러시아·독일·프랑스 3국의 간섭으로 만주를 손아귀에 넣는 데는 실패하고 말았다.

외교의 중요성을 깨달은 일본은 러시아를 견제하려는 영국, 미국 등과 동맹을 맺는 데 성공했다. 이를 바탕으로 일본은 1904년 러·일 전쟁을 일으켰다. 1905년 러·일 전쟁에서 승리한 일본은 조선을 보호국으로 삼은 뒤, 1910년에 나라를 빼앗았다.

근대화에 성공한 일본은 동아시아의 강대국으로 우뚝 섰다. 하지만 다른 나라를 희생양으로 근대화를 이루겠다는 생각은 일본 자국

러·일 전쟁 풍자화
미국이 부추기고 영국이 떠밀어 일본이 러시아에 칼을 겨누고 있다. 러·일 전쟁이 미국의 전비 지원과 영·일 동맹을 바탕으로 이루어졌음을 풍자하는데, 프랑스의 풍자화가 조르주 페르디낭 비고가 그렸다.

자주적인 근대화에 성공한 유일한 나라, 일본

일본은 유럽과 북아메리카를 빼고는 자주적인 근대화에 성공한 유일한 나라이다. 유독 일본만 자국의 힘으로 근대화에 성공할 수 있었던 까닭은 무엇일까?

첫째, 일본의 문을 연 미국이 일본을 식민지로 만들 생각이 없었다. 당시 미국은 서부를 개척하고, 라틴 아메리카를 영향권 아래 두며, 하와이·괌·필리핀 등을 차지하느라 일본을 차지할 여력이 없었다. 또한 일본은 미국이 욕심내기에는 별다른 자원이 없었다. 이러한 미국의 무관심이야말로 일본이 나라를 지키고 근대화를 이루는 데 밑바탕이 되었다.

둘째, 일본은 메이지 유신으로 강력하고 효율적인 정부를 만드는 데 성공했다. 강력하고 효율적인 정부는 일본이 국론 분열 없이 서양의 근대 문물을 적극적으로 받아들일 수 있게 한 요인이다. 하지만 조선과 중국 등은 근대 문물 수용을 놓고 나라가 두 쪽 날 만큼 국론이 분열되어 근대화에 실패하고 말았다.

셋째, 일본은 조선과 타이완 등을 침략해 근대화에 필요한 어마어마한 돈을 충당했다. 여기에는 조선과 청나라 정부의 부패와 무능도 크게 작용했지만, 러시아를 견제하려는 영국과 미국의 속셈을 미리 읽은 국제 감각도 한몫했다.

이와쿠라 사절단
2년 동안 유럽을 시찰하고 일본의 근대화 방안을 마련했다. 특히 경제와 군사 부문의 근대화 방안은 이들의 보고서에 힘입은 바 크다.

헌법 공포
토요하라 치카노부가 1889년에 그린 〈헌법발포약도〉이다. 헌법은 일본의 힘을 국론 분열 없이 하나로 묶는 법적, 제도적 바탕이 되었다.

만이 아니라 아시아 전역을 전쟁의 소용돌이로 몰아넣고 말았다.

오스만 제국의 약화와 영토 분할

소아시아 반도를 바탕으로 메소포타미아와 지중해 동부 연안, 북아프리카, 발칸 반도를 잇는 대제국으로 발전한 오스만 제국은 쉴레이만 1세 때인 16세기 중엽에 전성기를 맞은 뒤 쇠퇴하기 시작했다. 18세기 초에는 오스트리아에 헝가리를 잃었고, 19세기 초에는 그리스의 독립을 인정해야 했다.

　제국의 쇠퇴에 위기감을 느낀 술탄들은 중앙 집권적인 관료 기구와 근대적인 군대를 확립해 유럽식 근대 국가로 전환할 길을 모색했다. 1853년 러시아와의 크림 전쟁 이후 오스만 제국은 근대적 개혁과 전쟁 수행에 들어가는 비용을 마련하기 위해 유럽 열강으로부터 거액의 차관을 들여왔다. 유럽 열강은 차관을 제공하는 대신 자유로운 무역을 요구했고, 이로 인해 오스만 제국의 농업과 수공업은 갈수록 쇠퇴했다. 어느덧 오스만 제국은 반식민지나 다름없는 상태로 굴러떨어졌고, 북아프리카와 발칸 반도 대부분을 잃었다.

　오스만 제국이 통치권을 잃은 북아프리카와 발칸 반도를 놓고 유럽 열강은 각축전을 벌였다. 발칸 반도를 둘러싼 각축전은 제1차 세계 대전의 도화선이 되었기에 그 주제에서 다루기로 하고, 여기에서는 북아프리카를 둘러싼 각축전만 살펴보자.

나폴레옹이 이끄는 프랑스군의 이집트 정벌과 영국 해군의 충
돌로 유럽 열강의 각축장이 된 이집트는 무함마드 알리의 수중에
들어갔다. 알리와 후계자들은 팽창주의 정책을 지속하기 위해 철
도 부설과 수에즈 운하 건설을 추진했으나, 엄청난 재정난에 시달
려야 했다. 영국은 이집트의 재정난을 이용해 수에즈 운하의 주식
을 사들이고, 이집트 정부에 막대한 차관을 제공했다. 그런 후에
는 이를 지렛대로 삼아 이집트 내정에 개입했다.

영국과 프랑스의 내정 간섭은 이집트 사람들의 반외세 감정을
불러일으켰고, 아라비 파샤는 1882년 '이집트 사람들을 위한 이집
트'란 구호를 앞세우며 의회 설립과 민족주의적 개혁을 이끌었다.
그러자 영국과 프랑스는 아라비 파샤의 추방을 요구하며 함대를
동원해 알렉산드리아 만에서 무력시위를 벌였다. 이에 맞서 이집
트 사람들이 알렉산드리아에서 폭동을 일으키자 영국 함대는 무
력을 동원해 진압했다. 그런 후 아라비 파샤의 저항군을 물리치고

수에즈 운하
1869년 프랑스의 레셉스가
지중해와 홍해를 잇는 수에즈
운하를 개통했다. 유럽과
아시아를 잇는 길이 열리면서
운송 시간과 비용을 크게
줄였다.

아두와 전투
1895년 에티오피아가 이탈리아의 에리트레아 점령에 맞서 8만 대군을 동원하자, 이탈리아도 이에 맞서 병력 2만 명을 에티오피아 아두와로 이동시켰다. 양국 군대는 1896년 3월 1일 아두와에서 맞붙었고, 이탈리아군은 치욕스러운 패배를 당했다. 이 전투는 아프리카 인들이 유럽 군대에 대승을 거둔 유일한 전투로 이름이 높다.

이집트를 사실상의 보호국으로 만들었다.

이집트를 영국에 빼앗긴 프랑스는 1830년에 얻은 알제리를 바탕으로 동쪽으로는 튀니지, 서쪽으로는 모로코로 진출했다. 즉, 아프리카를 동에서 서로 잇는 횡단 정책을 추진했다. 그런데 이 횡단 정책은 수단의 파쇼다를 놓고 영국의 종단 정책과 충돌했다. 1898년 7월 10일 프랑스군이 파쇼다에 도착한 뒤, 영국군도 9월 18일에 파쇼다에 도착한 것이다.

두 나라 군대 사이에 팽팽한 신경전이 계속되는 가운데, 프랑스 정부는 숙적 독일과 맞서기 위해서는 영국의 지지가 필요하다는 생각을 했다. 그래서 국민들의 격렬한 항의를 무시하고 군대의 철수를 지시했다. 두 나라는 나일 강과 콩고 강 유역을 두 나라 영향권의 경계로 설정하는 데 합의했다.

한편, 통일 이후에야 식민지 쟁탈전에 뛰어들 수 있었던 이탈리아는 1896년 아프리카 동부를 식민지로 만들기 위해 원정군을 파

유럽의 군사적 우위를 극명하게 드러낸 옴두르만 전투

식민지 원주민 전사들은 창과 칼, 활을 들고 유럽의 백인 군대에 맞섰다. 하지만 제아무리 용맹한 원주민 전사들도 백인 군대가 보유한 대포와 기관총, 소총에는 상대가 되지 않았다. 이를 잘 보여 주는 것이 옴두르만 전투이다.

1898년 7월에 아프리카 수단의 이슬람 지도자 압둘라가 원주민 전사 5만 명을 이끌고 옴두르만의 영국군 요새를 습격했다. 요새를 수비하는 영국군은 200명에 불과했다. 싸움은 반나절 만에 끝났다. 원주민 전사 1만 명이 전사하는 동안, 영국군은 단 47명만이 전사했을 뿐이다. 인간 사냥의 시대, 학살의 시대를 상징하는 사건이었다. 원주민 전사들은 뿔뿔이 흩어졌고, 영국에 저항하는 운동은 사그라졌다.

식민지를 차지하기 위해 너도나도 미지의 세계로 몰려가는 시대, 눈 한 번 깜박이지 않고 원주민 수만 명을 죽이는 시대, 지도에 자를 대고 선을 그으면 자기 땅이 되는 시대. 19세기 말의 제국주의 시대는 유럽을 뺀 나머지 세계에게는 너무나 참혹한 시기였다.

옴두르만 전투
1898년 9월 2일, 영국군이 요새로 이동해 포진하자 원주민 전사들이 말을 타고 요새를 공격했다.
하지만 영국군의 일제 사격으로 원주민 전사들이 패퇴했다. 실제 전투 상황을 찍은 사진이다.

견했다. 하지만 아두와에서 에티오피아군에 대패해 체면을 구겼다. 그 대신 홍해 연안의 에리트레아와 아프리카 동부의 소말리아, 북아프리카 리비아를 차지해 겨우 체면을 유지했다.

아프리카 내륙의 식민지화

19세기 후반까지 유럽 열강은 북아프리카, 그리고 여러 항로에 맞닿아 있는 아프리카 연안 지방을 제외하고는 아프리카에 그다지 관심을 두지 않았다. 사하라 사막 이남의 아프리카 내륙은 견디기 어려운 열대 기후와 무시무시한 풍토병으로 유명했기 때문이다. 이 미지의 세계에 대한 막연한 두려움을 이겨 낼 만큼 매혹적인 자원도 없었다. 대항해 시대 초기에 유럽 인들은 아프리카 연안의 흑인 부족장들에게 진귀한 모직물, 면직물, 유리 제품, 도자기 등을 주고 항해에 필요한 물자를 보급받았다. 그러다가 16세기 말부터 가혹한 노예 노동과 유럽발 전염병 등으로 라틴 아메리카 원주민 인구가 급감해 노동력이 부족해지면서 흑인 노예 무역을 중요한 돈벌이로 삼았을 뿐이다.

아프리카 내륙을 둘러싼 유럽 열강의 쟁탈전은 1870년대부터 시작되었다. 영국은 1806년 인도 항로의 기착지이자 전략적 요충지인 케이프타운을 점령했지만, 아프리카 내륙에 대해서는 아무런 관심이 없었다. 그런데 남아프리카에서 다이아몬드 광산과 금광이 발견되면서 사정이 바뀌었다. 일확천금에 대한 기대가 아프리카

리빙스턴과 스탠리의 만남(위)
스탠리는 1871년 11월 탕가니카 호 부근 우지지 마을에서 병에 걸린 리빙스턴을 만나 "리빙스턴 박사님 아니십니까?"라고 물었다. 아프리카로 건너간 지 8개월 만의 일이었다.

리빙스턴(아래 왼쪽)
1840년부터 아프리카에서 의료 선교 사업을 펼치며 중앙아프리카를 탐험하던 리빙스턴은 1871년 스탠리에게 극적으로 구조된 뒤, 스탠리와 함께 탐험하다 헤어진 다음 1873년 목숨을 잃었다. 리빙스턴의 가르침으로 개종한 아프리카 인들은 리빙스턴의 시신을 미라로 만들어 2,000킬로미터나 떨어진 다르에스살람까지 옮겼다.

스탠리(아래 오른쪽)
리빙스턴과 헤어진 스탠리는 1874~1877년 콩고강을 발견하고 그 강을 따라 내려와 대서양에 이르렀다. 스탠리는 벨기에 레오폴 2세의 투자를 받아 콩고 강 유역을 개발했다.

내륙에 대한 탐험 욕구를 자극했다.

발 빠르게 대응한 영국은 1866년 선교사이자 탐험가로 이름 높은 리빙스턴에게 중앙아프리카 탐험을 맡겼다. 그런데 1871년 리빙스턴과의 연락이 갑자기 끊겼다. 그가 열병에 걸려 쓰러졌던 것이다. 그를 구조해 함께 탐험한 사람이 미국 언론인이자 탐험가인 스탠리였다.

스탠리는 미국 신문사 두 곳에서 후원을 받아 1874년부터 1877년까지 중앙아프리카를 탐험했다. 그는 콩고 강을 발견하고 그 강을 따라 내려와 대서양에 이르렀다. 콩고 강 유역을 개발하기 위해 영국에 투자를 요청했지만, 영국은 전혀 관심을 보이지 않았다. 바로 이때 벨기에 국왕 레오폴 2세가 손을 내밀었다. 스탠리는 콩고 강 하류에서 상류에 이르는 도로를 건설하고 증기선 항로를 열었다.

레오폴 2세는 스탠리의 콩고 강 개발 사업을 바탕으로 콩고의 영유권을 주장했다. 그러는 동안 다른 나라들도 아프리카 내륙 탐험에 나서면서 크고 작은 분쟁이 거듭되었다. 1884년, 독일 재상 비스마르크는 콩고 강 유역과 관련 있는 모든 나라를 베를린으로 불러 회의를 열었다. 이 베를린 회의에는 오스트리아-헝가리, 프랑스, 독일, 영국, 이탈리아, 러시아, 미국, 에스파냐, 포르투갈, 스웨덴-노르웨이, 덴마크, 벨기에, 네덜란드, 오스만 제국 등이 참가했다.

회의에서는 콩고 강 하구 연안 지대를 차지하고 있던 포르투갈의 특권을 부정하고 레오폴 2세의 개인 식민지인 콩고 자유국을 승인했다. 영국은 포르투갈을 지지했다. 그러나 독일과 프랑스가 서로 손잡고 아프리카 문제에서 영국을 고립시키면서 포르투갈의 주장이 받아들여지지 않았다. 회의에서는 또한 독일령 동아프리카를 포함한 콩고 분지를 중립 지대로 선언하고, 교역과 선박 운송의 자유를 보장하며, 노예 무역을 금지하는 것에 합의했다. 베를린 회

레오폴 2세
영국 잡지 《배니티 페어》 1869년 10월 9일 자에 실린 프랑스 화가 제임스 티소의 만평이다. 강대국의 틈바구니에서 돈보따리를 챙기는 레오폴 2세의 탐욕을 풍자했다.

의로 사하라 사막 이남의 아프리카는 분할이 거의 완성되었다.

식민 지배의 참혹한 현실을 보여 주는 '고무 테러'

콩고에 대한 벨기에의 식민 통치는 식민 지배가 얼마나 참혹했는지 잘 보여 주는 사례이다. 19세기 말에 자전거와 자동차의 바퀴로 고무 타이어가 쓰이면서 고뭇값이 폭등하자, 레오폴 2세는 콩고 원주민들에게 고무 수액을 채취하도록 명령을 내렸다. 처음에는 마을 주변에서 채취가 가능해 할당량을 비교적 쉽게 채울 수 있었지만, 그것이 동나면서 멀리 떨어진 밀림으로 들어가야 했다. 밀림에 들어가면 맹수의 습격을 받을 수도 있는데, 그렇게까지 해서 고무 수액을 채취해도 별다른 보상이 없었다. 그래서 원주민들은 고무 수액 채취를 꺼렸다.

고무 코일
영국 잡지 《펀치》 1906년 11월 6일 자에 실린 영국 화가 린리 샘번의 만평이다. 콩고 인을 칭칭 감은 고무 넝쿨을 레오폴 2세의 머리를 한 뱀으로 묘사함으로써 고무 테러의 잔악한 현실을 풍자했다.

원주민들의 강제 노동으로 채취한 고무 수액은 원가가 1킬로그램에 1.35프랑이었는데, 대부분이 고무 수액을 창고에 보관하다 배에 실어 본국인 벨기에로 운반하는 비용이었다. 하지만 이를 다른 나라에 수출할 때는 1킬로그램에 10프랑을 받았다. 일곱 배 이상의 폭리를 취한 셈이다. 이러한 폭리는 사실 원주민에게 주어야 할 임금을 떼어먹어 생긴 것이었다.

임금도 주지 않고 일을 부리니 원주민들

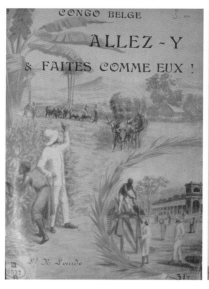

은 당연히 저항했다. 고무 수액 채취량이 떨어지자, 레오폴 2세는 콩고 주둔군에게 무슨 수를 쓰더라도 할당량을 채우라며 닦달했다. 군대는 가족을 인질로 삼아 원주민들을 밀림으로 내보내면서 주민 한 명당 2주 동안 말린 고무 3~4킬로그램을 내라고 할당했다. 이 정도를 채취하려면 한 달 중 꼬박 24일을 밀림에서 보내야 했다. 할당량을 채우지 못하는 원주민에게는 가차 없이 채찍 세례를 가했다. 채찍질이 어찌나 가혹했던지 채찍을 맞은 원주민 대부분이 죽을 정도였다.

콩고가 식민지가 된 뒤 불과 20년도 안 되어 콩고 인구는 2,000만 명에서 1,000만 명으로 줄었다. 이를 '고무 테러'라고 부른다. 고무 테러는 레오폴 2세의 탐욕이 빚은 19세기 최대 비극 중 하나이다.

유럽 열강은 19세기 말에서 20세기 초에 걸쳐 아시아와 아프리카를 식민지로 만들었다. 선교와 탐험으로 위장해 지형을 탐색한 뒤, 이를 빌미로 국제적인 인정을 받고는 군대를 보내 그 땅을 식민지로 만드는 것이다. 이는 제국주의 시대의 전형적인 식민지 획득 방법이었다.

이렇게 식민지를 획득한 유럽 열강은 식민지 주민을 강제 동원해 산업 혁명에 필요한 공업 원료와 식량을 본국으로 실어 날랐다. 반항하는 원주민에게는 무자비한 폭력을 가했다. 그런 점에서 보면, 레오폴 2세의 고무 테러는 유럽 열강의 제국주의적 지배가 낳은 조금 심한 사례에 지나지 않는다.

아프리카는 원래부터 기아의 땅이었을까?

유럽 열강은 아프리카 분할 문제로 몇 차례 협상을 벌였다. 어디부터 어디까지를 누구 땅으로 할 것인지 하는 문제였다. 그런데 이들은 아프리카 대륙이 어떻게 생겼는지 제대로 알지 못하고 있었다. 산과 강, 호수가 어디에 있는지 잘 모르는 상태였다. 그래서 자연 지형을 경계로 하지 않고 지도에다 자를 대고 금을 그어 자기들 멋대로 경계를 정했다.

원래 아프리카 부족민들은 산과 강, 호수와 같은 자연 지형을 경계로 삼아 생활권을 나누었다. 가축이 먹을 풀이 떨어질 때쯤이면 사람들은 가축을 끌고 다른 곳으로 옮겨 다녔다. 그런데 어느 날 갑자기 백인 군대가 들어와 길을 막았다. 더는 여러 곳을 돌아다니며 가축을 먹일 수 없었다. 한곳에 붙박여 가축을 먹이다 보니 풀이 모자랐다. 먹을 풀이 모자라자 가축들은 풀뿌리까지 뽑아먹었다. 여느 때면 풀로 덮여 있어야 할 땅이 시뻘건 속살을 드러냈다.

수풀이 사라지면서 땅은 갈수록 메말라 갔다. 도도히 흐르던 강물도 비가 올 때만 흐르는 건천으로 바뀌었고, 지하수가 줄어들어 옹달샘도 사라졌다. 사막화가 진행된 것이다. 사막화가 진행되면서 농사지을 땅과 가축을 기를 땅도 줄어들었다. 부족민 전체의 목숨이 위태로워졌다. 부족민이 살아남으려면 다른 부족을 공격해서라도 땅과 물을 차지해야 했다. 땅과 물을

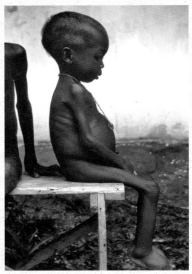

둘러싼 부족 간의 경쟁은 회를 거듭할수록 죽고 죽이는 전쟁으로 발전했다.

오늘날 아프리카가 부족 간의 전쟁과 굶주림, 목마름에 허덕이는 땅이 된 것은 유럽 열강이 불러일으킨 재앙이다. 자연 지형을 무시하고 지도에다 자를 대고 금을 그어 경계를 정하고는 사람들의 통행을 막았기 때문이다.

기아에 시달리는 여아
1960년대 후반 나이지리아-비아프라 내전 시기 난민 캠프의 굶주린 여자 어린이이다. 서양 열강의 식민지 분할은 사막화를 불러왔고, 종족 간 내전을 격화시켰다.

중국의 반식민화

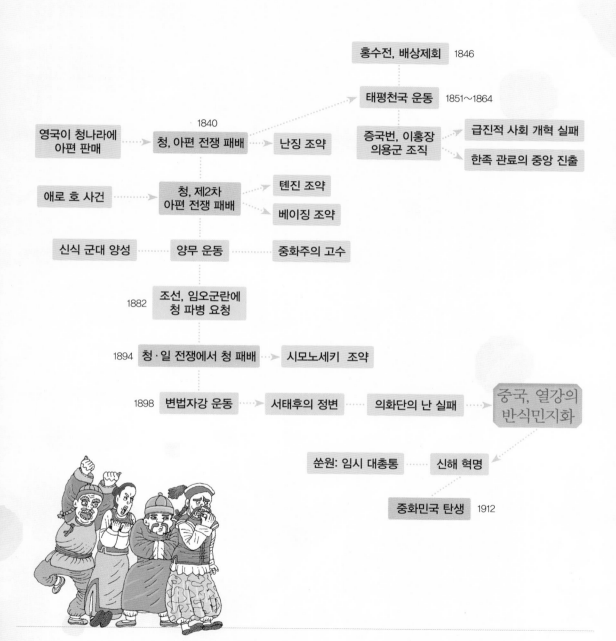

홍수전, 배상제회   1846

태평천국 운동   1851~1864

1840

영국이 청나라에
아편 판매   →   청, 아편 전쟁 패배   →   난징 조약

증국번, 이홍장
의용군 조직   →   급진적 사회 개혁 실패

한족 관료의 중앙 진출

애로 호 사건   →   청, 제2차
아편 전쟁 패배   →   톈진 조약

베이징 조약

신식 군대 양성   양무 운동   →   중화주의 고수

1882   조선, 임오군란에
청 파병 요청

1894   청·일 전쟁에서 청 패배   →   시모노세키 조약

1898   변법자강 운동   →   서태후의 정변   의화단의 난 실패   중국, 열강의
반식민지화

쑨원: 임시 대총통   신해 혁명

중화민국 탄생   1912

6 제1차 세계 대전이 터지다

열강들의 식민지 쟁탈전은 제1차 세계 대전으로 이어졌다. 독일, 오스트리아, 오스만 제국 등에 대항해 영국, 프랑스, 러시아, 이탈리아, 일본 등이 뭉쳐 전쟁을 벌였다. 열강들이 총력전을 벌이면서 피해는 눈덩이처럼 불어났다. 독일의 무제한 잠수함 작전으로 미국이 참전하게 되었고, 전쟁은 영국, 프랑스, 미국 등 연합국의 승리로 끝났다.

3국 동맹과 3국 협상

전 지구적인 식민지화가 완료된 뒤 독일과 이탈리아, 일본 등 신흥 열강은 자국의 식민지가 적다는 데 큰 불만을 품었다. 하지만 섣불리 다른 열강을 공격해 식민지를 빼앗으려 들었다가는 열강들이 동맹을 맺고 협공할 위험이 컸다. 그렇다면 어떻게 해야 할까? 열강들과 미리 동맹을 맺어 공격하려는 나라를 고립시키면 된다.

독일 통일의 영웅인 철혈 재상 비스마르크는 어느 한 나라가 전체의 평화를 위협할 만큼 강한 지위를 갖지 못하도록 '세력 균형'을 이루는 데 뛰어난 외교적 수완을 발휘했다. 특히 프랑스의 보복을 막기 위해 프랑스를 고립시켜 나갔다. 1873년 오스트리아·러시아와 3제 동맹을 맺었고, 1882년에는 프랑스에 대한 이탈리아의 공포와 불만을 이용해 오스트리아-이탈리아와 3국 동맹을 결성했다. 독일은 1881년부터 1890년까지 오스트리아-이탈리아-러시아와의 동맹을 이용해 프랑스를 효과적으로 고립시켰다.

만약 비스마르크의 의도대로 이러한 동맹 관계가 유지되었다면 세계 대전은 일어나지 않았을지 모른다. 하지만 19세기 말 영토와 무역을 둘러싼 열강의 대립은 동맹과 고립을 통한 세력 균형을 뒤흔들었다.

1888년 통일 독일의 초대 황제인 빌헬름 1세가 죽고 손자인 빌헬름 2세가 즉위했다. 빌헬름 2세의 아버지인 황태자 프리드리히가 뒤를 이어야 했지만, 암으로 죽어 가고 있었기 때문이다.

20대 후반의 젊은 황제인 빌헬름 2세는 세력 균형 외교를 통해

빌헬름 2세
젊고 호전적이었던 빌헬름 2세는 다른 강대국들과의 충돌을 무릅쓰고 식민지 확대 정책을 폈다.

유럽을 쥐락펴락하던 비스마르크를 해임했다. 호전적인 그는 세력 균형 정책에서 벗어나 전쟁을 통해 영토를 넓히는 정복 군주가 되고 싶었다. 그래서 대양 해군을 주장하는 티르피츠를 해군 장관으로 기용해 영국과 군함 건조 경쟁을 벌이는 한편, 적극적인 해외 시장 개척과 식민지 확장에 나섰다.

빌헬름 2세는 우선 러시아와의 동맹 관계를 재검토했다. 발칸 반도 슬라브 인들의 보호자를 자처하는 러시아의 범슬라브주의를 발칸 반도에 대한 영토적 야심으로 의심한 것이다. 이 틈을 타 프랑스가 1894년 러시아와 비밀 군사 조약을 체결했다. 비스마르크가 쳐 놓은 외교적 고립 상태에서 벗어난 프랑스는 독일의 약진을 두려워해 1904년경에는 영국과도 동맹 관계를 맺었다. 아프리카 식민지 분할 문제로 여러 차례 충돌한 숙적이었음에도 말이다.

영국과 러시아도 가까워졌다. 흑해의 크림 반도와 아프가니스탄, 한반도, 만주 등지에서 충돌하던 양국은 1907년에 협정을 맺고 전쟁이 터지면 군사 동맹을 맺을 가능성을 열어 놓았다. 마침내 영국-프랑스-러시아의 3국 협상이 모습을 드러낸 것이다. 유럽은 독일-오스트리아-이탈리아의 3국 동맹 대 영국-프랑스-러시아의 3국 협상, 두 편으로 나뉘어 대립했다. 양측은 북아프리카 모로코, 발칸 반도에서 충돌했다.

영국은 러시아를 견제하기 위해 조선의 거문도를 불법 점령하기

비스마르크 하선
영국 잡지 《펀치》 1890년 3월호에 실린 존 테니엘 경의 만평이다. 빌헬름 2세가 지켜보는 가운데 독일 호에서 내려가는 비스마르크를 선장의 모습으로 묘사했다.

도 했고, 러·일 전쟁을 벌이게끔 일본을 부추기기도 했다. 그런 영국을 러시아와의 동맹으로 몰아넣은 것은 독일의 심상치 않은 도전이었다. 독일은 중화학 공업 분야에서의 우위를 바탕으로 군함 건조에 박차를 가해 영국 해군에 도전했고, 베를린-비잔티움(이스탄불)-바그다드를 잇는 철도 건설에도 자금을 지원했다. 영국은 독일의 3B 정책이 자신들의 3C 정책을 훼방 놓으려는 의도라고 여겼다.

유럽이 둘로 갈라져 으르렁대면서 전쟁의 위험은 갈수록 높아졌다. 만약 전쟁이 터진다면 전선은 유럽에 그치지 않으리라는 것은 불 보듯 뻔했다. 이들이 식민지로 삼은 아프리카, 아시아, 오세아니아로 번져 나가기가 십상이며 그야말로 전 세계를 전쟁터로 만드는 세계 대전이 일어날 것이다.

*3B 정책*은 베를린-비잔티움-
바그다드를 이어 독일의
영향권을 재편하려는 정책이다.
세 도시가 모두 B로 시작되어
이런 이름이 붙었다.

*3C 정책*은 은 케이프타운-
카이로-캘커타(지금의 콜카타)를
이어 아프리카와 아시아의 영국
식민지를 통합하려는 계획이다.
세 도시가 모두 C로 시작되어
이런 이름이 붙었다.

제1차 세계 대전 발발

제국주의 열강의 침략으로 해체되고 있던 오스만 제국에도 새로운 변화의 바람이 불어닥쳤다. 튀르크가 새로워져야 한다는 목소리가 점차 높아진 것이다. 이는 유럽에서 유학한 청년들을 중심으로 유럽의 과학 기술과 자유주의 사상, 민족주의 사상을 도입해야 한다는 것으로 구체화되었다. 특히 육군 사관학교와 기술학교 출신 장교들, 지식인, 교사, 회사원들이 중심이 되어 청년 튀르크 당을 결성하면서 변화의 바람은 갈수록 거세졌다.

청년 튀르크 당은 1908년 대중 집회와 군사 정변을 통해 압둘하미트 2세를 내쫓고 메메트 5세를 옹립해 헌법을 되살리는 한편, 유럽에 맞서기 위해 군비 증강에 나섰다. 그러나 이슬람교에서 주장하는 '모든 민족의 평등'이 청년 튀르크 당이 주장하는 '모든 민족의 터키 인화와 터키 인의 평등'으로 바뀌면서 발칸 인들과 아랍 인들을 비롯한 피지배 민족의 독립 열망이 더욱 가속화되었다.

불가리아, 그리스, 세르비아 등 발칸 국가들은 이러한 움직임을 빌미로 오스만 제국과 제1차 발칸 전쟁(1912~1913)을 벌였다. 그 결과 이스탄불 주변을 제외한 발칸 반도 전역을 빼앗았다. 불가리아 왕국은 마케도니아와 트라키아 대부분을, 그리스 왕국은 크레타 섬과 남부 마케도니아 일부를, 세르비아 왕국은 북부 마케도니아 일부를 합병했다. 이 과정에서 알바니아가 이슬람 공국으로 독립했다. 세르비아 왕국이 알바니아를 차지하려 했으나 오스트리아-헝가리 제국이 견제했기 때문이다. 알바니아를 놓친 세르비아

청년 튀르크 당이 헌법을 되살려 유럽식 개혁에 나서자 아랍 인들 사이에서도 근본주의적인 이슬람교도들을 중심으로 독립 열망이 타올랐다. 아랍 인들의 독립운동은 제1차 세계 대전 이후 사우디아라비아의 건국으로 열매를 맺었다.

불가리아 군인들
제1차 발칸 전쟁에 참가한
불가리아 군인들이 오스만
제국의 튀르크 민간인
희생자들을 배경으로 기념
촬영을 하고 있다.

왕국은 마케도니아 지방에 대한 영토 배분에 불만을 드러냈으며, 이 불만은 같은 해에 제2차 발칸 전쟁으로 폭발했다.

불가리아 왕국이 제1차 발칸 전쟁에서 자신들보다 훨씬 큰 전리품을 얻은 것을 시기한 세르비아 왕국은 그리스 왕국과 루마니아 왕국, 몬테네그로 왕국, 오스만 제국을 부추겼다. 이에 따라 발칸 반도에서 철저히 고립된 불가리아 왕국은 제2차 발칸 전쟁에서 패해 제1차 발칸 전쟁에서 얻은 전리품을 모두 빼앗겼다.

그런데 세르비아 왕국의 불만은 불가리아 왕국에 국한된 것이 아니었다. 1908년 오스트리아-헝가리 제국이 명목상으로만 지배하던 보스니아와 헤르체고비나를 전격 병합한 것에 불만이 이만저만이 아니었다. 세르비아 왕국은 오스트리아-헝가리 제국만 아니면 이 지역을 차지해 영토를 배로 늘릴 수 있다고 생각했다. 그래서 범슬라브주의에 따라 발칸 반도 슬라브 인의 보호자를 자처하는 러시아에 호소했다. 러시아는 오스트리아-헝가리 제국에 보스니아와 헤르체고비나를 원상으로 회복시키지 않으면 전쟁을 각오하라며 으름장을 놓았다. 그러자 독일이 오스트리아-헝가리 제국 편에 설 테니 알아서 하라고 항의 각서를 보냈다. 이렇게 해서 발칸 반도는 3국 동맹과 3국 협상의 힘이 맞붙어 언제 터질지 알수 없는 화약고가 되었다.

　1914년 6월 28일, 보스니아 사라예보를 방문한 오스트리아-헝가리 제국의 황태자 페르디난트가 보스니아의 세르비아계 학생이 쏜 총탄에 맞아 죽는 일이 벌어졌다. 그 학생은 세르비아의 비밀 결사 '통일이냐 죽음이냐('검은 손'이라는 이름으로 더 유명하다)' 소속이었다. 그 단체는 페르디난트가 오스트리아-헝가리 제국을 오스트리아-헝가리-슬라브 제국으로 확대해 슬라브 인들에게 각종 권리와 자유를 준다면 제국 내 슬라브 인들이 제국의 통치를 받아들일지 모른다고 걱정했다. 그런 이유로 황태자를 암살해 슬라브 인들의 독립운동에 불을 붙이자고 생각한 것이다.

　그런데 오스트리아-헝가리 제국은 암살 사건의 배후에 세르비아 왕국이 개입되어 있다고 확신했다. 7월 23일 오스트리아-헝가리 제국은 세르비아 왕국에 11개 조건을 요구했고, 세르비아가 이를 받아들이지 않

사라예보 사건
1914년 6월 28일의 오스트리아 페르디난트 황태자 부부 암살 사건을 그린 삽화로, 프랑스 잡지 《르 프티 주르날》 1914년 7월 12일 자에 실렸다.

자 7월 28일 세르비아에 전쟁을 선포했다. 세르비아를 후원하던 러시아는 7월 30일 오스트리아와의 전쟁에 대비해 총동원령을 내렸다. 독일은 이를 빌미로 8월 1일 러시아에, 8월 3일 프랑스에 전쟁을 선포했다. 8월 4일 영국도 독일에 전쟁을 선포하면서 독일-오스트리아와 영국-프랑스-러시아(-세르비아) 사이에 전쟁이 터졌다.

8월 23일에는 일본이 영국 편에 가담해 동아시아와 태평양의 독일 이권을 노렸고, 11월 2일에는 오스만 제국이 독일 편에 가담했다. 전쟁 이전에는 3국 동맹의 한 축을 맡아 독일-오스트리아 편에 섰던 이탈리아는 중립을 지키는 듯이 보였다. 그러나 1915년 5월 23일, 오스트리아에 전쟁을 선포하고 영국 편에 가담함으로써 독일-오스트리아의 뒤통수를 쳤다.

제1차 세계 대전의 전개 과정

서부 전선

독일은 1870년 프로이센-프랑스 전쟁 때와 마찬가지로 빠르게 들이쳐 프랑스를 단기간에 함락하고 러시아를 공격하려 했다. 하지만 파리를 불과 48킬로미터 남긴 채 반격을 받아 마른 강에서 진격이 저지되었다.

기동전이 마른 강 전투로 끝난 뒤, 독일군과 프랑스군 그리고 프랑스를 돕기 위해 파병된 영국군은 3년간 치열한 전투를 벌였다.

마른 부근의 프랑스군
1918년 프랑스군이 마른 부근
교회당 폐허에 기관총을 걸고
독일군의 공격에 대비하고
있다. 독일군과 프랑스군은
마른 전선에서 4년 동안
지루한 공방전을 벌였다.

벨기에 해안에서 프랑스 북동부를 가로질러 스위스까지 뻗은 거대한 참호에 의지한 채였다. 1킬로미터가 넘는 참호를 몇 겹씩 파고 철조망과 기관총으로 방어하며 서로 대치하는 참호전은 항공기에 의한 공중 폭격이나 탱크를 이용한 돌파 작전이 아니면 여간해서는 뚫을 수 없는 저지선이었다. 하지만 당시 비행기는 정찰 용도로나 쓰였고, 탱크는 1916년에야 영국에서 도입하기 시작했다. 그런데도 양측 모두 지휘부가 포격전과 돌격전으로 참호를 돌파하려 하면서 어마어마한 사상자가 나왔다.

1916년 프랑스 동부 국경 부근의 베르됭 요새 공방전은 참호전의 실상을 잘 보여 준다. 그해 봄 독일이 요새를 포위 공격했을 때 독일과 프랑스 양측의 사상자는 60만 명을 넘었다. 그해 여름 영국이 포위 상태를 풀기 위해 독일을 공격할 때는 전투 개시 첫날에만 영국군 사상자가 5만 7,000명을 넘었다. 4개월간 영국과 프

랑스가 11킬로미터를 전진하는 데 영국은 40만, 프랑스는 20만의
사상자가 발생했고 독일에서도 50만이 넘는 사상자가 나왔다.

전투가 장기화되고 참호 돌파를 위해 화염방사기와 독가스탄까
지 사용되면서 양측의 피해는 눈덩이처럼 불어났다.

동부 전선

러시아는 오스트리아-헝가리 제국과 독일 동부를 동시에 기습
했다. 오스트리아 방면의 초기 공세는 성공적이었으나, 독일 동부
를 향한 공세는 타넨베르크와 마수리아 호에서 가로막혔다. 러시
아는 제1차 세계 대전 기간에 무려 1,200만 명을 전선에 투입했
지만, 보급 능력이 부족해 크나큰 위기에 봉착했다. 군복이나 식
량을 보급받지 못해 추위와 굶주림에 떠는 병사가 많았고, 심지어
소총도 없이 전선에 투입되는 병사도 많았다.

결국 러시아군은 오스트리아 방면에서 퇴각했고, 1915년 8월 오스트리아와 독일은 폴란드 바르샤바를 점령했다. 1916년 여름 루마니아가 참전하면서 동부 전선은 잠시 소강상태를 맞았지만, 1916년 말에 이르자 러시아는 교전 능력을 사실상 상실했다. 이듬해인 1917년, 러시아 혁명으로 레닌의 볼셰비키 정부가 독일과 휴전 조약을 맺으면서 독일은 전력을 서부 전선에 집중했다.

그 밖의 전선

아시아와 태평양에서는 뉴질랜드가 1914년 독일령 사모아를 점

독가스 탄 피폭
1919년 이탈리아 태생의 미국 화가 존 싱어 사전트가 그린 그림으로, 독가스 탄이 초래한 참상을 사실적으로 묘사한 걸작이다. 영국의 임페리얼 전쟁 박물관 소장.

령했고, 오스트레일리아가 독일령 뉴기니의 뉴 포메른 섬에 상륙했다. 일본은 독일의 미크로네시아 식민지를 차지하고 오스트리아-헝가리 제국의 조차지인 중국 산둥 반도 칭다오를 점령했다.

인도에서는 전쟁을 도와주면 종전 후 자치나 독립을 받아들이겠다는 영국의 설득에 따라 민족주의 지도자들이 식량과 돈, 탄약을 제공했다. 또한 약 130만 명의 병사와 노동자들을 유럽과 아프리카, 중동 등지에 지원병으로 파견했다.

아프리카에서는 프랑스와 영국이 토골란드 및 독일령 카메룬 지역을 침공했다. 독일령 남서아프리카의 독일군은 남아프리카 공화국을 공격했다. 그리고 독일령 동아프리카의 독일군은 아프리카에서 유격전을 이끌다가 유럽에서 종전이 이루어지고 나서 2주 뒤에야 항복했다.

오스만 제국이 독일-오스트리아 편에서 참전하면서 러시아의 코카서스 지방과 수에즈 운하를 이용한 영국-인도 간 수송로가 위험해졌다. 이를 막기 위해 영국과 프랑스, 러시아는 오스만 제국과 갈리폴리, 메소포타미아, 수에즈, 코카서스, 페르시아 등지에서 전쟁을 벌였다. 터키 인이 아시리아 인, 아르메니아 인 등을 대량 학살하자 영국은 아시리아 인, 아르메니아 인, 아랍 인 등과 손잡고 오스만 제국군을 공격했다.

무제한 잠수함 작전, 미국 참전 그리고 종전

1917년 1월, 독일은 영국과 프랑스의 전쟁 능력을 약화시키기

오스만 제국의 근대적 개혁과 튀르크 족과의 차별에 불만을 품은 아랍 인들은 사우드 가문을 중심으로 영국과 협력해 오스만 제국에 맞섰다. 〈아라비아의 로렌스〉는 이 시기 아랍 인들과 손잡고 오스만 제국에 맞선 영국군 장교의 활약을 그린 영화이다.

96 중화기 부대
영국 96 중화기 부대는 1917년에 예루살렘을 점령하기 위해 오스만 제국군을 포격했다.

위해 무제한 잠수함 작전을 선언했다. 독일 잠수함들은 영국 주변 해역을 지나가는 상선들을 아무런 경고 없이 공격하여 격침했다. 하지만 영국의 보급을 끊겠다는 독일의 속셈은 뜻밖의 암초에 부딪혔다. 1917년 4월, 미국이 독일에 전쟁을 선포한 것이다.

세계 대전을 틈타 유럽 모든 나라에 군수 물자를 수출해 큰돈을 벌던 미국으로서는 독일의 무제한 잠수함 작전을 막아야 했다. 군수 물자를 실은 미국 배가 독일 잠수함에 계속 침몰되면서 손해가 눈덩이처럼 불어났기 때문이다.

독일로서는 미국의 참전이야말로 재앙과 다름없었다. 1918년 3월부터 7월까지 퍼부은 마지막 총공세도 실패로 돌아갔다. 그해 11월 3일 칼 군항에서 일어난 수병 폭동이 혁명으로 발전하여 11월 11일, 독일이 마침내 항복했다. 이로써 4년 4개월 동안 전 세계를 전쟁의 소용돌이로 몰아넣은 제1차 세계 대전이 끝났다.

독일 유보트 155
1918년 제1차 세계 대전이 끝난 뒤 독일 잠수함 유보트 155가 부상해 영국 런던에 모습을 드러냈다.

제1차 세계 대전이 이전 전쟁과 다른 점

제1차 세계 대전은 여러 면에서 그때까지의 전쟁과 크게 달랐다.

첫째, 몇몇 국가나 지역에서 일어난 이전의 전쟁과 달리 전 세계에 걸쳐 일어난, 말 그대로 세계 대전이었다. 영국, 프랑스, 러시아 등 연합국과 독일, 오스트리아, 오스만 제국 등 동맹국은 앞에서 보았듯이 유럽과 아프리카, 중동, 아시아, 태평양에서 치열하게 전쟁을 벌였다.

둘째, 근대 이전의 전쟁이 기껏해야 왕실이나 영주가 가진 힘을 동원한 것이었던 데 비해 국가의 모든 힘을 동원한 총력전의 양상을 띠었다. 연합국과 동맹국은 정치 선전과 선동을 통해 노동자와 농민들의 애국심을 자극했고, 자치와 독립을 약속하며 식민지 주민들의 물자와 인력까지 총동원했다.

마지막으로 대포, 기관총, 탱크, 전차, 비행기, 독가스탄 등 근대적 대량 살상 무기를 총동원한 전쟁이었다. 그러다 보니 사상자의 규모가 이전보다 수십, 수백 배 커졌다. 연합국은 500만 명의 전사자를 포함하여 2,200만 명의 사상자를 냈고, 동맹국은 330만 명의 전사자를 포함하여 1,500만 명의 사상자를 냈다. 민간인 사망자 수는 약 1,300만 명으로 추산된다.

총력전
제1차 세계 대전은 전후방과 남녀, 제국과 식민지가 따로 없이 총력을 쏟아 부은 총력전이었다. 왼쪽은 영국 런던에서 제작된 여성 전시 기금 모금 포스터로, 후방에서 군수 물자를 생산하는 여성 노동이 승전의 열쇠임을 강조하고 있다. 오른쪽은 쿠크리 칼을 들고 제식 훈련을 받고 있는 인도 구르카 병사들로, 식민지 주민들의 총력전 양상을 잘 보여 준다.

제1차 세계 대전의 전후 처리

제1차 세계 대전의 당사국들은 1919년 1월 18일부터 프랑스 파리 베르사유 궁전에 모여 전후 처리를 논의해 6월 28일, 베르사유 강화 조약을 맺었다.

베르사유 강화 조약을 통해 연합국은 독일의 군사력과 경제력을 철저하게 무너뜨리려는 속셈을 드러냈다. 특히 1870년 프로이센-프랑스 전쟁에서의 모욕적인 패배를 잊지 않고 있던 프랑스는 독일에 대해 가혹하게 보복하는 데 혈안이 되었다.

프랑스는 프로이센-프랑스 전쟁 때 빼앗긴 알자스와 로렌 지방을 돌려받는 데 그치지 않고, 독일 서부의 중공업 지대인 자를란트 지방에 대해 1935년까지 15년간 국제 연맹이 행정 관리를 하게 했다. 또한 벨기에, 덴마크, 폴란드, 체코슬로바키아에도 영토 일부를 넘길 것을 강요했다.

독일이 차지하고 있던 해외 식민지도 중국과 적도 이북의 태평양 해외 식민지는 일본에, 남태평양과 아프리카 동부 및 남서부는 영국에, 콩고 이북의 서아프리카 지역은 프랑스가 가져갔다.

군사력에도 엄격한 제한이 뒤따랐다. 병력이 10만 명으로 줄어들었고, 참모부

베르사유 강화 회의
제1차 세계 대전 당사국들은 1919년에 제1차 세계 대전의 전후 처리를 위해 파리 베르사유 궁전에 모여 회의를 열었다.

가 사라졌으며, 장갑차·탱크·잠수함·항공기·독가스의 생산이 금지되었고, 요새와 방어 진지들도 모두 철거되었다.

아울러 독일은 프랑스와 벨기에 등 전쟁으로 피해를 당한 나라들에 1,320억 마르크라는 어마어마한 배상금을 물어야 했다. 만약 배상금을 지불하지 못할 때에는 응분의 대가를 치러야 할 것이라는 위협까지 받았다.

독일인들은 휴전 당시의 약속과 달리 너무나 가혹하고 모욕적인 보복에 경악했다. 특히 연합국은 빼고 동맹국만 전범으로 규정한 조항과 어마어마한 배상금 조항에 치를 떨었다.

오스트리아는 폴란드, 체코슬로바키아, 헝가리 등 여러 민족을 분리 독립시키면서 영토가 전쟁 전의 4분의 1로 줄어들어 제국의 지위를 잃었다. 오스만 제국은 영토 대부분을 잃고 소아시아 반도의 작은 나라가 되었다. 그리고 불가리아는 유고슬라비아의 독립을 인정하면서 영토의 태반을 잃었다.

국제 연맹의 탄생

제1차 세계 대전은 인류사에 어마어마한 피해를 남겼다. 전사자가 830만 명을 넘었고, 부상자가 2,870만 명을 넘었으며, 민간인 사망자도 1,300만 명을 넘었다. 사상 유례가 없는 참상에 놀란 사람들은 전쟁을 막고 평화를 이루기 위해서는 국제기구가 필요하다고 생각했다. 그 기구가 국제 분쟁을 중재하고, 무기를 감축하며,

회원국이 침략을 당하면 공동으로 방위하는 집단 안보를 이루어 내야 한다고 본 것이다.

이러한 생각을 맨 먼저 주장한 정치가는 미국 대통령 윌슨이었다. 윌슨은 14개 조 평화 원칙에서 '모든 국가의 정치적 독립과 영토 보존을 보장하기 위해 특별 협약을 체결해 모든 국가가 참여하는 연합체를 구성해야 한다.'는 주장을 폈다.

그에 따라 미국과 영국, 프랑스, 이탈리아, 일본 등은 파리 강화 회의에서 새로운 국제기구를 만들기로 약속하고 규약을 만들어 서명했다. 이렇게 만들어진 국제기구가 국제 연맹이다.

국제 연맹은 회원국의 대표들로 구성되는 총회, 주요 연합국의 상임 대표로 이루어지는 이사회, 사무총장이 책임자인 사무국, 상설 국제 사법 재판소, 국제 노동 기구, 상설 위임 통치 위원회, 상설 군사 자문 위원회, 군비 축소 위원회, 법률 전문가 위원회 등으로 구성되었다.

국제 연맹은 스위스 제네바에 본부를 두고 평화 활동에 앞장섰다. 하지만 국제 연맹 추진에 앞장섰던 미국이 정작 상원의 반대에 부딪혀 가입하지 않음에 따라 그 권위는 크게 약해졌다. 그래도 국제 연맹은 1920년대에는 국제회의를 열어 군비 감축에 나서는 한편, 국제 분쟁을 중재해 나름의 성과도 올렸다.

1920년 42개 회원국으로 출발한 국제 연맹은 1934년 63개 회원국으로 늘어났지만, 탈퇴와 제명이 이어지면서 1939년에는 45개국으로 줄어들었다. 특히 상임 이사국인 일본, 독일, 이탈리아가 탈퇴하면서 국제 연맹은 유명무실해졌다.

윌슨의 14개 조 평화 원칙

1918년 1월 8일, 미국 대통령 윌슨은 의회에 제출한 연두교서에서 제1차 세계 대전을 마무리하는 원칙으로 다음과 같은 14가지 평화 원칙을 내세웠다.

윌슨
미국 제28대 대통령 윌슨은 제1차 세계 대전 전후 처리 원칙으로 14개조를 제시했다.

1. 강화 조약의 공개와 비밀 외교의 폐지
2. 공해에서의 항해 자유
3. 경제적 장애의 폐지 및 무역 조건의 평등
4. 군비 축소
5. 식민지 문제의 공정한 해결
6. 러시아로부터 군대 철수와 러시아의 정치적 발달에 대한 불간섭
7. 벨기에의 주권 회복
8. 점령되었던 프랑스 영토 회복
9. 이탈리아 국경의 민족 문제 스스로 결정
10. 오스트리아-헝가리 내 여러 민족의 국제적 지위 보장
11. 루마니아, 세르비아 등 발칸 반도 여러 나라의 독립 보장
12. 오스만 제국 지배하에 있는 여러 민족의 자치
13. 폴란드의 재건
14. 국제 연맹의 조직

국제 연맹 다리의 빈 공간
영국 잡지 《펀치》 1919년 12월호에 실린 영국 삽화가 레너드 레이븐힐의 삽화로, 대통령이 발의했으면서도 국제 연맹에 가입하지 않고 저울질하는 미국의 이중성을 풍자하고 있다.

제1차 세계 대전

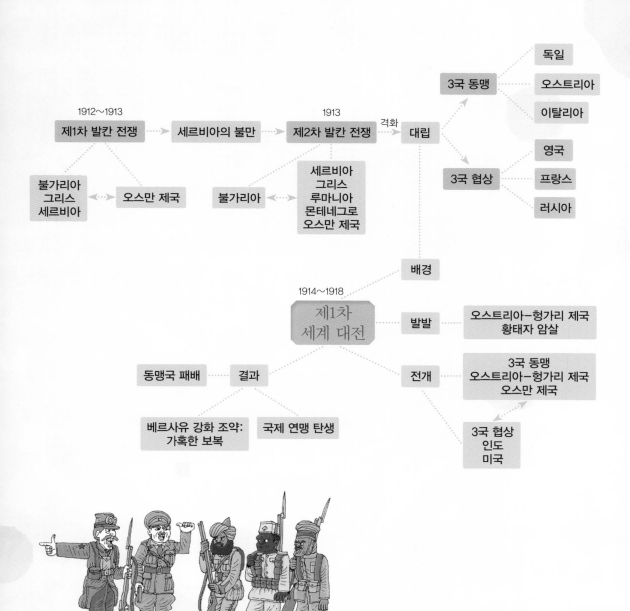

1912~1913

제1차 발칸 전쟁 → 세르비아의 불만 → **1913** 제2차 발칸 전쟁 → 격화 → 대립

불가리아
그리스
세르비아 ⟷ 오스만 제국

불가리아 ⟷ 세르비아
그리스
루마니아
몬테네그로
오스만 제국

3국 동맹
독일
오스트리아
이탈리아

3국 협상
영국
프랑스
러시아

배경

1914~1918
제1차
세계 대전

발발 → 오스트리아-헝가리 제국
황태자 암살

전개 → 3국 동맹
오스트리아-헝가리 제국
오스만 제국

3국 협상
인도
미국

동맹국 패배 ⟵ 결과

베르사유 강화 조약:
가혹한 보복   국제 연맹 탄생

7 사회주의가 확산되고 러시아 혁명이 일어나다

유럽의 변방 러시아는 근대화가 뒤늦었다. 1904년 러일 전쟁에서 참패한 후 1905년에 제1차 러시아 혁명이 일어나자, 니콜라이 2세는 개혁에 나서 혁명 열기를 잠재웠다. 제1차 세계 대전에 연합국으로 참전한 러시아는 식량과 물자 부족으로 국민들이 크게 고통받았고, 이에 대한 반발로 1917년 세계 최초의 사회주의 혁명이 러시아에서 일어났다.

사회주의 운동의 중심에 선 독일

산업 혁명이 유럽과 미국으로 퍼지면서 이들 나라의 전체 인구에서 노동자가 차지하는 비중이 빠르게 늘어났다. 19세기 중엽에 이르자 70~80퍼센트에 달했다. 하지만 노동자는 사람다운 대접을 전혀 받지 못했다. 앞서 살펴봤듯이 하루에 14~15시간씩 고된 일에 시달리면서도 임금은 쥐꼬리만큼 받았다. 그 돈으로는 가족을 먹여 살릴 수 없어 가장뿐 아니라 노인, 어린이, 부녀자 할 것 없이 모두가 공장에서 일해야 했다.

이러한 기막힌 현실에 노동자들은 분노했다. 자신들의 일자리를 빼앗는 기계를 부숴도(러다이트 운동) 공장과 기계는 늘어만 갔고, 생활은 갈수록 악화되었다. 할 수 있는 일이 없다는 사실에 노동자들은 깊은 절망을 느꼈다.

그러다 깨달았다. 가진 건 맨몸뚱이 하나밖에 없지만, 자기들에

파업
1886년에 독일 태생의 미국 화가 로버트 코엘러가 벨기에 샤를루아 지역의 파업 광경을 그렸다. 독일 역사 박물관 소장.

게도 무기가 있다는 사실을! 그 무기는 바로 '단결'이었다. 노동자들은 조합을 만들어 임금 인상과 노동 시간 감축, 노동 조건 개선 등을 놓고 회사와 협상을 벌였다. 하지만 회사와 폭력배, 경찰이 결탁해 조합을 무너뜨리기 위해 폭력을 행사하고 노동자들을 체포했다. 의회 의원들은 회사를 돕기 위해 조합을 법으로 금지했다(단결 금지법). 그래도 노동자들은 모든 탄압을 이겨 내고 과감히 작업을 거부했다. 밤낮없이 돌아가던 기계가 멈춰 섰다. 파업이었다.

노동자들은 한 걸음 더 나아가 정치 투쟁을 벌였다. 8시간 노동제와 최저 임금을 법으로 보장하라는 집회·시위에 수십만 명이 모여들었다. 노동자들에게도 선거권을 달라는 외침이 전국을 울렸다(차티스트 운동). 노동자들의 권익을 옹호하는 노동자 정당이 만들어졌고, 노동자들의 대표가 의원으로 뽑혀 의회에서 노동자들의 목소리를 대변했다.

이러한 움직임은 영국에서 시작되었으나 거기서 그치지 않고 프랑스, 독일, 이탈리아 등 유럽 곳곳을 휩쓸었다. 특히 1848년 2월 프랑스 혁명과 1871년 파리 코뮌은 노동자 계급의 권력 장악과 사회주의 혁명의 가능성을 눈앞에 드러냈다.

각국의 노동자 정당이 한자리에 모여 국제기구도 만들었다. 1864년 국제 노동자 협회(제1 인터내셔널)와 1889년 제2 인터내셔널이 그것이다. 이들 국제기구에는 마르크스주의가 깊숙이 뿌리내렸다.

마르크스는 자본주의가 발전하면 할수록 자본의 집적과 집중이 이루어져 공장의 규모가 점점 커진다고 보았다. 마르크스에 따르면, 공장 규모가 커지면 조직된 노동자들의 규모도 커진다. 프롤레타리아트, 즉 노동자 계급이 늘어나고 그 힘도 세진다는 말이다. 프롤레타리아트는 잃을 것이라고는 자본의 착취와 억압밖에 없고 얻을 것은 세계인 존재로, 자본주의를 파묻어 버릴 사명을 띠고 있다. 따라서 자본주의의 멸망은 역사적 필연이다.

마르크스는 자본주의가 가장 발전한 영국에서 프롤레타리아 혁명이 일어나 유럽 각국과 전 세계를 사회주의로 바꾸리라 예측했다. 하지만 마르크스의 예측은 실제 역사의 진전과는 맞지 않았다. 왜 그럴까?

19세기 후반 들어 영국 노동자들의 생활 조건과 정치적 권리가 크게 나아졌기 때문이다. 1846년 값싼 해외 곡물의 수입을 막아온 곡물법이 폐지되면서 주식인 밀값이 크게 떨어졌다. 보리나 귀리, 옥수수 등 다른 곡물값도 마찬가지였다. 이는 사실상 실질임금이 크게 오르는 효과를 불러일으켰다.

19세기 말에는 전기 공학의 발달로 냉장고와 냉동선이 개발되면서 아메리카와 오세아니아의 드넓은 초원에서 방목한 쇠고기가 냉동 상태로 싼 가격에 쏟아져 들어왔다. 심지어 라틴 아메리카와 아시아, 아프리카, 오세아니아에서 플랜테이션 농업으로 재배한 열대 과일들도 병조림이나 통조림으로 수입되어 싼값에 살 수 있었다. 이들 지역의 플

냉동선
노동자들이 냉동선에서 냉동 돼지고기를 하역하고 있다. 냉동선을 통해 신대륙에서 값싼 냉동육이 쏟아져 들어오면서 노동자들의 식생활이 크게 바뀌었다.

랜테이션 농업이 발달하면서 커피와 차, 설탕 같은 기호 식품 역시 값이 크게 떨어져 누구나 즐길 수 있게 되었다.

이제 노동자들은 수십 년 전이라면 귀족 계급과 신흥 자본가 계급도 차릴 수 없었을 풍성한 식탁을 일상적으로 접하게 되었다. 그뿐이랴. 도시 계획을 통해 포장된 도로와 상하수도 시설 등 깨끗하고 위생적인 도시 환경이 구축되었고, 노동자들의 주거 환경도다 쓰러져 가는 허름한 집에서 번듯한 아파트로 바뀌었다. 면직물의 값이 내려가면서 노동자들도 깔끔하고 멋진 옷을 어렵지 않게 사 입을 수 있었다.

노동자들의 정치적 권리도 크게 향상되었다. 1867년에는 도시 노동자에게, 1884~1885년에는 농촌 노동자에게도 선거권이 주어진 것이다. 노동자 계급의 이해를 현실 정치에 반영할 기틀이 마련

노동절 행진
1914년 5월 1일 메이데이를 맞아 미국 목공 조합 노동자들이 깃발을 들고 행진하고 있다.

되면서 영국에서는 1900년에 노동당이 만들어졌다. 영국 노동당은 마르크스주의 정당과 달리 온건하고 현실적인 사회 개혁 정책을 추진했다.

영국 노동자들의 생활 조건과 정치적 권리가 크게 나아진 것은 영국이 식민지 주민들의 피와 땀으로 만들어 낸 각종 생산물을 헐값에 빼앗았기 때문이다. 식민지 주민의 희생을 바탕으로 잘 먹고 잘살게 된 영국 노동자들은 영국의 제국주의적 침략 정책에 열광했다. 식민지가 늘수록 자신들에게 떨어지는 떡고물이 늘어나니 애국심이 충만할 수밖에 없었다.

프랑스도 노동자들의 생활 조건과 정치적 권리에 큰 관심을 기울였다. 노동자들은 대혁명과 유럽 해방을 이끌면서 시민적 권리에 눈뜬 터였다. 나폴레옹 3세의 제2 제정과 제3 공화정에서는 사회주의적인 '국립 작업장'을 경험했고, 1871년 세계 최초의 사회주의 정부인 파리 코뮌을 세운 주인공들이었다. 이들에 대한 천대와 억압은 또 다른 혁명을 부르리라는 것을 프랑스 정부는 잘 알고 있었다. 프로이센-프랑스 전쟁 이후 프랑스 정부는 아프리카와 아시아에서 식민지 개척에 박차를 가했다. 식민지 주민들을 쥐어짜 프랑스 노동자들의 생활 조건을 향상시키려는 정책이었다. 어느덧 노동자들도 국가적 영광에 자신들의 삶을 일치시키는 국가주의적 사고에 물들어 갔다.

마르크스가 간과한 것이 바로 이 점이었다. 그의 예언과 달리 자본주의가 발달한 영국과 프랑스의 노동자들이 사회주의 혁명에 관심을 갖지 않으면서, 제2 인터내셔널의 주도권은 독일의 사회주

영국 노동당은 제1차 세계 대전 중 연립 내각에 참여했다. 1918년 하원 선거에서는 자유당을 뛰어넘어 제2당으로 자리 잡았으며, 1924년에는 제1당이 되어 영국 정부를 이끌었다.

의자들이 차지하게 되었다.

독일은 영국이나 프랑스와 달리 봉건 귀족들이 정치와 경제 모든 면에서 실권을 장악하고 있었다. 1848년 혁명에서도 자유주의적 개혁이 실패로 돌아갔기에 노동자들은 시민적 권리조차 누릴 수 없었다. 이런 상황이라 정부는 노동자들의 생활 조건과 정치적 권리에 무관심했다. 통일 이후 제국주의적 세계 분할에 뛰어들었지만 번듯한 식민지를 얻지 못한 터라 노동자들의 생활 조건을 극적으로 개선할 여력도 없었다.

그러면서도 독일은 철강 산업과 화학 공업을 중심으로 성장을 거듭해 영국에 버금가는 경제 대국이 되었다. 이들 산업은 대자본을 필요로 하는 대규모 장치 산업이라 한 공장에서 일하는 노동자가 수만 명이나 되었다. 노동조합에 가입하는 노동자들이 수만 단위이다 보니 노동조합과 노동자 정당의 힘이 갈수록 커졌다. 이를 견제하느라 정부는 사회주의자들을 끊임없이 감시하고 체포하고 투옥했으며, 노동자 정당인 독일 사회 민주당을 불법화하기도 했다. 그렇지만 노동자 정당은 1890년 합법화와 동시에 약 20퍼센트의 지지를 얻었고, 1912년에는 약 30퍼센트의 의석수를 차지하며 가장 중요한 정치 세력으로 떠올랐다.

독일 사회 민주당은 제2 인터내셔널에서 유럽 각국의 노동자 정당들을 이끌었다. 독일이 마르크스의 조국인 데다 독일의 노동자 계급과 노동자 정당이 유럽에서 가장 강력한 힘을 행사했기 때문이다.

하지만 독일에서도 영국이나 프랑스와 마찬가지로 마르크스의

독일 사회 민주당은 1875년 고타 시에서 라살이 이끌던 전 독일 노동자 연맹과 마르크스주의자 베벨과 리프크네히트가 이끌던 사회 민주 노동당이 통합되어 만들어졌다.

예견이 잘못되었다고 주장하는 베른슈타인의 수정주의가 나타났다. 이와 함께 사회주의 운동에서 차지하는 독일의 지위도 흔들리기 시작했다.

사회주의자들은 모든 사회주의자가 제국주의 전쟁에 맞서 들고 일어나 자기 나라 정부를 무너뜨려야 한다고 주장해 왔다. 그런데 독일 사회 민주당은 이러한 입장을 버리고, 1914년 전시 공채 발행과 제1차 세계 대전에 찬성했다. 이에 따라 대부분의 노동자 정당도 기존의 입장을 버리고 자국의 전쟁 정책을 지지하게 되었다. 유럽 각국의 노동자 정당과 노동자 계급은 제2 인터내셔널의 이상인 노동자들의 국제적 연대를 저버리고 서로의 가슴에 총부리를 겨누었다. 이런 판국에 만국의 노동자가 단결할 수는 없었다. 노동자에게도 조국은 있었다. 이렇게 제2 인터내셔널은 허무하게 무너지고 말았다.

베른슈타인
무장 봉기가 아니라 의회 활동을 통해 사회 개혁을 이루어 나가야 한다고 주장하며 정통 마르크스주의에 반기를 든 독일의 수정주의자이다.

전쟁과 혁명

독일 사회 민주당을 비롯해 유럽 각국의 노동자 정당들이 제1차 세계 대전 참전에 찬성하면서 노동자 계급의 국제적 연대는 무너져 내렸다. 하지만 모든 나라의 노동자 정당이 참전에 찬성한 것은 아니었다.

러시아 사회 민주 노동당은 제1차 세계 대전 참전에 찬성한 독일 사회 민주 노동당을 비롯한 유럽 각국의 노동자 정당들을 배

신자로 규정하고, 제국주의 전쟁에 맞서야 한다는 기존의 입장을 고수했다. 아울러 전선의 군인들에게도 총부리를 거꾸로 돌려 자국 정부를 무너뜨리라고 선전해야 한다는 주장을 펼쳤다. 그리고 이 주장을 직접 실천에 옮겼다.

유럽과 아시아에 걸쳐 있는 러시아는 유럽에서 제일 가난한 나라였다. 18세기에 표트르 대제와 예카테리나 여제가 유럽의 발달한 문물을 받아들여 근대화를 이루려 했지만, 큰 성과를 거두지 못했다. 중세의 봉건 제도가 여전히 튼튼했고 산업 혁명의 물결이 가장 뒤늦게 도달했기 때문이다. 심지어 19세기 중엽에도 농노들이 봉건 귀족의 부림을 받으며 농사를 지을 만큼 발전이 뒤처져 있었다. 그래도 러시아는 세계에서 가장 넓은 땅을 바탕으로 강력한 육군을 보유한 육군 강국으로 성장했다.

19세기 초 프랑스 대혁명과 나폴레옹 전쟁은 러시아의 수많은 사람에게 근대화와 시민 혁명이라는 꿈을 심어 주었다. 1825년에는 위로부터의 근대적 개혁을 꿈꾼 데카브리스트의 난이 일어나기도 했다. 그 난이 실패로 돌아간 뒤, 충격을 받은 니콜라이 1세는 일체의 자유주의적 개혁을 반대하며 검열과 감시를 강화했다.

1853~1856년 크림 전쟁에서의 패배는 낡은 차르(황제) 체제의 후진성을 극복하지 못하면 발전은커녕 도태되고 말 것이라는 위기의식을 불러일으켰다. 알렉산드르 2세는 농노제를 폐지하고 젬스트보라는 지방 의회를 설치해 근대화의 첫 단추를 꿰었다. 하지만 더 빠르고 근본적인 근대화를 바라는 사람들은 알렉산드르 2세의 조치에 불만을 품었다. 농노들은 평생 농사짓던 땅을 돈 내

표트르 대제
17세기 말~18세기 초의 러시아 황제로, 근대화의 발판을 닦았다. 이 초상화는 프랑스 화가 폴 들라로슈가 1838년에 그렸다. 독일 함부르크 쿤스트할레(미술관) 소장.

예카테리나 여제
독일 출신인 예카테리나 여제(예카테리나 2세)는 러시아의 유럽화를 이룬 계몽 전제 군주이다. 러시아 화가 표도르 로코토브가 1763년에 그렸다. 러시아 모스크바 트레티야코프 미술관 소장.

크렘린의 성 바실리 대성당
모스크바 강을 따라 삼각 성벽을
쌓고 궁궐과 대성당, 주교관,
정부 청사 등을 건설한 모스크바
크렘린 요새의 붉은 광장 동쪽에는
모스크바 공국의 이반 4세가 카잔
한국을 몰아낸 것을 기념해 봉헌한
성 바실리 대성당이 우뚝 서 있다.
이 성당은 1555년 시공해 1560년
완공한 러시아 정교회 성당으로,
47미터의 팔각형 첨탑을 중심으로
4개의 다각탑 사이에 4개의
원형탑이 솟아 있어 총 9개의 탑이
양파 모양의 지붕을 이고 있다.

고 사도록 한 농노 해방령에 불만을 품었고, 자유주의적 개혁을 갈망하는 귀족들은 의회를 소집하지 않는 것에 불만을 품었다. 이러한 불만은 1881년 알렉산드르 2세의 암살로 표출되었다.

알렉산드르 2세의 뒤를 이은 알렉산드르 3세와 니콜라이 2세는 감시와 검열, 탄압의 그물망을 더욱 촘촘하게 짜 근대적 개혁의 바람에 재갈을 물렸다. 자유의 '자' 자나 평등의 '평' 자, 의회의 '의' 자만 꺼내도 비밀경찰이 붙잡아 동토의 땅 시베리아로 추방했다. 이처럼 차르에게는 충성스러운 군대가 뒤를 받쳐 주고 있으므로 전제 군주정은 절대 무너지지 않을 철벽처럼 보였다.

그러나 1904년 러시아는 일본과의 전쟁에서 패배했고, 이는 모든 것을 바꿔 버렸다. 1895년 3국 간섭으로 만주와 조선에서의 권리를 포기해야 했던 일본은 1902년 러시아의 숙적인 영국과 동맹을 맺고 미국의 경제적 지원을 얻어 치밀하게 전쟁을 준비했다. 일본은 1904년 9월 평톈 전투에서 러시아 육군에 대승을 거두었으며, 이듬해 1월 뤼순 항을 함락했다. 유럽 최고라고 자랑하던 러시아 육군이 근대화에 나선 지 40년도 안 된 동아시아의 작은 섬나라 일본에 허무하게 패하다니……. 굳게 믿었던 발트 함대조차 5월 대한 해협 쓰시마 섬 앞바다에서 일본 해군에 완패했다. 1904년부터 계속하여 패전 소식만 날아들자 러시아 사람들은 전제 군주정의 후진성에 진절머리를 냈다.

1905년 1월 9일에 벌어진 '피의 일요일' 사건은 타오르는 불길에 기름을 퍼부은 꼴이 되었다. 그 사건은 러시아 수도 상트페테르부르크의 노동자 14만 명이 겨울 궁전으로 행진하는 과정에서

알렉산드르 2세
러시아 로마노프 왕조의 12번째 차르(황제)로, 농노 해방령 등 유럽식 개혁을 추진하다가 1881년 러시아적 전통과 농민을 강조하는 나로드니키들의 폭탄 테러로 죽임을 당했다.

피의 일요일
1905년 1월 9일 가폰 신부의 인솔 아래 니콜라스 2세에게 탄원하러 겨울 궁전으로 가던 노동자들에게 러시아 군대가 총을 쏘고 있다.

일어났다. 러시아 정교회 신부 가폰의 인솔 아래 차르의 초상화와 성상, 차르에게 8시간 노동과 최저 임금제를 비는 탄원서를 든 행렬이었다. 그런데 군대가 평화로운 행렬에 마구 총을 쏘아 대면서 수백 명이 죽고 수천 명이 다쳤다.

노동자와 농민은 깨달았다. 차르에게 자비를 빌어서는 그 무엇도 이룰 수 없다는 것을. 차르의 전제 군주정을 뒤엎지 않는 한 사람답게 살고 싶다는 소박한 바람조차 이룰 수 없다는 것을.

노동자, 농민, 군인들은 차르 정부 타도를 위해 총을 들었다. 노동자들의 파업과 시위, 시가전, 농민 반란, 군인 폭동이 잇달았고 상트페테르부르크에서는 노동자 소비에트가 만들어졌다. 결국 차르는 10월 두마(의회) 소집을 약속했고, 1906년 선거 결과 좌파가 다수를 차지했다.

두마 소집으로 자유주의 개혁이 이루어지면서 혁명의 불길은

1905년 10월 17일 시위
러시아의 사실주의 화가 일리야
레핀이 1907년에 그리고 1911년에
고쳐 그린 작품이다. 시위에
참가한 여러 계층 사람들의
환희와 공포, 격정, 염원이
잘 드러난 걸작이다.

점차 사그라졌다. 차르는 스톨리핀을 총리로 임명해 개혁을 추진
했다. 언론·출판·집회·결사의 자유를 통해 정당 결성과 정치 토
론이 활발하게 이루어졌고, 노동자들의 단결권이 강화되었다. 하지
만 이러한 개혁은 1911년 스톨리핀이 암살되고 1914년에 제1차 세
계 대전이 일어나면서 중단되었다.

러시아 사회 민주 노동당은 전위 정당이냐 대중 정당이냐를 둘
러싸고 분열을 겪던 터였는데, 전쟁에 대한 태도는 분열을 더욱
가속화했다. 레닌을 중심으로 한 볼셰비키는 제국주의 전쟁 반대
와 내전으로의 전환, 사회주의 혁명을 주장했다. 마르토프를 중심
으로 한 멘셰비키는 유럽의 다른 노동자 정당과 마찬가지로 전쟁
찬성과 애국주의, 민주주의적 개혁 노선을 분명히 했다.

그런 와중에 러시아가 연합국의 일원으로 제1차 세계 대전에
뛰어들면서 국민의 불만은 다시 끓어오르기 시작했다. 청장년과
가축이 전쟁에 동원되면서 농업 생산이 크게 줄었고, 공장들이

스톨리핀
1905년 혁명으로 폭발한
민중의 불만을 해소하기 위해
자유주의적 개혁을 추진하다
1911년 암살되었다.

러시아군의 행군
러시아는 제1차 세계 대전에
1,200만 명의 대군을 투입했지만,
별다른 전과를 올리지 못했다.

군수 물자를 우선 생산하느라 생활필수품 생산도 크게 줄었다. 식량과 연료, 생활필수품이 부족해지자 물가는 하늘 높은 줄 몰랐다. 굶어 죽고 얼어 죽는 사람이 크게 늘었다.

러시아는 1,200만 명이나 되는 엄청난 군인을 동원하고도 패배를 거듭했다. 무기와 식량, 군복 등이 원활하게 보급되지 못했기 때문이다. 잘못된 지휘와 부족한 보급으로 엄청난 사상자가 발생하자 군인들의 불만이 치솟았다.

니콜라이 2세와 가족들
니콜라이 2세와 알렉산드라 표도로브나 가족의 단란한 모습으로 1913년에 촬영했다. 오른쪽에서 두 번째가 황태자 알렉세이, 세 번째가 아나스타샤이다.

1917년 3월 8일(러시아 달력으로 2월 23일), 상트페테르부르크의 시민들은 영하 20도의 추위를 무릅쓰고 줄을 지어 서 있었다. 식량을 배급받으려는 줄이었다. 더는 배급할 식량이 없다는 말이 떨어지자, 시민들은 빵을 달라며 시위를 벌이기 시작했다.

차르가 군대에 진압을 명령했지만, 군인들은 차르의 명령을 거부하고 시위대에 가담했다. 믿었던 군대마저 등을 돌리자 차르는 자리에서 물러날 수밖에 없었다(2월 혁명).

세계 최초의 사회주의 혁명

임시 정부를 만들어 차르 정부 대신 권력을 차지한 의회의 다수파는 전과 마찬가지로 전쟁을 계속한다는 방침을 밝혔다. 차르를 내쫓았지만 바뀐 것은 하나도 없었다. 식량과 연료, 생활필수품은

핀란드역에서 연설하는 레닌
오랜 망명 생활 끝에 1917년 4월 3일 상트페테르부르크 핀란드역에 도착한 러시아 사회 민주 노동당 볼셰비키 지도자 레닌이 운집한 지지자들에게 연설하고 있다.

여전히 모자랐다. 전쟁을 계속하는 한 물자 부족을 해결할 방도가 없었다.

미국의 참전으로 곤경에 빠진 독일은 스위스에 망명해 있던 레닌의 귀국을 도왔다. 독일의 바람대로 레닌과 볼셰비키는 당장 전쟁을 그만두라고 선동했다. 당시 노동자, 농민, 군인들은 스스로 대표를 뽑아 소비에트를 조직하고 있었다. 전국 각지의 소비에트를 중심으로 독일과의 휴전에 나설 것을 촉구하는 목소리가 날로 드높아 갔다. 평화와 빵, 토지를 약속하는 볼셰비키의 목소리가 러시아 전역을 뒤흔들었다.

11월 6일(러시아 달력으로 10월 24일) 노동자, 농민, 군인들이 일제히 총을 들었다. 이들은 피 한 방울 흘리지 않고 수도를 점령했다. 이튿날인 11월 7일에 열린 전 러시아 소비에트 대회는 볼셰비키를 중심으로 한 혁명 정부인 인민 위원회를 승인하고, 레닌을 인민 위원회 의장으로 선출했다. 세계 최초로 사회주의 정권이 탄생하는 순간이었다.

혁명 정부는 독일과 합병, 배상 없는 즉시 휴전을 선언했다. 그런 한편으로, 지주의 토지를 몰수해 농민들에게 무상으로 분배하는 토지 개혁과 국내 소수 민족의 자결권을 인정해 독립을 승인했다. 1918년 3월, 혁명 정부는 독일과 브레스트-리토프스크 조약을 맺고 전쟁을 그만두었다.

그러자 영국, 프랑스, 미국, 일본 등 4개국이 동부 전선의 붕괴를 가져온 혁명 정부를 무너뜨리기 위해 군대를 파견해 러시아의 반혁명군(백군)을 도왔다. 이들은 러시아 내에서 반란을 일으킨 체코 병사를 구출한다는 핑계를 내세웠다. 혁명 정부는 외세의 개입과 내전으로 곤경에 빠졌다.

레닌은 농민들로부터 식량을 강제로 징발해 군인들과 시민들에게 배급하는 전시 공산주의 정책을 펼쳤다. 이를 통해 질서를 되찾고 외세와 백군을 격퇴하는 데 성공한 레닌은 1921년, 전시 공산주의 정책을 끝내고 신경제 정책으로 전환했다. 농민들이 남는 곡물을 시장에서 자유롭게 판매할 수 있도록 하고, 소자산가들이 개인 경영을 통해 물건을 생산할 수 있도록 함으로써 생산 의욕을 자극하

적군의 행진
행진하고 있는 노동자 출신 적군 병사들의 얼굴에 미소가 드리워 있다.

려는 조치였다.

　이듬해인 1922년에는 러시아 사회주의 공화국과 우크라이나, 캅카스, 벨라루스 등 러시아에서 독립한 사회주의 공화국들이 소비에트 사회주의 공화국 연방(소련)을 수립했다. 1924년 레닌이 죽은 뒤 트로츠키와 스탈린 사이의 권력 다툼 끝에 스탈린이 권력을 장악했다. 스탈린은 5개년 계획을 거듭 성공해 중화학 공업에서 커다란 발전을 이루었다. 이제 소련은 미국, 영국, 독일에 버금가는 경제 대국이자 군사 대국으로 거듭났다.

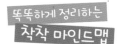

러시아의 사회주의 혁명

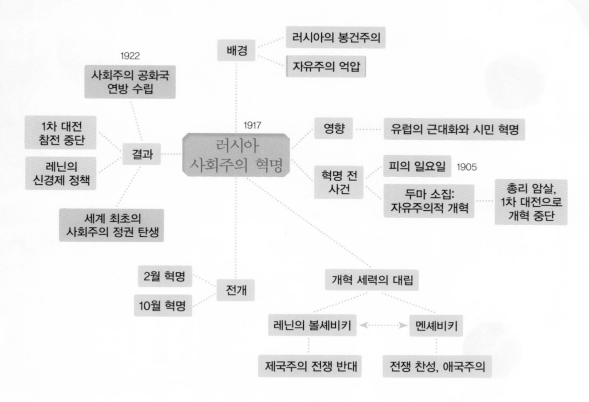

배경
- 러시아의 봉건주의
- 자유주의 억압

1922
사회주의 공화국
연방 수립

1차 대전
참전 중단

레닌의
신경제 정책

결과

러시아
사회주의 혁명
1917

세계 최초의
사회주의 정권 탄생

영향 — 유럽의 근대화와 시민 혁명

혁명 전
사건
- 피의 일요일 1905
- 두마 소집:
자유주의적 개혁
- 총리 암살,
1차 대전으로
개혁 중단

2월 혁명
10월 혁명

전개

개혁 세력의 대립

레닌의 볼셰비키 ◀▶ 멘셰비키

제국주의 전쟁 반대　전쟁 찬성, 애국주의

8 식민지와 반식민지에서 민족 독립운동이 펼쳐지다

파리 베르사유 강화 회의를 앞두고 식민지에서는 독립 열망이 드높아졌다. 그 결과 한국에 서는 3·1 운동이 일어났고 중국에서는 5·4 운동이 일어났다. 중국의 쑨원은 국공 합작을 통해 군벌들을 타도하고 통일 중국을 건설하려 했다. 인도에서는 간디와 인도 국민 회의를 중심으로 영국 제품 불매, 토산품 애용 등 반영 운동이 일어났다.

식민지에 불어온 독립의 바람

앞서 언급했듯이, 제1차 세계 대전은 교전국들이 모든 힘을 동원한 총력전이었다. 거기에는 식민지 주민들이 생산한 군수 물자와 식민지 주민들로 구성된 군대 등 식민지의 힘도 포함되어 있었다.

아메리카나 오세아니아의 식민지 주민들은 식민 본국과 이해가 일치하는 경우가 많았다. 식민 본국에서 이주해 온 사람들이 대부분이어서 식민지 원주민들의 저항을 분쇄하고 이들을 지배하는 데 식민 본국의 힘을 빌리곤 했다. 이 경우 식민지 주민들은 자신들과 이해가 일치하는 식민 본국의 총력전에 힘을 보탰다. 예컨대 영국의 식민지 자치령이었던 캐나다는 제1차 세계 대전이 일어나자 62만 명 이상이 참전해 6만 명 이상이 전사했고 15만 5,000명 이상이 부상을 입었다. 오스트레일리아와 뉴질랜드도 41만 6,000명 이상이 참전해 6만 명 이상이 전사했고 16만 명 이상이 부상을 입었다.

그러나 아시아와 아프리카의 식민지는 처지가 달랐다. 식민 본국에서 파견되거나 이민 온 사람들이 식민지의 군인·행정 관료·기업가·대농장주가 되었다. 이들은 주민 대다수를 이루는 원주민들을 힘으로 다스리고 노예처럼 부려 피땀을 쥐어짰다. 식민지 원주민들에게 식민 본국은 자신들에게 노예로서의 삶을 강요하는 원수였다. 그러니 원수인 식민 본국에 순순히 협력할 리가 없었다. 아니, 식민 본국 정부가 전쟁으로 힘이 약해지면 독립을 앞당길 수 있다고 생각했다. 식민지 원주민들은 식민 본국 정부에 협조하

기는커녕 파업이나 태업 등 여러 가지 방법으로 식민 본국 정부를
괴롭혔다.

　이러한 식민지 주민들의 협력을 이끌어 내려면 당근이 필요했
다. 식민 본국 정부는 '식민지 주민 중에서도 본국 의회 의원을 뽑
겠다.', '전쟁에서 이기면 자치권을 주겠다.', '연방을 만든 다음 독
립시켜 주겠다.'고 약속했다.

　식민지 주민들은 이러한 약속을 믿고 본국 정부를 도와 전쟁에
뛰어들었다. 대표적인 예가 인도다. 영국은 인도에 독립을 약속했
고, 인도의 민족주의 지도자들은 이 말을 믿고 식량과 돈, 탄약
을 제공하는 한편 약 130만 명의 병사와 노동자들을 유럽과 아프
리카, 중동 등지에 지원병으로 파견했다. 인도 지배를 위해 파견한
정예 영국군을 유럽 전선에 배치할 수 있었던 것도 전세에 큰 도

인도 부상병들
1915년 식민 본국인 영국을
위해 참전한 인도 부상병들이
영국 브링턴의 군병원에서
열린 위문 공연을 즐기고 있다.

움이 되었다.

1918년, 드디어 제1차 세계 대전이 끝났다. 식민지 주민들은 그동안 본국 정부가 한 약속을 믿고 본국 의회 의원 선거, 식민지 자치, 더 나아가 독립의 꿈에 부풀었다. 때마침 일어난 두 가지 사건은 식민지 주민들의 기대를 더욱 부풀어 오르게 했다.

첫째, 러시아 혁명으로 들어선 사회주의 정권은 식민지인 폴란드와 핀란드, 에스토니아, 라트비아, 리투아니아를 아무 조건 없이 독립시켰다. 둘째, 미국 대통령 윌슨은 전쟁을 마무리하는 원칙으로 '민족의 운명은 스스로 결정한다.'는 민족 자결주의를 내세웠다. 패권의 시대는 가고 정의의 시대가 오는 듯 보였다.

식민지 주민들은 독립 의지를 온 세계에 밝혀 본국 정부를 압박하기 위하여 곳곳에서 독립운동을 벌였다.

기미 독립 선언서
민족 자결주의에 영향을 받은 조선의 「기미 독립 선언서」에서는 시대 상황을 다음과 같이 표현하고 있다.
"아아, 신천지가 눈앞에 펼쳐진다. 위력의 시대가 가고 도의의 시대가 온다. 과거 모든 시기에 갈고닦아 길러진 인도적 정신이 바야흐로 신문명의 서광을 인류의 역사에 비추기 시작한다."

한국과 중국의 항일 운동

첫 테이프를 끊은 것은 1910년에 일본에 나라를 빼앗긴 조선이었다. 중국 상하이에서 신한청년당을 조직한 여운형 등 젊은 독립운동가들은 제1차 세계 대전의 전후 처리를 위해 프랑스 파리 베르사유 궁전에서 열린 강화 회의에 김규식을 대표로 파견했다. 또한 한반도와 만주, 연해주, 일본에서 대규모 독립 만세 시위를 조직해 우리 민족의 독립 의지를 온 세계에 밝히고자 했다. 이들의 뜻에 공감한 사람들은 무오 독립 선언과 2·8 독립 선언, 기미 독립 선언을 발표하고 대규모 독립 만세 시위를 준비했다.

만세 시위를 지켜보는 군중
1919년 3월 1일 서울 광화문 기념비전 앞에서 만세 시위를 지켜보는 군중들의 얼굴에 설렘과 바람, 걱정과 두려움이 교차하고 있다.

1919년 3월 1일, 온 겨레가 태극기를 들고 거리로 장터로 모여들었다. "대한 독립 만세!"라고 외치는 소리가 지축을 울렸다. 3·1 운동이었다. 한민족은 일본의 무자비한 탄압에도 굴하지 않고 일치단결하여 국내외에서 6개월 이상 만세 시위를 벌였다.

3·1 운동 소식은 곧바로 중국으로 전해졌다. 일본 군대의 탄압에도 굴하지 않고 만세 시위를 이어 나가는 한민족의 모습에 중국의 청년 학생들은 깊은 감명을 받았다.

일본은 제1차 세계 대전에 영·일 동맹을 핑계로 연합국으로 참전하여 아시아와 태평양에서 독일이 갖고 있던 식민지와 이권들을 차지했다. 독일령이었던 마리아나 제도·팔라우 제도·캐롤라인 제도·마셜 제도를 차지하고, 독일의 조차지였던 칭다오 등 중국 산둥 반도의 교주만(자오저우 만) 지역까지 점령한 것이다.

심지어 일본은 1915년 1월 18일, 중화민국 위안스카이 정부에 21개 조의 특혜를 요구하여 그해 5월에 받아 냈다. 21개 조 특혜의 주요 내용은 산둥 반도에 대한 독일의 이권을 일본이 계승하고, 만주 지방에 대한 일본의 이권을 반영구화하며, 남만주와 내몽골 일부를 일본이 조차한다는 것이었다.

파리 강화 회의에서는 승전국들이 같은 승전국인 일본의 21개 조 요구를 국제적으로 인정했으며, 중국의 돤치루이 군벌 정부도 이를 받아들이려 했다. 그러자 중국의 청년 학생 3,000여 명은 1919년 5월 4일 베이징에서 시위를 벌였다.

청년 학생들은 일본과 승전국들을 규탄하고 군벌 정부가 그들의 요구를 받아들이지 못하도록 압박했다. "일본은 물러가라!", "정부는 일본에 무릎 꿇지 마라!", "우리의 주권을 지키자!"라고 외치는 청년 학생들에게 군벌 정부는 진압과 체포로 맞섰다. 시위는 삽시간에 톈진·상하이·난징·우한 등 중국 전역으로 퍼져 나갔다. 5·4 운동이었다.

5·4 운동은 외국 상품 불매 운동과 반정부 운동으로까지 확산되었다. 그러자 군벌 정부는 파리 강화 회의에서 일본의 21개 조 요구를 거부할 수밖에 없었다.

위안스카이가 1916년에 사망한 뒤 군벌인 **돤치루이**가 뒤이어 중화민국 정부를 차지했다. 하지만 돤치루이는 베이징 등 북부 중국 일부를 다스렸을 뿐이고, 실제로는 여러 군벌이 지방을 장악하고 패권을 다투며 대립했다.

5·4 운동
1919년 5월 4일 북경에서 가두 시위를 벌이다 붙잡힌 북경고등사범학교 학생들이 풀려나 학교로 돌아가기 전에 찍은 사진이다. 함께 촬영한 경찰의 표정에서 학생들에게 우호적인 감정을 읽을 수 있다.

국공 합작과 국공 내전

신해혁명 이후 베이징을 장악한 위안스카이와 돤치루이 등 군벌의 탄압을 피해 광저우로 피신했던 쑨원은 광둥 성의 군벌들을 설득해 광둥 정부를 세웠다. 그러면서 군벌들과 광둥 정부 속에서 비밀 결사인 중화혁명당의 세력을 차근차근 키워 나갔다.

쑨원은 5·4 운동으로 확산된 민족주의 열풍을 주의 깊게 지켜본 결과, 군벌들을 잠재우고 통일된 근대 중국을 건설할 힘은 청년 학생 등 대중에게서 나온다는 사실을 깨달았다. 그는 위로부터의 혁명에서 아래로부터의 혁명으로 방향을 전환했다. 대중에 뿌리내린 당의 힘으로 중국을 뒤바꾸겠다는 생각에 비밀 결사인 중화혁명당을 대중 정당인 중국 국민당으로 개편했다.

장제스
중국 혁명의 아버지 쑨원과 동서간으로 황포군관학교에서 근대 군사 교육을 받았다. 1925년에 쑨원이 죽은 뒤 국민당과 국민 정부를 장악했다.

쑨원은 러시아 혁명 이후 식민지와 반식민지, 종속국에 지원을 아끼지 않는 소련 그리고 중국의 청년 학생과 지식인들 사이에서 유행하는 사회주의 사상을 눈여겨보았다. 그러고는 중국 공산당원들도 중국 국민당원으로 활동할 수 있다며 2중 당적을 허용했다. 노동자와 농민 대중에 대한 공산당원들의 탁월한 조직력을 활용해 중국 국민당을 진정한 대중 정당으로 탈바꿈시키려는 생각이었다(제1차 국공 합작).

이를 위해서는 군대에 대한 중국 국민당의 우위를 확고히 해야 했다. 쑨원은 군에 대한 당의 우위를 확고히 다졌다고

인간의 조건
중국에서 국민 정부에 참여하기도 한 프랑스의 소설가 앙드레 말로가 1933년에 발표한 소설로, 1927년 3~4월 중국 상하이를 무대로 장제스의 상하이 쿠데타에 맞서 싸우는 혁명가와 테러리스트, 혼혈아 등 인간 군상의 죽음을 그렸다.

생각되자 지방에 할거한 군벌들을 무너뜨리기 시작했다. 하지만 쑨원은 통일되고 강력해진 중국을 보지 못하고 1925년에 눈을 감았다.

쑨원이 죽은 뒤 그의 손아랫동서이자 후계자인 장제스가 군대의 힘을 바탕으로 중국 국민당과 광둥 정부의 실권을 장악했다. 장제스는 1926년 중산함 사건과 1927년 상하이 쿠데타를 통해 공산당을 섬멸하려 했다. 그 뒤 북벌에 나서 1928년 중국을 통일함으로써 근대 국민 국가 건설에 성공했다.

하지만 장제스의 국민당 정부는 사실상 지방에 할거한 여러 군벌을 휘하에 거느린 군벌 연합 정부일 뿐이었다. 또한 후원자인 4대 가문이 중국 경제의 대부분을 독점할 정도로 부패한 정권이었다. 따라서

북벌
1926년에 시작해 1928년에 끝난 북벌의 주요 장면을 사진으로 담았다.
왼쪽 위부터 시계 방향으로 국민 혁명군 장병들을 격려하는 장제스, 국민 혁명군의 북진, 전투 중인 국민 혁명군, 국민 혁명군을 환영하는 인파, 국민 혁명군에 입대하려는 농민 자원병들, 공격에 나서려는 국민 혁명군 병사들이다.

이들은 일본을 비롯한 제국주의 열강의 침략에서 나라를 지키는 데 노력을 기울이기보다는 자신들의 이익을 위협하는 공산당을 섬멸하는 데 힘을 쏟았다(국공 내전). 이러한 조건은 도리어 공산당이 국민당 정부의 탄압을 뚫고 농민 대중과 애국 청년 학생, 지식인들 속에 굳건히 뿌리를 내리게 했다.

인도의 비폭력 저항 운동

미국 대통령 윌슨은 제1차 세계 대전을 마무리하기 위해 14개 조의 평화 원칙을 내걸었지만, 전후 처리를 논의하기 위한 파리 강화 회의는 식민지 주민들의 바람을 철저히 외면했다. 파리 강화 회의는 1919년 1월에 시작되어 1920년 1월까지 계속되었다. 이 회의에서 승전국인 연합국은 겉으로는 민족 자결주의를 내걸었지만, 실제로는 패전국의 식민지를 나눠 먹는 데 혈안이 되었다. 앞에서 보았듯이 독일이 점유하고 있던 중국 산둥 반도의 교주만 지역과 적도 이북의 태평양 해외 식민지는 일본이, 남태평양과 아프리카 동부 및 남서부는 영국이, 콩고 이북의 서아프리카 지역은 프랑스가 차지했다. 오스만 제국이 다스리던 지중해 동부 연안 지방도 시리아·레바논은 프랑스가, 요르단·팔레스타인·이라크는 영국이 차지했다.

전후 처리를 주도한 네 정상
1919년 5월 27일 파리 강화 회의에 참석한 네 정상이다. 왼쪽부터 영국 수상 데이비드 로이드 조지, 이탈리아 총리 비토리오 올란도, 프랑스 수상 조르주 클레망소, 미국 대통령 우드로 윌슨이다.

파리 강화 회의 결과 패전국인 독일과 오스트리아, 오스만 제국이 지배하던 유럽 지역 몇몇 나라만 식민지에서 벗어날 수 있었다. 이는 순전히 국제 정치적 필요성에 따른 것으로, 한반도와 인도의 독립은 아예 다루어지지도 않았다. 이렇게 민족 자결주의는 식민지 주민들을 우롱한 희대의 사기극으로 끝나고 말았다. 이는 과감하게 식민지를 포기한 러시아(소련)와 비교되었고, 식민지·반식민지·종속국에서 공산주의 사상이 유행하는 결과를 낳았다.

파리 강화 회의에 대한 인도인들의 실망감은 이만저만이 아니었다. 인도 독립이라는 감언이설에 속아 원수인 영국을 도운 자신들의 어리석음을 원망했다. 전쟁 물자를 대고 군인과 노동자들을 유럽 전선에 파견했지만, 되돌아온 것은 군대를 동원한 무자비한 탄압뿐이었다.

인도인을 배신한 영국은 인도인들의 거센 저항을 막기 위해 1919년 2월 롤래트 법을 제정했다. 인도에서 반영 운동이 일어나면 영장 없이 체포하고, 재판 없이 구속하며, 배심원 없이 재판해 형량을 정할 수 있다는 내용이었다. 본국인 영국이나 여타 식민지들과 달리 인도만 가혹하게 탄압하겠다는 선언이었다.

인도인들은 기가 막혔다. 배은망덕도 유분수였다. 영국에 반대하는 함성이 인도를 뒤흔들었다. 모한다스 간디가 '비폭력 불복종'운동을 시작한 것도 이때였다. 이즈음 영국군의 암리차르 대학살 사건이 발생해 인도인들을 공포에 질리게 했다. 1919년 4월, 약 1만

1939년 제2차 세계 대전이 터지자 영국은 완전 독립을 조건으로 협조를 요구했다. 하지만 인도인들은 이번에는 영국에 아무런 도움도 주지 않았다.

물레로 실을 잣는 간디
인도의 독립 운동가 간디는 영국제 상품의 불매와 토산품 애용을 실천하기 위하여 직접 물레로 실을 잣고 천을 짜 입었다. 1920년대 후반에 찍은 사진이다.

간디의 소금 행진
간디는 직접 바닷가로 가
천일염을 만들어 먹기도 했다.
1930년 인도 국민 회의 당원들이
소금을 얻기 위해 바닷가로 가는
간디를 따르면서 소금 행진의
전설이 만들어졌다.

명의 인도인이 펀자브 주 암리차르의 광장에 모여 롤래트 법에 항의
하는 시위를 벌였다. 이 시위대를 향해 영국군이 총을 쏘아 379명
이 죽고 약 1,200명이 다쳤다. 영국군은 심지어 사람들을 붙잡아
모두가 보는 앞에서 채찍질을 하는 등 갖은 모욕을 가했다.

　암리차르 대학살로 얼어붙은 인도인들의 저항 운동에 다시 불
을 붙인 것은 간디였다. 간디는 영국인이 운영하거나 원조하는 모
든 기관을 찾지도 말고 그곳에서 일하지도 말라고 호소했다. 사람
들은 간디의 지도 아래 묵묵히 영국의 지배에 불복했다. 이제 인
도인들은 영국에 대한 두려움을 더는 갖지 않았다. 영국군이 수천
명을 체포했지만 불복종 운동은 더욱 거세게 타올랐다. 불복종
운동을 통해 인도 국민 회의가 인도 민족주의의 중심으로 떠올라
대도시에서 작은 시골 마을까지 아우르는 대중 조직으로 탈바꿈
했다.

　인도인들이 식민 통치에 묵묵히 불복하는 모습은 영국군을 질

암리차르 대학살과 관련하여
영국 정부는 조사 위원회를
꾸려 이듬해인 1920년에
지휘관에게 유죄 판결을 내렸다.
하지만 영국 상원은 오히려
지휘관의 행동을 치하하고
연금을 올려 주었다.

지주·상인·고리대금업자·
지식인 등 중상층으로 이루어진
인도 국민 회의는 1885년에
설립된 친영 단체다.
1905년 영국의 벵골 분할령에
맞선 이후로는 반영 운동을
주도해 나갔다. 영국은 반영
여론이 높은 벵골을 동·서로
나눠 힌두교도와 이슬람교도의
대립을 부추김으로써 반영
여론을 잠재우려 했다. 이에 대해
인도 국민 회의가 반기를 든
것이다. 인도 국민 회의는 완전
자치(스와라지), 국산품
애용(스와데시), 영국 상품 배격,
국민 교육 등을 4대 강령으로
선포하고 반영 운동에 나섰다.
1911년에 영국은 벵골 분할령을
철회했다.

리게 했다. 결국 영국은 롤래트 법을 폐지하고 제한적이나마 자치를 허용할 수밖에 없었다.

1922년 투옥되어 1924년 병보석으로 석방된 간디는 1930년 소금세의 신설에 반대하여 사티아그라하를 시작했다. 맨몸으로 부딪치는 비폭력 저항 운동이었지만, 이는 총칼보다 날카롭고 위력적이었다.

"영국인이 파는 물건을 쓰지 말고 국산품을 쓰자!"

손수 물레를 돌려 실을 뽑고 천을 짜며, 소금을 얻으려고 바닷가까지 걸어가는 간디의 모습은 수억 인도인의 가슴을 뒤흔들었다. 몽둥이에 두들겨 맞고 총칼에 죽임을 당해도 수십만, 수백만이 동참해 소리 없는 저항을 계속했다. 6만 명 이상을 감옥에 가두어도 계속되는 저항에 영국군은 두려움을 느꼈다.

사티아그라하는 진리를 뜻하는 '사티아'와 노력과 열정을 뜻하는 '아그라하'를 합친 말로, '진리를 찾으려는 노력'이라는 의미이다. 간디가 이끈 비폭력 불복종의 저항 운동을 가리킨다.

서남아시아 분할 통치와 종파 대립

오스만 제국은 제1차 세계 대전 때 동맹국으로서 독일과 오스트리아-헝가리 제국 편에 섰다. 파리 강화 회의 결과 오스만 제국의 술탄 정부는 1920년 8월, 연합국과 세브르 조약을 맺었다. 이에 따라 오스만 제국은 이스탄불과 소아시아 반도(지금의 터키 영토)를 제외한 전 영토를 잃었다. 이 중 이스탄불 부근을 그리스에 넘기고, 소아시아 반도를 프랑스·이탈리아·그리스가 분할 통치하며, 영국·프랑스·이탈리아가 제국의 재정에 결정권을 갖는다는 조항은 청년 튀르크 당 등 공화파의 반발을 불러왔다.

공화파는 전쟁 영웅인 케말 아타튀르크를 중심으로 군의 전력을 보존하고 강화하는 한편, 앙카라에서 의회를 소집하고 임시 정부를 세웠다. 공화파 임시 정부가 세브르 조약 개정을 요구하자, 그리스는 조약 이행을 요구하며 1921년 소아시아 반도로 군대를 파병했다. 이에 케말 아타튀르크는 군대를 이끌고 사카리아에서 그리스군을 격파했다.

그리스를 격파한 임시 정부는 술탄을 내쫓은 뒤, 로잔에서 연합국과 다시 협상을 벌여 소아시아 반도의 분할 지배 조항을 없애는 성과를 거두었다. 1923년 10월 29일, 케말 아타튀르크를 대통령으로 하는 터키 공화국 정부가 수립되면서 오스만 제국은 종말을 고했다.

케말 아타튀르크는 술탄제와 칼리프제를 폐지하여 정치와 종교를 완전히 분리하는 한편, 터키 어를 아랍 문자 대신 라틴 문자로 쓰도록 해 터키가 유럽에 속한 국가임을 분명히 했다. 특히 복식 개혁과 여성 교육, 일부일처제 확립, 여성 참정권 부여 등을 통해 여성의 사회적 참여를 보장했다. 또한 국가 주도의 경제 성장 전략을 추진하여 터키 경제를 현대화했다.

한편 소아시아를 제외한 오스만 제국 영토는 영국과 프랑스가 나누어 가졌다. 세브르 조약(로잔 조약)을 통해 영국은 이라크와 팔레스타인을 위임 통치령으로, 이집트를 보호령으로 인정받았다. 그리고 프랑스는 시리아와 레바논을 위임 통치령으로, 모로코와 튀니지를 보호령으로 인정받았다.

케말 아타튀르크
케말 아타튀르크의 본명은 무스타파 케말이며, 케말 파샤라고도 불렸다. 파샤는 군대의 총사령관, 아타튀르크는 튀르크인의 아버지를 가리킨다. 터키 의회는 1934년 무스타파 케말에게 아타튀르크라는 칭호를 수여했다.

영국과 프랑스가 서아시아와 북아프리카를 분할 점령한 뒤, 두 나라는 이슬람교의 양대 종파인 수니파 공동체와 시아파 공동체를 무시한 채 또 한 번 자를 대고 반듯하게 국경을 나누었다. 이에 따라 두 종파가 뒤섞이면서 종파 간의 대립과 갈등이 더욱 격렬해졌다. 분할 통치와 종파 대립을 이용해 독립운동의 발전을 가로막으려던 두 나라의 의도가 정확히 맞아떨어진 셈이다. 오스만 제국에서의 독립을 조건으로 영국과 프랑스에 협력을 아끼지 않았던 아랍 인들은 두 나라에 맞서 대대적으로 독립운동을 벌이려 했지만, 종파 대립에 번번이 발목을 잡혔다.

종파 대립의 격화는 이 지역에서 전쟁과 내전이 끊이지 않도록 했다. 이러한 정치적 불안은 오늘날까지 계속되며 이 지역을 세계의 화약고로 만들었다.

사우디아라비아 왕국

사우드 가문을 중심으로 영국군과 협력해 오스만 제국에 맞선 아라비아 반도의 아랍 인들은 홍해 연안의 헤자즈 지방에 헤자즈 왕국을, 아라비아 반도 중앙의 네지드 지방에 네지드 왕국을 세웠다. 이들 두 왕국은 영국의 보호 아래 1932년 사우디아라비아 왕국으로 통합되었다. 1938년 이곳에서 대규모 유전이 발견되면서 영국은 석유를 독점할 기회를 놓친 것을 크게 후회했다.

이븐 사우드 국왕
네지드 왕국의 국왕으로 헤자즈 왕국을 통합해 사우디아라비아 왕국을 건설했다.

아랍 군대 병사들
1916~1918년 아랍 인들은 영국과 손을 잡고 오스만 제국에 반기를 들었다. 1920년 아랍 인들은 세브르 조약에 따라 오스만 제국에서 독립했다.

사우디아라비아에서 발견된 유전
1938년 3월 4일, 담마 7 광구의 유정에서 석유가 나오면서 사우디아라비아는 세계 최대의 산유국으로 발돋움했다.

식민지, 반식민지 국가들의 독립운동

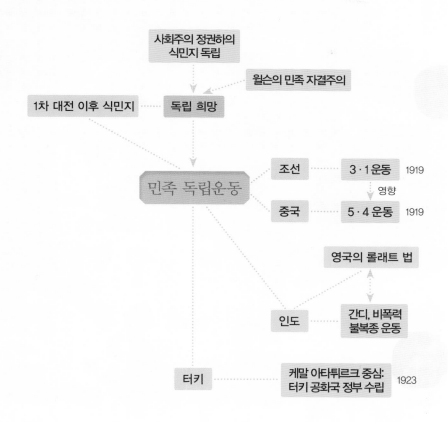

- 사회주의 정권하의 식민지 독립
- 월슨의 민족 자결주의
- 1차 대전 이후 식민지 → 독립 희망
- 민족 독립운동
  - 조선 — 3·1운동 1919
    - 영향
  - 중국 — 5·4운동 1919
  - 인도 — 영국의 롤래트 법 / 간디, 비폭력 불복종 운동
  - 터키 — 케말 아타튀르크 중심: 터키 공화국 정부 수립 1923

1929년 세계 대공황이 일어나자 미국은 뉴딜 정책으로, 영국과 프랑스 등은 블록 경제권으로 공황을 극복하려 했다. 식민지가 없거나 적은 독일, 이탈리아, 일본은 전쟁을 통해 식민지를 빼앗아 공황에서 탈출하려 했다. 1939년 독일이 폴란드를 침공하면서 독일, 이탈리아, 일본 대 영국, 프랑스, 소련, 미국은 두 번째 세계 대전을 벌였다.

세계 평화에 먹구름을 드리운 대공황

전 지구적 규모로 벌어진 제1차 세계 대전은 세계 경제의 지형을 다음과 같이 바꾸어 놓았다.

첫째, 영국·프랑스·독일 등 세계 제일을 다투던 나라들이 전쟁터가 되면서 공장과 광산·항만·철도·도로 등 생산 시설이 잿더미가 되었다. 유럽 각국의 생산 기반 붕괴로 유럽, 아니 세계가 미국의 물자에 기댈 수밖에 없었다. 미국은 유럽과 세계가 필요로 하는 식량과 의류·원자재·중간 부품·기계를 공급하는 세계 최대의 생산 기지이자 공장으로 떠올랐고, 미국의 산업은 전 세계 총생산의 42퍼센트를 차지할 만큼 황금기를 구가했다.

미국의 산업은 전 분야에 걸쳐 대호황을 맞았다. 미국에서 생산한 모든 물자가 국내는 물론 해외 모든 곳에서 불티나게 팔려 나갔다. 판로를 걱정할 필요가 전혀 없이 만드는 족족 팔려 나갔기에 미국은 해마다 산업 투자를 크게 늘렸다. 바야흐로 미국은 영국, 프랑스, 독일 등 전통적인 강대국을 뛰어넘어 세계 제일의 강대국이 되었다.

아울러 미국은 물자를 사들일 돈이 없는 유럽 각국 정부에 돈을 빌려주면서 세계 최대의 채권국이 되었다. 유럽만이 아니라 전 세계가 미국에서 돈을 빌리려 했기 때문에 미국의 금융업도 대호황을 맞아 엄청난 이자 수입을 올릴 수 있었다. 증권 시장도 폭발 직전까지 갈 만큼 대호황을 맞았다.

둘째, 유럽 각국은 전쟁으로 잿더미가 된 생산 시설을 복구하는

데 온 힘을 기울였다. 이들 나라는 불과 몇 년 만에 생산 시설 복구에 성공했는데, 모두가 미국에서 낸 빚으로 미국 물자를 사서 이룬 것이다.

셋째, 유럽 각국의 생산 기반 붕괴로 전 세계가 물자 부족에 시달리면서 아시아와 아프리카, 아메리카, 오세아니아에서 산업이 발달할 기회가 생겼다. 그동안 이들 지역에서는 값싼 유럽 제품을 쓰는 것이 훨씬 경제적이었지만, 물자 부족으로 값이 뛰면서 국산 제품을 생산해도 수지를 맞출 수 있게 된 것이다. 이 지역에서 빠르게 산업이 발달한 나라로는 일본과 인도, 남아프리카 공화국, 캐나다, 브라질, 아르헨티나, 오스트레일리아 등을 들 수 있다.

넷째, 위 국가들이 산업 발달로 생산 시설을 복구하자 유럽 각국은 이전에 가지고 있던 시장의 상당 부분을 잃어버렸다. 유럽 각국은 식민지가 본국에서 생산한 물자를 더 많이 소비해 주기를 바랐다. 그러려면 식민지에 온갖 규제를 강화해야 했는데, 이는 가뜩이나 자치와 독립의 꿈이 무산되어 불만에 가득 찬 식민지 주민들의 저항을 불러일으켰다.

다섯째, 전 세계가 물자 부족에 시달리면서 물가가 크게 뛰어올랐다. 더욱이 유럽 각국 정부가 생산 시설 복구에 필요한 재원을 마련하려고 화폐를 남발하면서 사상 유례가 없는 물가 상승이 이루어졌다. 물가 상승은 금리 수입으로 살아가는 중간 계급의 생활

아메리칸 드림
1922년 미국인 가족이 뷰익 6기통 승용차를 타고 오두막 캠프에 여행 와서 찍은 사진이다. 1920년대 호황기에 미국의 중간 계급은 저택에 살면서 고급 승용차를 타고 가족 여행을 즐기는 삶을 꿈꿨고, 많은 이가 그 꿈을 이루었다.

에 치명타를 가했다.

이상의 다섯 가지 변화를 한마디로 요약하면, 생산 시설의 확충(미국)과 복구(유럽), 신설(기타 지역)을 통해 물자 생산이 전쟁 이전 수준을 크게 뛰어넘었다는 것이다. 이렇게 물자 생산 능력이 갑자기 커지면 어떤 일이 벌어질까?

공장에서는 물건을 많이 만들어 내는데 그것을 다 팔지 못해 재고가 쌓인다. 재고가 쌓이면 손해가 크기 때문에 생산을 줄여야 한다. 생산을 줄이려면 기계를 멈추고 노동자를 일부 해고해야 한다. 그래도 물건이 안 팔리면 아예 노동자를 전부 해고하고, 공장 문을 닫아야 한다. 해고된 노동자는 소득이 없어 물건을 사지 못한다. 물건이 안 팔리니 다른 공장도 문을 닫아야 한다. 과잉 생산이 빚는 악순환은 이렇게 이어진다.

문제는 이런 일이 전 세계에서 한꺼번에, 너무나 빠른 속도로 벌어졌다는 것이다.

1929년 10월 24일 목요일, 미국 뉴욕 월가의 증권거래소는 투자자들의 아우성으로 난장판이 되었다. 주식에 투자한 사람들의 재산이 하룻밤 사이에 반토막 났고, 주식은 휴짓조각으로 변했다(검은 목요일). 뉴욕발 주식 폭락은 삽시간에 전 세계로 퍼져 나갔다. 1929년 세계 대공황이 시작된 것이다.

4년 뒤인 1933년에는 미국의 공업 생

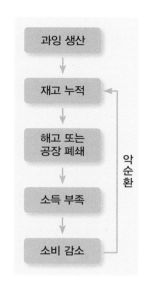

뱅크런
1933년 은행이 파산할지 모른다는 소식에 예금주들이 몰려들어 예금을 인출하고 있다. 뱅크런(대규모 예금 인출 사태)이 발생하면서 은행이 줄줄이 도산하는 일이 벌어졌다.

산이 절반으로 줄었고 실업자가 1,300만 명을 넘었다. 미국 노동자 네 명 중 한 명이 실업자인 셈이었다. 세계 전체로 보면 공업 생산 능력이 44퍼센트나 줄어들었다. 사회주의 계획 경제 아래의 소련을 제외하고 모든 나라의 경제가 뒷걸음쳤다.

세계 여러 나라는 너나없이 보호 무역주의를 채택했다. 외국 제품의 수입을 막아 자국 산업을 보호하겠다는 생각이었다. 국제 무역은 극도로 위축되어 무역량이 무려 65퍼센트나 줄어들었다.

각국 정부는 대공황을 해결하기 위해 골머리를 앓았다. 거리에 넘쳐나는 구직자와 부랑자들의 불만이 언제 어떻게 폭발할지 몰랐다. 빵과 일자리를 요구하는 노동자와 실업자들의 시위가 언제 폭동으로 발전할지도 알 수 없었다. 소련의 사회주의 계획 경제를 부러워하는 사람들이 갈수록 늘어나면서 가진 자들의 두려움도 점점 커졌다. 대공황이 체제 위기로 발전하지 않도록 당장 무엇인가를 해야 했다.

미국의 루스벨트 대통령은 1920년대에 24퍼센트였던 소득세율을 63퍼센트로 39퍼센트포인트나 올렸다. 루스벨트는 부자 증세로 마련한 재정을 테네시 강 계곡 개발

대공황기의 흔한 모습
1935년 실업자들이 일을 달라며 뉴저지 주 캠던 거리에서 항의 시위를 벌이고 있다(위).
1931년 실업자들이 시카고에서 수프와 커피, 도넛을 무료로 얻기 위해 배급소 앞에 줄지어 서 있다(아래).

계획 같은 대규모 토목 사업이나 봉제공 협동조합 등 공공사업에 투입해 새로운 일자리를 만들었다(뉴딜 정책). 새로운 일자리는 새로운 소득을 낳았고, 새로운 소득은 새로운 소비를 불러왔다. 비록 속도는 느렸지만 경제는 조금씩 회복되었다.

영국과 프랑스처럼 식민지가 많은 경우에는 본국과 식민지를 묶어 하나의 경제권으로 만들면 공업 원료와 식량을 자급하고, 생산된 공산품을 소비할 수 있었다(블록 경제). 외국 제품의 수입만 막는다면 버틸 여력은 충분하다는 이야기이다.

여성 공방(위)과 **토목 공사**(아래)
뉴딜 정책은 최고 소득세율
(누진세율)을 올려 확충한
재정으로 여성 공방을 만들고
토목 공사를 벌이는 등 새로운
일자리를 만드는 것이었다.
이렇게 만든 일자리만
2~3백만 개에 달했다.

하지만 독일, 이탈리아, 일본은 상황이 전혀 달랐다. 본국과 묶어 하나의 경제권을 만들 식민지가 없거나(독일) 적었기(이탈리아, 일본) 때문이다. 당연히 공황을 이겨 낼 힘도 없었다.

일자리를 잃은 노동자들과 농산물이 안 팔려 울상이 된 농민들은 거리로 나가 정부에 항의했고, 시위는 갈수록 과격해졌다. 돈 많은 기업주와 관리, 군인들은 위기감을 느꼈다. 중산층은 무능한 정부와 과격한 노동자·농민들 사이에서 절망을 느꼈고, 힘 있는 정부가 들어서 혼란을 잠재우기를 바랐다.

이러한 절망감과 힘 있는 정부에 대한 열망을 양분으로 삼아 새로운 정치 세력이 자라났다. 독일 히틀러의 나치즘, 이탈리아 무솔리니의 파시즘, 일본 군인들의 국가주의(군국주의)였다.

이들의 주장은 딱 두 가지였다. 첫째, 자신들, 즉 독일인·이탈리아 인·일본인은 세계를 지배할 자격이 있는 일등 민족이다. 일등 민족이 삼류 민족들을 지배하는 것은 사자가 물소를 사냥하는 것과 마찬가지로 자연의 섭리이다. 둘째, 전쟁을 앞두고 분열하는 것은 적을 이롭게 하는 일이다. 파업을 일으키고 시위를 벌여 적을 이롭게 하는 스파이들은 모두 잡아들여야 한다.

이들 나라는 자국 내의 자유와 민주를 외치는 모든 세력을 쓸어버리는 한편, 다른 나라로 쳐들어가 식민지로 만들어 공황을 이겨 내려 했다. 식민지 쟁탈전이 다시 시작되었고, 이는 또 한 차례의 세계적 규모의 전쟁으로 발전했다.

전체주의 세력의 등장

이탈리아의 무솔리니

독일, 오스트리아-헝가리 제국과 3국 동맹의 한 축을 이루던 이탈리아는 제1차 세계 대전 때 이들 편에 서지 않았다. 전쟁에서 이기면 이탈리아에 인접한 오스트리아-헝가리 제국의 영토를 넘겨주겠다는 영국과 프랑스의 꼬드김에 넘어갔기 때문이다.

이탈리아는 1915년 연합국의 일원으로 참전해 무려 46만 명의 인명 손실을 입으며 승전국이 되었다. 영국과 프랑스의 약속을 믿고 큼지막한 전리품을 기대했으나, 돌아온 것은 코딱지만 한 영토뿐이었다. 이탈리아 인들은 영국과 프랑스 등 연합국에 배신감을 느끼는 한편, 무능한 이탈리아 정부와 군대에 크게 실망했다.

무솔리니는 영토 확장과 식민지 확보를 위한 제국주의 전쟁을 찬성한다는 이유로 사회당에서 제명당했다. 그 뒤 제1차 세계 대전에 참전했다 부상을 입기도 한 그는 정부와 군대에 대한 이탈리아 국민의 실망감에 주목했다. 그는 밀라노에서 정부와 군대에 실망한 청년 200여 명을 모아 '전투 파쇼'라는 조직을 결성했다.

특유의 현란한 연설로 대중을 사로잡은 무솔리니는 사회당 노동자들이 총파업에 돌입하자 나폴리에 모인 동조자들 앞에서 직접 총파업을 분쇄할 것임을 선언했다. "우리에게 권력을 넘겨주지 않는다면 로마로 진군해 직접 정권을 인수할 것"이라는 무솔리니

로마 진군으로 권력을 차지한 무솔리니
1922년 10월 28일, 무솔리니 (가운데)와 4개 정당 연합 지도자들인 미셸 비앙키, 에밀리오 드 보노, 이탈로 발보, 체사레 마리아 드 베키(왼쪽부터)가 로마 진군 중 만나 이야기를 나누고 있다.

의 말에 군중은 몹시 들떴고, 일제히 "로마! 로마!"를 외쳤다.

검은 셔츠를 입은 '전투 파쇼' 행동대(검은 셔츠단)는 이탈리아 전역에서 로마로 대규모 행군을 시작했다. 검은 셔츠단은 이탈리아의 건국 영웅 가리발디의 붉은 셔츠단을 본뜬 이름인데, 이들의 '로마 진군'은 내각을 총사퇴로 이끌었다. 이를 눈여겨본 비토리오 에마누엘레 3세는 무솔리니를 총리로 임명했다. 39세의 최연소 총리였다.

당시 이탈리아 국민은 현란한 선전 기술과 중세풍의 복장에 마음을 빼앗겼다. 경제가 안정되고 지난날의 영광을 되찾을 수만 있다면 기꺼이 독재 정치에 복종할 자세가 되어 있었다. 무솔리니는 강력한 통치 질서를 회복해 지주와 자본가, 중간층의 지지를 얻었다. 그리고 동시에 공공사업 착수와 근로 조건 개선을 통해 노동자들의 지지도 얻어 냈다. 그야말로 국민 전체의 지지와 신뢰를 한몸에 받은 것이다. 끊임없는 파업과 소요로 분열과 혼란에 휩싸인 이탈리아를 바꿔 새로운 활력을 불어넣고, 지주와 자본가의 반발 없이 사회 개혁과 공공사업을 성공적으로 추진한 무솔리니의 기적에 국민은 환호했다.

하지만 세계 대공황에서 벗어날 돌파구는 어디에서도 보이지 않았다. 무솔리니는 1935년 10월 3일에 에티오피아를 침공했다. 에티오피아는 이탈리아에 '아프리카에서 패한 최초의 제국주의 군대'라는 오명을 안긴 바 있다. 그런 에티오

무솔리니
1930년 5월, 이탈리아의 독재자 무솔리니가 군복을 입고 밀라노 두오모 광장에서 군중을 향해 연설하고 있다.

피아를 점령함으로써 이탈리아는 아프리카 동부를 손아귀에 넣었다. 국제 연맹이 이탈리아의 에티오피아 침공을 규탄하고 경제 제재에 나서자, 무솔리니는 1937년 국제 연맹에서 탈퇴하고 독일의 히틀러와 동맹을 맺었다.

독일의 히틀러

독일에서 혁명이 일어나 독일 사회 민주당이 정권을 잡고 연합국과 휴전 협상에 나섰지만, 영국과 프랑스의 강요로 베르사유 강화 조약을 체결했다는 것은 앞에서 이야기했다. 독일인들은 가혹하고 모욕적인 베르사유 강화 조약에 분개했지만, 조약을 받아들이는 것 말고는 다른 길이 없었다. 이런 상황이었기에 사회 민주당 정권은 좌·우익의 반발에도 권력을 유지할 수 있었다. 사회 민주당 정권은 미국 자본을 빌려 잿더미가 된 생산 시설을 복구해 경제 부흥에 성공했고, 비로소 안정을 이루기 시작했다.

하지만 1929년 세계 대공황으로 미국이 자본을 빼 가면서 독일 경제는 그대로 무너져 내렸다. 산업 생산은 42퍼센트나 감소했고, 1932년에는 실업자가 577만 명에 달했다. 노동자 세 명 중 한 명이 실업자인 셈이었다. 물가는 하늘 높은 줄 모르게 솟아 물건을 사려면 돈을 가방에 가득 채워야 할 정도였다. 노동자와 실업자들은 파업과 시위, 폭동으로 항의했고 군부, 관료, 지주, 자본

지폐로 만든 노트
100만 마르크 지폐를 묶어 연습장으로 쓰는 모습에서 독일의 극심한 인플레이션을 알 수 있다.

가, 중간층은 사회주의 혁명의 두려움에 떨었다.

　이러한 혼란과 불안을 등에 업고 권력을 차지한 인물이 나치 당의 히틀러이다. 병사로 참전했던 히틀러는 뛰어난 연설 솜씨로 1921년 나치 당 총서기가 되었다. 그는 독일 국민의 절망감, 두려움, 환멸을 바탕으로 나치 당 의석수를 12석에서 107석으로 크게 늘렸다. 1933년에 총리가 된 히틀러는 국회의사당 방화 사건을 꾸미며 공산당을 탄압하고 일인 독재 체제를 구축했다. 이듬해에 대통령 힌덴부르크가 죽자 헌법을 고쳐 제3 제국의 절대 권력자인 총통에 올랐다.

히틀러의 집권

1932년 나치 돌격대의 사열을 받을 만큼(윗줄 왼쪽) 전투적인 태도를 표방한 나치 당 당수 히틀러는 총선에서 제1당이 된 기세를 타고 1933년 1월 힌덴부르크 대통령의 임명으로 총리에 올랐다(윗줄 오른쪽). 2월 27일 독일 국가 의회 의사당에서 화재가 일어나자 (아랫줄 왼쪽), 이를 코민테른의 음모로 조작해 독일 공산당을 금지하고 지도자들을 체포했다. 전권을 장악한 히틀러는 아우토반 건설 사업 등으로 일자리를 늘려 국민의 환심을 샀다(아랫줄 오른쪽).

히틀러는 연합국에 대한 전쟁 배상금 지급을 거부하고 베르사유 강화 조약의 군비 감축 의무를 지키지 않는 등 강경한 외교 정책으로 국민의 지지를 얻었다. 전쟁 배상금을 물지 않고 도리어 군비를 증강하기 위해 군수 공장을 돌리는 한편, 독일의 세계적인 고속도로인 아우토반 건설 사업 등 공공사업에 착수해 일자리를 늘렸다. 히틀러 치하에서 독일은 유럽 제일의 공업국이라는 지위를 회복했다.

히틀러는 1936년에 에스파냐의 인민 전선 정부에 반기를 든 프랑코 장군을 돕기 위해 이탈리아와 함께 8만 명이 넘는 병력과 탱크, 비행기 등을 보냈다. 다른 나라들이 독일과 이탈리아의 개입에 어떻게 반응하는지 떠본 것이다. 예상했던 대로 영국과 프랑스가 독일과의 전쟁을 두려워하는 것을 알게 된 히틀러는 전쟁을 벌여 세계 제국을 만들기로 마음먹었다.

스페인 내전
히틀러는 스페인 내전을 통해 영국과 프랑스, 미국, 소련의 대응을 살펴보고 전쟁을 결심했다. 사진은 1936년 프랑코 반군에게 함락되기 직전 인민 정부군이 반격하는 모습이다.

일본의 군인들

세계 대공황으로 위기를 맞은 일본은 그 탈출구를 전쟁에서 찾았다. 일본 군부는 1928년 6월 4일, 만주를 지배하고 있던 친일 군벌 장쭤린을 폭탄 테러로 암살했다. 그리고 이를 빌미로 1931년 9월 18일, 만주 사변을 일으켰다. 또한 류타오후에서 만주 철도를 폭파한 뒤 이 역시 중국의 소행으로 몰아 단숨에 만주를 점령했다. 일본 군부는 1932년 3월 1일, 청나라의 마지막 황제인 선통제 푸이를 꼭두각시로 하는 만주국을 세웠다.

난징에서 국민 정부를 이끌던 장제스는 **만주 사변**이 터지자, 장쉐량에게 저항하지 말라고 지시했다. 장쉐량은 장쭤린의 아들로 아버지의 뒤를 이어 만주 군벌인 동북군을 지휘하고 있었다. 장제스는 전쟁이 확대되어 전면전으로 발전할 빌미를 주지 않기 위해 이런 지시를 내린 것이다. 장쉐량은 그 지시에 따라 일본군과 맞서지 않고 동북군을 만주에서 화북 지방으로 이동시켜 전면적인 저항을 피했다.

국제 연맹은 중국의 제소를 받아들여 리턴 조사단을 파견해 진상을 조사한 뒤, 일본군의 철수를 권고했다. 하지만 일본은 이를 거부하고 1933년 3월 국제 연맹을 탈퇴했다.

만주를 차지한 일본은 중국 국민 정부의 소극적인 태도를 보고 본격적인 중국 침략을 준비했다. 한반도 북부와 만주에 공장을 지어 중국과의 전쟁에 필요한 군수 물자를 생산하기 시작했다(대륙 병참 기지화 정책). 1935년에는 중국 북부인 화북 지방을 중국에서 분리 독립시켜 손아귀에 넣으려는 계획을 세웠다.

당시 국민 정부는 마오쩌둥 등 중국 공산당을 눈엣가시로 보아 토벌전을 벌이고 있었다. 중국 공산당이 1927년부터 장시 성 징 강 산을 근거지로 삼고 농민들 속에서 세력을 넓히고 있었기 때문이다. 토벌전은 1930년부터 1934년까지 5차에 걸쳐 진행되었다.

노정교
중국 공산군이 치열한 전투 끝에 도강에 성공한 중국 쓰촨 성 대도하 노정교. 1935년 5월 30일 새벽, 중국 공산군 선발대는 침목이 없는 다리를 빗발 치는 총탄을 뚫고 쇠사슬을 타고 건너 국민 정부군을 격파함으로써 포위될 위기에서 벗어났다.

1934년 10월, 마오쩌둥 등 중국 공산당과 중국 공산군(홍군) 잔여 병력 10만여 명은 장시 성의 해방구를 버리고 이동했다. 추격해 오는 국민 정부군과 싸우면서 18개의 산맥과 24개의 강을 건너 1935년 10월, 목적지인 중국 서북의 산시 성 옌안에 도착했다. 무려 9,700킬로미터를 행군하는 '장정'을 통해 살아남은 것이다. 이 일은 5억 중국인에게 커다란 충격과 감동을 안겼다.

옌안에 모인 중국 공산군
장시 성 서금 소비에트에서 산시 성 옌안까지 장정에 성공한 중국 공산군 7,000여 명이 모두 모여 중국 공산당 지도자의 연설을 듣고 있다.

이 시기에 일본군은 화북 분리 독립 공작의 하나로 1936년 내몽골의 몽골 인들을 부추겨 반란을 일으켰다. 장쉐량은 장제스에게 일본군의 내몽골 공작을 분쇄할 테니 자신이 지휘하는 동북군을 내몽골로 보내 달라고 요청했다. 하지만 장제스는 장쉐량에게 내몽골에서 일본군과 맞서는 대신 중국 공산군을 토벌하라는 명령을 내렸다.

일본군에 아버지를 잃고 복수의 칼날을 갈아 오던 장쉐량은 그 명령을 따를 수 없었다. 1936년 12월 12일, 제6차 토벌전을 독려하고자 시안에 온 장제스를 감금하고 중국 공산군의 저우언라이 등을 불러들여 장제스와의 협상을 추진했다. 장제스는 저우언라이에게 국민 정부가 중국 공산군과 손잡고 일본에 맞설 것을 약속했다. 항일을 위한 제2차 국공 합작이 이루어진 것이다.

중국 내에서 항일 기운이 높아지자, 일본 군부는 1937년 7월 7일 베이징 교외 루거우차오 사건을 빌미로 중·일 전쟁을 일으켰다.

루거우차오 사건은 루거우차오 다리에서 야간 훈련을 하던 일본군에게 중국군이 총격을 가해 한 명이 실종되었다며 일본군이 중국군을 공격하고 루거우차오 다리를 점령한 사건이다. 이 사건의 발단이 된 사격은 일본군의 자작극으로 밝혀졌다.

　일본은 일본에서 3개 사단, 만주에서 2개 여단, 조선에서 1개 사단을 화북 지역에 보내 7월 28일, 화북에 대한 전면적인 침공을 개시했다. 이에 장제스는 8월 7일 전면 항전을 결의했다. 일본군은 8월 13일 상하이에 상륙해 전쟁을 화남으로 확대했다. 12월에는 국민 정부의 수도 난징을 점령하고 엄청난 학살을 자행했다(난징 대학살). 이후로도 1938년 5월에 쉬저우, 10월에 광둥·우한을 점령했지만 일본군의 전력이 한계에 도달하면서 전선이 고착되었다.

　장제스의 국민 정부는 전쟁이 끝난 뒤 국공 내전에서 승리하기 위해 일본군과의 전투를 피하고 전력을 보존하려 했다. 반면 중국군에 편입된 중국 공산군은 세력이 점점 커져 1940년에 팔로군은 40만 명으로, 신사군은 10만 명으로 불어났다. 중국 공산군은 백단, 태항산 등지에서 일본군에 맞서 치열하게 전투를 벌였다.

*난징 대학살*은 일본군이
난징에서 1937년 12월 13일부터
약 6주 동안 5~30만 명의
중국인을 학살한 사건을 말한다.

제2차 세계 대전의 발발

일본은 전쟁이 벌어지면 미국이 영국, 프랑스와 국제 연맹을 동원해 외교적인 압력을 가할 것을 예견하고 1936년 11월 25일 독일과 미리 방공 협정을 체결해 외교적 압력에 맞섰다. 1937년 11월 6일에 이탈리아까지 방공 협정에 서명하면서 3국 방공 협정은 군사 동맹으로 발전했다. 겉으로는 공산주의를 퍼뜨리는 소련을 막기 위해 동맹을 맺는다는 것이었지만, 힘을 합쳐 미국·영국·프랑스 등을 공격하려는 속셈이었다.

3국 방공 협정 체결
3국 방공 협정 체결로 3국 신성 동맹이 완성되었다고 보도한 1938년 11월 7일 자 《매일신보》.

레벤스라움(생활권)은 국가도 다른 유기체와 마찬가지로 먹고 자고 숨 쉴 수 있는 공간(영역)이 있어야 진화하고 발전할 수 있다는 이론이다. 히틀러가 1924년에 바이에른 감옥에서 집필한 『나의 투쟁』에서 주장한 것으로, 게르만 족은 유럽 전체를 게르만 족의 생활권으로 만들어야 한다고 했다. 히틀러와 나치 당은 독일인들에게 레벤스라움 이론을 각인시켜 침략과 전쟁을 정당화하려 했다. 일본 제국주의가 주장한 대동아 공영권도 히틀러의 레벤스라움 이론을 흉내 낸 변종이다.

1936년 라인란트로 군대를 들여보내 베르사유 강화 조약을 무너뜨린 독일의 히틀러는 범게르만주의에 따른 독일인 대통합, 즉 레벤스라움을 주장하며 1938년에 오스트리아를 합병했다. 그러고는 독일인이 주민의 20퍼센트인 체코슬로바키아 수데텐 지방도 차지하겠다고 나섰다. 독일과의 전쟁을 꺼리던 영국과 프랑스가 뮌헨 회의를 열어 이를 받아들이면서 수데텐은 독일 땅이 되었다.

기세가 오른 히틀러는 1939년에는 폴란드 단치히를 차지하겠다고 나섰다. 그러자 영국과 프랑스 안에서는 언제까지 독일에 양보만 할 것이냐는 비판의 소리가 터져 나오기 시작했다. 히틀러는 서부 전선에서 영국-프랑스와 맞서고 동부 전선에서 소련과 맞서면 이길 수 없다고 보고, 비밀리에 소련과 불가침 협정을 맺었다. 서로 전

수데텐 침공
1938년 9월 10일, 나치 당기가
거리 곳곳에 나부끼는 가운데
독일군이 기계화 부대를
앞세우고 수데텐 사츠 지방으로
들어서고 있다.

쟁을 벌이는 대신 폴란드를 쪼개 절반씩 나눠 갖자는 내용이었다.

1939년 9월 1일 독일군이 폴란드 국경을 넘자, 영국과 프랑스는
9월 3일 독일에 전쟁을 선포했다. 마침내 제2차 세계 대전의 막이
오른 것이다.

독일군이 폴란드군을 격파하는 데는 채 2주일도 걸리지 않았다.
얼마 뒤 소련은 완충 지대를 만든다는 명목 아래 라트비아, 에스
토니아, 리투아니아를 병합하는 한편 루마니아 일부와 핀란드 일
부, 폴란드 일부를 차지했다.

영국과 프랑스는 핀란드를 원조한다며 노르웨이와 스웨덴에 군
대를 보냈다. 소련의 팽창을 막고, 스웨덴 철광석을 미리 차지해
독일의 무기 생산을 저지하겠다는 생각이었다. 독일은 영국과 프
랑스가 자기의 목줄을 쥐지 못하게 하겠다며 1940년 4월에 덴마
크와 노르웨이로 쳐들어갔다. 독일군은 노르웨이의 영국군과 프랑

스군을 단숨에 무찔렀다.

그러고는 5월에 벨기에, 네덜란드, 룩셈부르크로 쳐들어갔고 6월에는 프랑스 파리를 점령했다. 독일과 손잡은 이탈리아도 프랑스 남부로 쳐들어왔다. 프랑스는 전 국토가 독일과 이탈리아에 점령당하고 말았다. 드골을 비롯한 프랑스군 지도부는 영국에 망명 정부를 만들고 레지스탕스 운동을 조직해 이들에 맞섰다.

대국민 호소에 나선 드골
드골 장군은 영국으로 망명한 프랑스 망명 정부를 이끌며 국민들에게 독일군과 비시 괴뢰 정부에 맞서 일어설 것을 방송으로 호소했다.

서부 유럽을 차지한 독일과 이탈리아는 이번에는 동부 유럽으로 손길을 뻗쳤다. 독일과 이탈리아의 압도적인 군사력에 겁을 먹은 헝가리, 불가리아, 루마니아는 독일-이탈리아-일본 동맹에 가담했다. 하지만 그리스와 유고슬라비아는 독일과 이탈리아에 맞서 독립을 지키겠다는 자세를 취했다. 그러자 독일과 이탈리아는 1941년 4월에 이 두 나라로 쳐들어갔다.

독·소 전쟁

유럽 대륙에서 독일-이탈리아에 맞설 세력이라고는 이제 소련밖에 남지 않았다. 독일은 1941년 6월에 소련으로 쳐들어갔다. 불의의 기습을 받은 소련군은 처음에는 크게 밀렸지만, 12월부터는 반격에 나섰다. 조국을 지키겠다는 소련 국민의 용기는 그야말로 뜨거웠다. 독일군이 민간인을 아무리 무차별 사살해도 소련 국민은

게릴라전을 펼치는 소련군에 옷과 양식, 무기, 정보를 계속해서 실어 날랐다. 살을 에는 추위와 기나긴 보급로, 적대적인 소련 국민에 둘러싸여 독일군은 악전고투를 계속했다.

소련은 영국과 미국에 즉각 프랑스로 상륙해 독일군을 공격하라고 요구했다. 하지만 영국과 미국은 북아프리카의 영국 식민지를 독일-이탈리아의 공격에서 지키는 데 몰두할 뿐이었다. 결국 유럽 대륙에서 독일군 전력의 90퍼센트를 상대한 것은 소련이었다. 나머지 10퍼센트는 프랑스, 유고슬라비아, 그리스의 저항 세력이 맡았다. 독일은 영국으로 쳐들어가고 싶었지만, 영국과 미국보다 해군력이 약했기에 바다 건너 영국을 점령할 수단이 없었다. 기껏해야 잠수함 유보트로 영국 상선을 공격하거나 런던을 겨냥하여 공군의 폭격이나 브이 로켓을 발사하는 정도였다.

반격에 나선 소련군
1943년 2월, 소련군 병사들이 스탈린그라드에서 독일군이 매복한 건물을 향해 접근하고 있다.

롬멜
독일 탱크 부대를 이끌던 사막의 여우 롬멜은 북아프리카 전선에서 영국과 미국의 탱크 부대를 이끈 몽고메리, 패튼과 맞붙었다. 이들의 대결은 〈사막의 여우 롬멜〉, 〈패튼 대전차 군단〉 등 할리우드 영화의 단골 소재였다.

히틀러의 아리안 족 순혈주의와 유대인 학살

히틀러는 범게르만주의를 표방해 독일인의 대통합을 주장했다. 그러면서 게르만 족의 기원이 아리안 족이며, 아리안 족의 우월성을 유지하려면 유대인이나 집시 같은 저열한 민족과의 혼인을 통한 혼혈의 유입을 막아야 한다고 했다. 이는 유대인이나 집시를 아우슈비츠 등 집단 수용소에 몰아넣고 각종 인체 실험을 하다 가스실에서 대량 학살하는 만행의 이론적 근거가 되었다.

강제 수용소와 유대인 학살
나치 독일은 점령지 곳곳에 강제 수용소를 설치하고 유대인, 집시, 정치범, 포로들을 수용한 뒤 강제 노역을 시키거나 가스실로 보내 죽이고는 시체를 소각했다. 대표적인 곳이 폴란드 아우슈비츠 수용소로, 유럽 전역에서 끌려온 사람들 110만여 명이 죽임을 당했는데, 그중 90퍼센트가 유대인이었다.
사진에서 아우슈비츠 수용소 소각장(왼쪽 위)과 소각로(왼쪽 아래), 1945년 4월 24일 독일 바이마르 부첸발트 강제 수용소에서 나치 집단 학살의 증거를 살펴보는 미 조사 위원 알벤 버클리(오른쪽)가 보인다.

태평양 전쟁

독일이 유럽 대륙을 석권하고 기세를 떨치던 1941년 7월, 일본 군부는 중·일 전쟁이 예상과 달리 길어지면서 깊은 수렁에 빠져들었다. 해안에서 내륙으로 전선이 확대될수록 전선은 넓어지고 진격 속도는 느려졌다. 일본은 도시와 철도를 지키는 데 더 많은 병력을 투입해야 했다. 별다른 전과도 올리지 못한 채 전선은 고착되었다.

미국과 영국, 네덜란드 등의 압력이 갈수록 커졌다. 미국은 1939년 미·일 통상 조약을 파기하고, 고철과 석유 수출을 금지하며, 미국 내 일본 자산을 동결했다. 이에 더해 영국이 미얀마 루트를 통해 중국을 지원했다. 그 결과 미국·영국·중국·네덜란드로 이루어진 대일 봉쇄망(ABCD 라인)이 만들어졌다.

인구에 비해 땅이 비좁고 변변한 자원이 없는 일본은 근대화에 성공한 뒤, 해외에서 각종 자원을 수입해 완제품을 만든 다음 이를 다시 수출하는 경제 구조로 되어 있었다. 그랬기에 미국의 경제 봉쇄는 심각한 타격이었다. 특히 비행기와 전함, 전차, 수송용 차량 등의 연료로 쓰이는 석유 수출 금지는 일본의 전쟁 수행 능력을 무너뜨리는 근본적인 위협이었다.

일본 군부는 네덜란드령 인도네시아의 유전 지대를 장악함으로써 전쟁에 필요한 석유를 획득하기로 했다. 그러려면 믈라카 해협을 장악한 영국군을 격파하고 남중국해의 제해권을 손아귀에 넣어야 했다. 일본 군부는 동맹국인 독일에 협조를 구해 프랑스령

진주만 기습
모터 보트에 탄 해군 선원들이 1941년 12월 7일, 일제의 진주만 공습을 받은 USS 테네시 함과 USS 웨스트 버지니아 함의 생존자를 구조하고 있다.

인도차이나에 전초 기지를 구축했다.

일본 군부는 한 걸음 더 나아가 동남아시아와 태평양의 섬들을 모두 차지하기로 마음먹었다.

1941년 12월 7일, 일본군 함대는 선전 포고 없이 하와이 진주만을 기습했다. 미군은 8척의 전함이 침몰하고 18척의 함정이 파손되었으며 180여 대의 항공기가 파괴되는 등 엄청난 물적 피해를 입었다. 또한 2,300여 명이 죽고 1,000여 명이 다치는 등 인적 피해도 엄청났다.

대동아 공영권
일제가 미국과 영국 제국주의에 맞서 아시아를 해방해 공존 공영을 이룩하고 있다는 대동아 공영권 선전물로 1943년에 제작해 배포했다.

또한 일본은 12월 8일 홍콩을 폭격하고, 12월 25일 그곳을 점령했다. 12월 10일에는 태국에 진주해 말레이 반도의 영국군을 폭격하기 시작했고, 일본군의 진출로를 차단하고자 출동한 영국 함대도 격파했다. 1942년 1월 말 일본군 2개 사단은 공군과 기갑 부대의 지원을 얻어 싱가포르 섬을 제외한 말레이 반도 전체를 점령했다. 그 뒤 일본은 순식간에 미얀마와 네덜란드령 인도네시아, 필리핀과 태평양의 여러 섬을 점령했다. 심지어 오스트레일리아와 뉴질랜드까지 공격해 영국군을 지원할 생각도 못 하게 만들었다.

일본은 한반도-만주-중국 해안 지대-동남아시아-태평양 여러 섬을 한데 묶어 일본 경제권, 즉 '대동아 공영권'으로 만들었다. 겉으로는 아시아 여러 민족이 하나로 어울려 다 함께 잘살자고 주장했지만, 실제로는 일본이 아시아 여러 나라를 빼앗아 다스리겠다는 속셈이었다.

태평양 전쟁으로 제2차 세계 대전의 얼개는 모두 짜였다. 유럽에서는 독일과 소련이 맞붙었고, 북아프리카에서는 영국-미국과 독일-이탈리아가 밀고 밀렸다. 아시아에서는 중국과 일본, 미국과 일본이 맞부딪쳤다.

한동안 승승장구하던 일본군은 1942년 6월 5일, 미드웨이 해전에서 대패했다. 미군은 맥아더의 지휘 아래 일본군이 점령하고 있던 태평양의 섬들과 동남아시아 여러 나라를 하나씩 되찾았다. 하지만 일본군이 최후의 일인까지 미군과 맞서 싸우겠다며 옥쇄 작전을 펼치는 통에 미군의 진격 속도는 느리기만 했다.

미군은 도쿄를 비롯해 일본 전역에 폭격을 가했다. 그럼에도 일본은 움츠러들지 않고 미군을 일본 본토로 끌어들여 끝까지 싸우겠다며 전의를 불태웠다.

맥아더
맥아더 태평양 방면 연합군 총사령관은 1944년 10월 중순 필리핀 레이테 섬에 상륙해 필리핀 해방 작전에 돌입했다.

이탈리아와 독일의 패배

팽팽하던 저울추를 기울게 한 것은 소련이었다. 1942년 여름 독일군은 탱크 부대를 비롯한 33만 명의 정예 부대를 동원해 볼가 강 하류의 스탈린그라드(지금의 볼고그라드)를 공격했다. 하지만 소련군의 완강한 저항에 부딪혔고, 추위와 보급품 부족으로 어려움을 겪었다. 그해 11월 소련군이 반격에 나서 이듬해 1월 말에서 2월 초 독일군을 포위했다. 소련군에 포위당한 독일군은 항복할 수밖에 없었다. 스탈린그라드 전투에서의 패배는 독일에 그야말로 치

노르망디 상륙
미국과 영국 등 연합군이 1944년 6월 6일부터 프랑스 노르망디 해안에 상륙해 독일군과 치열한 접전을 벌였다. 상륙한 연합군은
이탈리아를 거쳐 남프랑스로 진군한 연합군과 함께 독일군을 포위하는 한편, 북으로 진군해 8월 25일 파리를 해방했다. 6월 중순경
연합군 수송선단이 해안에 병력과 무기, 물자를 하역하고 있다.

명타를 안겼다. 동부 전선의 독일군은 모래 위에 지은 건물처럼 스르르 무너져 내렸고, 소련군은 독일에 빼앗겼던 영토를 조금씩 되찾았다. 이제 소련이 독일-이탈리아를 멸망시키고 유럽 대륙을 석권할 판이었다.

영국과 미국은 북아프리카에서 독일-이탈리아군을 무찌르는 한편, 1943년 7월에 이탈리아 시칠리아 섬에 상륙했다. 영국과 미국이 언제 본토로 쳐들어올지 몰랐기에 이탈리아 국왕과 군부는 무솔리니를 감금한 뒤 연합군에 무조건 항복하고 말았다.

독일은 가뜩이나 동부 전선에서 소련군에 밀리고 있던 터라 유럽 남부에서 무솔리니와 함께하지 않으면 연합군의 공세를 당할 수가 없었다. 히틀러는 독일군을 이탈리아로 보내 무솔리니를 구출했다. 그런데 이탈리아는 둘로 나뉘어 내전을 벌였고, 이 내전은 1945년 5월 초까지 계속되었다.

영국과 미국 연합군은 1944년 6월에 프랑스 노르망디로 상륙하여 독일군을 몰아내기 시작했고, 8월에는 파리 시민들의 봉기로 파리가 해방되었다.

동부 전선에서 소련군이 독일군을 무찌르고 전진을 거듭함으로써 1944년 9월부터 이듬해 1월까지 루마니아·불가리아·유고슬라비아·헝가리 등이 독일의 지배에서 벗어나게 되었다.

독일은 이제 서부 전선에서 치고 올라오는 영국-미국 연합군과 동부 전선에서 밀려오는 소련군 어느 쪽도 막을 수 없게 되었다. 결국 1945년 4월 30일 히틀러가 자살하고, 5월 7일에 독일은 무조건 항복했다.

독일이 과거사 반성에 힘을 쏟는 까닭은?

1939년에 히틀러가 제2차 세계 대전을 일으킨 이후, 6,500만 명이 넘는 독일인 가운데 히틀러에 반대해 싸운 사람은 거의 없었다. 이는 이탈리아나 일본과도 다른 현상으로, 독일인 모두가 나치즘이라는 집단 광기에 물들었기 때문이다. 제2차 세계 대전이 끝난 뒤, 독일은 과거사에 대해 깊이 반성하고 있다. 이웃 나라를 침략한 것, 유대인과 집시를 학살한 것에 대해서 거듭 사과했다. 독일인 모두가 집단 광기에 물들어 아무도 깨어 있지 못했다는 사실을 두려워하며 독일은 지금도 과거사를 잊지 않고 반성하고 있다.

일본의 무조건 항복

이렇게 유럽에서 제2차 세계 대전이 막을 내리자, 소련군은 방향을 바꿔 일본에 대한 공격에 나서기 시작했다. 이때 일본은 중국에서도 마오쩌둥이 이끄는 중국 공산군에 농촌 지역을 다 내주고 해안 지방 몇몇 도시와 철도만 겨우 차지하고 있었다. 그런 일본에게 소련군의 참전은 그야말로 대재앙이나 다름없었다.

1944년 7월에 인도 침공 작전이 실패하면서 전세는 이미 급격하게 기울었다. 7월에 사이판, 10월에 필리핀 그리고 1945년 2월에 이오(유황도), 4월에 오키나와가 미군에 함락되었다. 압도적으로 우세한 미 공군이 일본의 대도시 상공을 날면서 매일같이 무차별 폭격을 가했다.

1945년 7월, 시베리아의 소련군이 아무르 강(헤이룽 강)을 건넜고, 만주의 일본군은 저항 한 번 못 해 보고 무너졌다. 8월 초, 소련군은 한반도 북부 해안 지방에 상륙했다.

일본은 소련군의 너무 빠른 진격 속도에 당황했는데, 결정타를 날린 것은 미국이었다. 8월 6일 히로시마, 8월 9일 나가사키에 원자 폭탄이 떨어진 것이다. 어마어마한 살육의 현장을 보고 일본은 미군과 소련군을 일본으로 끌어들여 끝까지 싸우겠다는 생각을 접었다.

1945년 8월 15일, 일본이 무조건 항복하면서 제2차 세계 대전은 6년 만에 막을 내렸다.

나가사키에 떨어진 원자 폭탄
1945년 8월 9일 일본 나가사키에 원자 폭탄이 떨어져 버섯 구름이 피어오르고 있다. 폭탄 투하 당시 4만~7만 5000명이 즉사했고 1945년 말까지 사망자는 8만여 명에 이르렀다.

인류사 최고의 비극이었던 제2차 세계 대전

■ 제2차 세계 대전의 피해
사망자 수는 3,500만~6,000만 명이고, 부상자 수는 추산하기 어렵다. 폴란드는 인구의 20퍼센트, 유고슬라비아와 소련은 10퍼센트를 잃었다. 약 570만 명의 유대인이 집단 수용소에서 목숨을 잃었는데, 그중 절반 이상이 폴란드 출신이었다. 아시아에서는 일본이 군인 230여만 명, 민간인 80만 명의 사망자를 냈다. 중국은 1,000만~2,000만 명, 인도네시아와 베트남은 각각 200만 명, 필리핀은 100만 명 이상의 인명 손실을 입었다.

■ 제2차 세계 대전의 마무리를 논의한 연합국 협상
• 1941년 8월 14일 대서양 헌장: 미국 루스벨트 대통령과 영국 처칠 수상이 만나 전후 처리 원칙의 대강을 합의했다.
• 1943년 11월 23일 카이로 선언: 미국 루스벨트 대통령, 영국 처칠 수상, 중국 장제스 총통이 만나 일본에 대한 전후 처리를 합의했다. 일본이 빼앗은 태평양 섬들을 박탈하고, 만주·타이완·펑후 열도를 중국에 돌려주며, 적절한 때에 한국을 독립시키기로 합의했다.
• 1943년 11월 28일 테헤란 회담: 미국 루스벨트 대통령, 영국 처칠 수상, 소련 스탈린 서기장이 만나 유럽 서부 전선에서의 대규모 상륙 작전을 합의했다. 독일 항복 뒤 소련의 대일 참전과 유고슬라비아 저항 세력에 대한 지원도 합의했다.
• 1945년 2월 4일 얄타 회담: 미국 루스벨트 대통령, 영국 처칠 수상, 소련 스탈린 서기장이 만나 독일 분할 등을 합의했다. 소련의 대일 참전 대가로 사할린 섬 및 북방 4개 도서의 할양을 합의했다.
• 1945년 7월 26일 포츠담 선언: 미국 트루먼 대통령, 영국 처칠 수상, 중국 장제스 총통, 소련 스탈린 서기장이 만나 카이로 선언을 다시 확인하고 일본의 무조건 항복을 촉구했다.

제2차 세계 대전

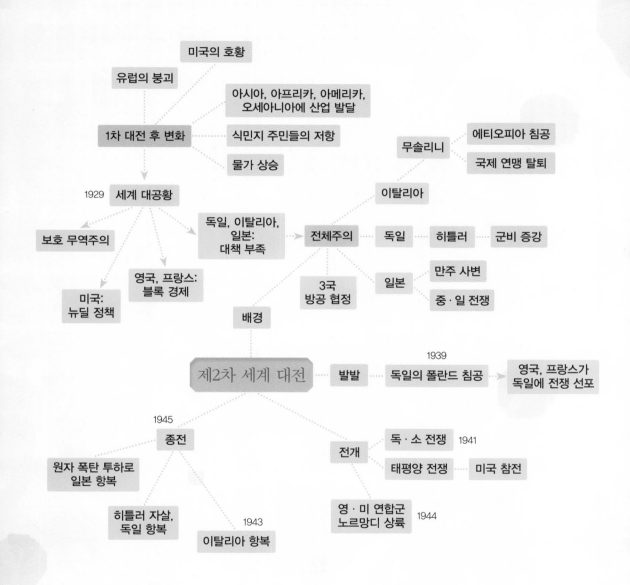

미국의 호황

유럽의 붕괴

아시아, 아프리카, 아메리카,
오세아니아에 산업 발달

1차 대전 후 변화 → 식민지 주민들의 저항

물가 상승

무솔리니 → 에티오피아 침공

국제 연맹 탈퇴

1929 세계 대공황

이탈리아

보호 무역주의

독일, 이탈리아,
일본:
대책 부족 → 전체주의

독일 → 히틀러 → 군비 증강

영국, 프랑스:
블록 경제

미국:
뉴딜 정책

3국
방공 협정

일본 → 만주 사변

중·일 전쟁

배경

제2차 세계 대전 … 발발 → 독일의 폴란드 침공 → 영국, 프랑스가
독일에 전쟁 선포

1939

1945

종전

원자 폭탄 투하로
일본 항복

히틀러 자살,
독일 항복

이탈리아 항복

1943

전개 → 독·소 전쟁 1941

태평양 전쟁 → 미국 참전

영·미 연합군
노르망디 상륙 1944

제3부
오늘날의 세계

10
자본주의 진영과
사회주의 진영이
대립하다

11
황금기를 지나
위기의 시대로
접어들다

제 2차 세계 대전 이후 미국과 소련이 냉전을 벌이면서 6·25 전쟁과 베트남 전쟁이 국제전으로 비화했다. 중국과 인도, 이집트 등 정상들은 반둥 회의에서 미국과 소련, 어느 편에도 들지 않는 비동맹 노선을 결의했다. 체제 경쟁으로 인해 자본주의 진영과 사회주의 진영의 노동자와 민중은 풍요로운 생활을 누리게 되었다. 하지만 베트남 전쟁과 석유 위기로 황금기가 끝나고 미국과 영국은 신자유주의 정책을 통해 사회 복지를 줄여 나갔다. 1989년 사회주의 진영이 무너지면서 유일한 초강대국이 된 미국은 농업과 금융의 우위를 바탕으로 삼아 신자유주의적인 국제 질서를 강요하고 있다. 한편 중국은 세계의 공장이자 세계 2위의 경제 대국이 되었다.

12
우리는 지금 어디로 가고 있나

10 자본주의 진영과 사회주의 진영이 대립하다

제2차 세계 대전 이후 소련의 영향력이 커지면서 자본주의 진영과 사회주의 진영은 날카롭게 대립했다. 소련이 미국에 이어 핵폭탄을 개발하면서 두 진영의 대립은 전면전보다는 국지전과 정보전의 양상을 띠었다. 중국과 인도, 이집트, 가나, 유고슬라비아 등 정상들은 인도네시아 반둥에 모여 비동맹 노선을 결의했다.

얄타 회담과 전후 처리

일본의 무조건 항복으로 제2차 세계 대전이 끝나기 6개월 전인 1945년 2월 4일, 미국의 루스벨트와 영국의 처칠, 소련의 스탈린은 크림 반도 얄타에서 1주일 동안 만났다. 독일과 일본에 대한 작전 방향과 제2차 세계 대전의 전후 처리 문제에 대하여 논의하기 위해서였다. 이 자리에서 합의한 내용을 바탕으로 연합국은 전후 처리에 나섰다.

세 나라 정상은 파리 강화 회의가 보복주의로 치달았기에 제2차 세계 대전을 불렀음을 인정했다. 이에 따라 전쟁을 일으킨 독일·이탈리아·일본에 전쟁과 대량 학살의 책임을 묻되, 세 나라 국민에게는 지나친 부담을 지우지 않았다.

얄타 회담
1945년 2월 4~11일에 미국의 루스벨트 대통령과 소련의 스탈린 서기장, 영국의 처칠 수상이 크림 반도 얄타에 모여 나치 독일의 패망 이후 유럽의 전후 처리와 태평양 전쟁에서의 연합국 협력 방안을 결정한 회담이다. 왼쪽부터 처칠, 루스벨트, 스탈린이다.

독일에서는 뉘른베르크 국제 군사 재판을 열어 다시는 전쟁을 일으키지 못하도록 전쟁 범죄자를 처단하는 한편, 미국·영국·프랑스·소련 4개국이 독일과 수도 베를린을 관리하도록 했다. 독일과 오스트리아의 합병은 무효가 되었고, 독일은 단치히를 폴란드에 되돌려 주어야 했다.

이탈리아에서는 스위스로 도망가던 무솔리니가 게릴라에게 총살된 뒤, 국왕 비토리오 에마누엘레 3세에게 전쟁의 책임을 묻고자 하는 여론이 높았다. 결국 이탈리아 국민은 1946년 군주정을 폐지하고 민주 공화정으로의 전환을 선택했다.

일본에서도 극동 국제 군사 재판을 열어 전쟁 범죄자를 처단했다. 또한 전쟁을 일으킨 군대를 폐지하고, 경제적 이익을 위해 전쟁을 일으키게 한 재벌을 해체하여 다시는 전쟁을 일으키지 못하게 했다. 소련은 러·일 전쟁 당시 빼앗긴 사할린 섬과 북방 4개 도서를 돌려받았고, 미국은 연합국 총사령부의 이름으로 미군을 주둔시켜 일본을 간접 통치했다.

나아가 세계 대전의 참화를 막고 평화를 지키기 위해 이 회담에서의 합의를 바탕으로 1945년 10월 24일, 국제 연합(UN)을 만들었다.

제2차 세계 대전이 가져온 변화

제2차 세계 대전이 끝난 뒤 세계는 몰라보게 바뀌었다.

첫째, 가장 치열한 전쟁터가 된 유럽이 초토화되면서 패전국인 독일·이탈리아만이 아니라 전승국 가운데 영국·프랑스조차 초강대국의 지위를 잃었다.

둘째, 미국이 세계에서 가장 강한 나라로 떠올랐다. 본토가 전혀 피해를 입지 않은 데다 전 세계에서 사용된 군수 물자를 생산한 덕에 사상 최고의 경제 호황을 맞았다.

셋째, 유럽 전선에서 독일을 막아 내고 반격에 성공한 소련의 영향력이 커졌다. 소련은 동유럽 여러 나라를 위성국으로 만들었고, 동독과 베를린 절반을 차지했다.

넷째, 그리스·이탈리아·프랑스·영국 같은 나라에서도 소련과 사회주의에 대한 거부감이 옅어졌다. 가장 많은 희생을 치르며 나치 독일을 막아 낸 소련에 대해 우호적인 감정이 싹트면서 유럽 전체가 공산화될 가능성이 커지기도 했다. 이에 따라 미국은 유럽의 공산화를 막기 위해 1948년부터 4년 동안 서유럽에 무려 133억 달러를 원조했다(마셜 플랜). 미국의 원조로 서유럽 경제는 빠르게 복구되었고, 이들 나라 국민의 불만도 줄어들었다. 더불어 서유럽은 미국의 든든한 우방이 되었다.

이제 미국과 소련은 서로를 경계하기 시작했다. 미국은 소련을 호시탐탐 공산주의의 확산을 노리는 붉은 악마로 의심했고, 소련은 미국을 언제 원자 폭탄을 떨어뜨릴지 모르는 전쟁광으로 생각

국제 연합 본부

연합국 지도자들은 국제 연맹이 독일·이탈리아·일본을 제재할 수단을 전혀 갖지 못한 탓에 제2차 세계 대전을 막지 못했다고 생각했다. 그래서 국제 연합 아래에 유엔군을 두어 전쟁의 발생과 확대를 방지하기로 하였다. 다만 미국·영국·프랑스·소련·중국 다섯 나라 가운데 한 나라라도 반대하면 유엔군을 파견할 수 없도록 거부권을 주었다. 유엔군은 한국·이스라엘·이집트·레바논·콩고·키프로스·동티모르 등에서 전쟁을 막고 평화를 지키는 역할을 했다. 사진은 미국 뉴욕 맨해튼에 있는 국제 연합 본부와 사무국 건물이다.

했다. 일촉즉발의 위기감이 감돌았다.

1948년, 소련이 미국·영국·프랑스가 관리하는 서부 베를린을 봉쇄하면서 위기감은 점점 더 커졌다. 하지만 제3차 세계 대전을 우려한 소련이 1년 뒤 베를린 봉쇄를 풀면서 위기는 해소되는 듯했다.

중국 혁명과 동·서 냉전의 격화

1937년에 중·일 전쟁이 터지자, 장제스의 국민 정부군은 변변한 전투 한 번 치르지 않고 쓰촨 성 충칭까지 후퇴에 후퇴를 거듭했다. 일본군과의 전투로 전력을 소모하는 대신 계속 후퇴해 전력을 보존한 뒤, 전쟁이 끝나면 중국 공산군을 일거에 소탕하려는 속셈이었다. 중국 공산군은 일본군과의 전투로 약화되어 있을 테니 말이다.

하지만 이러한 국민 정부의 태도는 중국 국민에게 '일본군과 용감하게 맞서는 건 중국 공산군이요, 일본군만 보면 줄행랑을 놓는 건 국민 정부군'이라는 생각을 심어 주었다. 국민들은 중국 공산군을 열렬히 지지하게 되었다. 그래서 중국 공산군에게 일본군에 대한 정보와 식량 등을 목숨을 걸고 제공했다. 중국 공산군은 국민의 지지를 바탕으로 전국 곳곳에서 일본군에 용감하게 맞섰다. 그 결과 해안 지방 몇몇 도시와 이를 잇는 철도 지대를 빼고는 사실상 중국 공산군이 지배하게 되었다.

중국 공산군의 환호
1945년 일제의 패망이 확실해지자 일본군이 대도시에서 철수했고, 대도시는 일본군과 부근에서 전투를 벌이던 중국 공산군의 수중에 떨어졌는데, 이러한 일은 만주에서 주로 벌어졌다. 사진은 성을 점령하고 환호하는 중국 공산군의 모습이다.

이런 상황에서 1945년 8월 8일 소련이 일본에 선전 포고를 하고 중국 만주와 내몽골, 화베이에 주둔하고 있는 일본 관동군을 공격했다. 일본 관동군은 모래성이 무너지듯 스르르 무너져 내렸고 1주일 뒤인 8월 15일, 일본은 무조건 항복을 선언했다.

주적인 일본군이 사라지자 국민 정부군과 중국 공산군 사이에 내전이 일어날 위험성이 높아졌다. 양쪽의 수장인 장제스와 마오쩌둥은 내전을 막기 위해 8월 29일부터 충칭에서 만나 협상을 벌였다. 1946년 1월 우여곡절 끝에 양쪽은 미국의 중재 아래 협정을 맺었고, 충칭에서 모든 정파가 참여하는 정치 협상 회의를 열기로 합의했다. 정치 협상 회의에서는 통일 정부를 수립하고 군제를 개혁하기로 결의했다. 그런데 국민 정부는 그해 3월 정치 협상 회의의 결정을 부인하고 6월에 대규모 병력을 동원하여 중국 공산군 점령 지역을 공격했다. 국민 정부군과 중국 공산군 사이에 전면적인 내전이 벌어진 것이다.

국민 정부는 충칭 정치 협상 회의의 결정을 폐기하고, 1946년 11월 난징에서 일방적으로 국민 대회를 열어 헌법을 통과시켰다. 전면전 초기에 국민 정부는 미국의 막대한 군사 원조를 바탕으로 중국 공산군 점령 지역의 중심지인 청더·장자커우·린이 등을 차례로 점령한 끝에, 1947년 3월에는 핵심 근거지인 옌안까지 점령했다. 1947년 4월, 국민 정부는 정부를 개조했다.

그러나 국민 정부의 초기 우세는 곧바로 뒤집혔다. 중국 공산군은 자신들의 점령지를 방어하는 대신 보다 넓고 물자가 풍부한 산시로 이동해 기동전과 유격전을 중심으로 대대적인 반격에 나섰다. 중국 공산당이 토지 개혁을 통해 인구 대부분을 차지하는 농민과 농촌을 장악하면서 국민 정부는 갈수록 고립되었다.

국민 정부의 부패와 악성 인플레이션, 재정 파탄, 소련의 암묵적인 중국 공산군 지원 등으로 전세는 1947년 가을부터 역전되었다. 1년여가 지난 1948년 12월에는 중국 공산군이 양쯔 강 연안까지 진출했다. 1949년 들어 장제스가 평화를 제안했지만, 때는 이미 늦었다. 중국 공산군은 중국을 석권한 뒤, 1949년 9월 중국 인민 정치 협상 회의를 소집하고 10월 1일 중화 인민 공화국의 수립을 선포했다. 장제스가 이끄는 국민 정부는 그해 12월, 타이완으로 피신했다.

중국에서 공산주의 혁명이 성공하면서 미국과 소련의 대립은 더욱 심해졌다. 미국은 전 세계적으로 공산주의 진영을 포위하고 봉쇄하기로 했다. 포위와 봉쇄를 통해 힘을 소진시킨 뒤, 대대적인 공격을 통해 공산주의 세력을 뿌리 뽑겠다는 장기적인 계획이었다.

중화 인민 공화국 수립
1949년 10월 1일, 중국 공산당 최고 지도자 마오쩌둥이 중화 인민 공화국의 수립을 선포하고 있다.

그런데 1949년 9월 소련이 원자 폭탄을 보유하고 있다는 사실을 공표하면서 전 세계, 특히 미국은 충격과 공포에 빠졌다. 미국이 더는 소련에 대해 전략적 우위를 점할 수 없게 된 것이다. 미국과 소련이 서로를 멸망시키기에 충분한 원자 폭탄을 가지고 있다는 사실은 '공포의 균형'을 낳았다.

이제 미국과 소련 사이에 전면전은 불가능해졌다. 두 나라 사이의 전면전은 미국을 맹주로 하는 자본주의 진영과 소련을 맹주로 하는 사회주의 진영 간의 제3차 세계 대전으로 이어질 게 분명했다. 전면전이 일어나면 승자도 패자도 없는 인류 멸망이 기다릴 뿐이다.

미국과 소련, 자본주의 진영과 사회주의 진영은 전면전 대신 자신들의 영향력을 넓히기 위해 세계 곳곳에서 경쟁했다. 경쟁은 그리스, 필리핀, 베트남, 한국 등 곳곳에서 국지전으로 나타났다.

대표적인 것이 6·25 전쟁이다. 애초에 한반도의 분단은 일본의 식민지였던 한국에 38도선을 경계로 미·소 양국의 군대가 진주하

면서 생겨났다. 미국과 소련의 경쟁이 본격화되면서 38도선은 점점 더 굳어졌고, 남한과 북한에 수립된 두 개의 정부는 서로를 향해 총부리를 겨눴다. 1949년 미·소 양군이 철수하면서 국지전이 900여 차례나 발생할 만큼 긴장감이 높아졌다. 결국 1950년 6월 25일 북한군의 전면 남침으로 6·25 전쟁이 시작되었고, 이는 곧 유엔군과 중국 공산군의 개입으로 이어졌다. 6·25 전쟁은 한국인의 가슴에 증오심만 심은 채 3년 만에 끝이 났고, 38도선 부근에서 현재의 군사분계선이 결정되었다.

전쟁을 거치면서 미국과 소련은 서로의 힘을 뼈저리게 깨달았다. 양 진영은 상대편에 조금이라도 균열을 내어 힘을 약화시키고

인천 상륙 작전
1950년 9월 15일, 미군 수송함들이 각종 무기와 군수 물자, 병력을 인천만에 내려놓고 있다. 맥아더가 이끄는 유엔군은 인천 상륙 작전으로 북한 인민군을 후방에서 차단해 전세를 단번에 역전할 수 있었다.

자 온 힘을 기울였다. 상대편에 스파이를 보내 첩보전을 벌이거나 상대편 진영의 국가를 자기편으로 끌어들이기 위해 온갖 노력을 다했다. 서로 더 나은 조건을 제시하기도 하고, 때로는 위협도 서슴지 않았다. 내 편이 아니면 적이라고 생각했기 때문이다.

이렇듯 미국과 소련이 서로 전면전을 벌이지 않으면서 세계 곳곳에서 자신들의 영향력을 넓히기 위해 벌인 경쟁을 냉전이라 한다. 미국을 중심으로 하는 자본주의 진영, 즉 서방 진영과 소련을 중심으로 하는 사회주의 진영, 즉 동방 진영이 대립했기에 동·서 냉전이라 일컫는다. 냉전은 화끈하게 맞붙는 뜨거운 전쟁, 전면전이 아니라 냉철하게 서로의 급소를 노리는 차가운 전쟁, 국지전과 정보전을 뜻한다.

냉전 시기에 유고슬라비아의 티토가 소련의 간섭에 반기를 들자 미국이 티토 정권에 원조를 해 주면서 그리스 공산주의자들에 대한 지원을 중단하도록 만들었다. 한편 소련은 아시아, 아프리카, 라틴 아메리카에서 제국주의로부터의 해방을 바라는 세력들을 지원해 미국과 자본주의 진영에 맞서도록 만들었다.

동·서 냉전 속 제3 세계의 등장

제2차 세계 대전을 거치면서 미국과 소련을 빼고 영국·프랑스·독일·이탈리아·일본은 초강대국의 지위를 잃고 몰락했다. 그렇다면 이들 나라가 다스리던 식민지는 어떻게 되었을까?

첫째, 제2차 세계 대전의 패전국인 독일·이탈리아·일본이 다스리던 식민지는 독립을 이루었다. 독일의 식민지는 없는 것이나 다름없었고, 이탈리아의 식민지인 리비아(1951년 독립), 소말리아(국제 연합의 신탁 통치를 받다 1960년 독립) 등은 독립을 이루었다. 일본의 식민지인 한국은 미군과 소련군의 진주로 분단되었고 타이완은 중국에, 사할린 섬 등은 소련에 반환되었다.

둘째, 영국과 프랑스 등 유럽 열강이 다스리던 아프리카와 아시아 대부분 식민지는 독립하지 못했다. 독립을 이루지 못한 식민지 주민들의 불만은 갈수록 높아졌다. 특히 독일과 이탈리아가 한때 점령한 북아프리카, 일본이 한때 점령한 동남아시아에서는 문제가 더욱 심각했다. 이들 지역의 식민지 주민들은 본국 군대가 독일이나 이탈리아, 일본 군대에 무참하게 패배해 포로로 잡히는 것을 보았다.

'본국 군대도 별것 아니다!'

본국 군대에 맞서 싸울 수 있다는 생각이 식민지 주민들의 가슴에 자리 잡았다. 전쟁이 끝난 뒤 본국 군대가 다시 들어오자, 이들 지역의 식민지 주민들은 독립을 위해 총을 들었다. 본국 군대와 식민지 주민 사이에 치열한 전투가 벌어졌다.

동·서 냉전 아래 서로 영향력을 넓히려던 미국과 소련에게 이 지역의 치열한 전투는 큰 문제였다. 소련은 식민지 주민들에게 무기와 자금을 댔다. 지원을 받은 식민지 주민들이 본국 군대를 몰아내는 데 성공한다면 새 정부는 소련 편이 될 게 뻔했다.

그런데 미국으로서는 소련처럼 식민지 주민들에게 무기와 자금을 댈 수가 없었다. 식민지 주민들이 싸우는 영국·프랑스·네덜란드·벨기에는 미국의 우방이기 때문이다. 그렇다고 본국을 도와 식민지 주민들에게 맞설 수도 없었다. 이긴다는 보장이 없었기 때문이다. 나아갈 수도, 후퇴할 수도 없는 처지였다.

궁리 끝에 미국은 영국·프랑스·네덜란드·벨기에를 설득하기로 했다. 연방을 이루어 협력의 끈을 튼튼히 한 다음, 식민지들을 독립시키고 기존의 경제 관계를 유지한다면 지금처럼 이익을 챙길 수 있다고 설득했다. 영국과 네덜란드, 벨기에는 미국의 충고를 받아들여 식민지를 차례차례 독립시켰다. 하지만 미국의 충고를 고깝게 생각한 프랑스는 끝까지 식민지를 지키려고 버둥거렸다.

태평양 전쟁 때 일본군은 독일의 도움을 받아 프랑스 괴뢰 정권인 비시 정부에게서 일본군의 베트남 주둔을 승인받았고, 베트남은 일본군이 동남아시아를 침략하는데 전초 기지가 되었다. 노르망디 상륙 작전으로 프랑스의 비시 정부가 무너지자 일본은 베트남에서 정변을 일으켜 프랑스의 군인과 관리들을 감금하고 베트남 제국을 수립해 프랑스로부터 독립시켰다.

베트남 독립 동맹은 인도차이나 공산당을 이끌던 호찌민의 지도 아래 1941년부터 일본과 프랑스에 대항해 전투를 벌이며 중국, 미국과 합동 작전을 수행하고 있었다. 그러던 중 1945년 8월 일본이 항복해 권력의 공백이 발생하자, 그 틈을 타 베트남 전역에서 들고일어났다. 그리하여 마침내 베트남 민주공화국을 수립하고 독립을 선언했다(8월 혁명).

그런데 얄타와 포츠담에서 연합국이 합의한 결과에 따라 중국군과 영국군이 베트남의 일본군을 무장 해제시키기로 하면서 베트남 북쪽에는 중국군이, 남쪽에는 영국군이 진주했다. 그러자 프랑스 임시 정부는 베트남의 독립운동을 진압하고 프랑스의 식민 통치를 재건하기 위해 프랑스 극동 원정군을 베트남에 보냈다. 영국과 중국은 함께 전쟁을 치른 동료인 프랑스의 설득에 따라 군대

호찌민
베트남을 프랑스로부터 독립시킨 공산주의 혁명가이다. 베트남인들은 '호 아저씨'라는 애칭으로 부른다.

를 철수시켰다.

프랑스 극동 원정군은 베트남 제국의 황제였던 바오 다이를 내세워 사이공에 괴뢰 정권을 세우고, 1946년 11월 20일 베트남 북부의 하이퐁을 폭격했다. 베트남 민주 공화국이 프랑스에 맞서 게릴라전을 수행하면서 프랑스와 베트남 사이의 전쟁은 8년간이나 계속되었다. 프랑스는 미국의 도움을 받아 베트남 인으로 이루어진 군대를 강화했지만, 독립을 향한 베트남 인의 의지를 꺾지는 못했다. 베트남 민주 정부군은 게릴라전을 통해 베트남의 농촌 지역을 사실상 장악하며 차근차근 프랑스군을 조여 나갔다.

프랑스군은 1953년 말 베트남과 라오스의 연결로를 차단하기 위해 디엔비엔푸에 1만 6,000여 명의 대군을 보냈다. 베트남 민주 정부군은 4만여 병력을 동원해 프랑스군을 포위했다. 보급로가 끊긴 프랑스군은 6개월간 저항하다가 1954년 5월 7일 항복했다.

디엔비엔푸 전투
디엔비엔푸는 베트남 북부 므엉타인 계곡에 있는 도시로, 2,000미터에 이르는 높은 산악과 밀림으로 둘러싸여 있다. 라오스 국경과 가까운 교통의 요지이다. 베트남 민주 정부군이 프랑스군을 포위하자 프랑스는 수송기로 군수 물자를 투하해야 했다. 사진은 1954년 5월 수송기에서 디엔비엔푸로 떨어지는 프랑스 공습 강하병의 모습이다.

아시아에서의 식민지 독립

아웅 산
미얀마의 독립 지도자이다.

영국은 1947년 인도와 파키스탄을, 1948년 스리랑카를 연방 일원으로서 분리 독립시켰다. 미얀마에서는 1942년 아웅 산이 버마 독립 의용군을 이끌고 일본군과 함께 영국군을 몰아내고 이듬해 버마(지금의 미얀마)를 건국했다. 1945년 일본의 패색이 짙어지자 버마 국민군은 정변을 일으켜 영국과 함께 일본군을 몰아냈다. 미얀마는 다시 영국령이 되었다가 1948년 버마 연방 공화국으로 독립했다.

말레이시아와 싱가포르는 태평양 전쟁 중 일본에 점령되었다가 1945년에 다시 영국령이 되었다. 그 후 1957년 말라야 연방으로 독립했다가 1963년 말레이시아로 이름을 바꾸었다. 1965년에 싱가포르가 말레이시아에서 독립했다.

네덜란드의 식민지였던 인도네시아는 1945년에 자치권을 얻은 뒤, 1949년 연방 공화국으로 독립했다.

말레이시아 독립 기념 조형물
일본과 영국에 맞서 무장 투쟁을 벌인 독립 투사들을 새긴 조각으로 말레이시아 쿠알라룸푸르 호수 공원에 있다.

5,000여 명이 죽거나 다치고, 1만여 명이 포로로 붙잡힌 굴욕적인 패배였다.

　미국을 비롯한 여러 나라는 1954년 5월 8일부터 제네바에서 프랑스와 베트남 민주 정부를 중재해 북위 17도선을 경계로 양쪽을 분리시켰다. 그런 뒤, 인도·캐나다·폴란드 대표들로 이루어진 위원단의 감시 아래 총선을 실시하여 통일 베트남 정부를 수립한다는 협정을 성사시켰다.

　프랑스는 베트남에서 패배한 뒤에도 식민지를 유지하려는 욕심을 버리지 않았다. 이번에는 북아프리카 알제리였다. 프랑스는 1942년 알제리를 직할 식민지로 만들어 지배를 강화했다. 이에 맞서 알제리 인들은 알제리 민족 해방 전선을 결성하고 무장 투쟁에 나섰다. 프랑스는 50만 명 이상의 육·해·공군을 동원하여 하루 평균 20억 프랑의 전비를 쓰며 알제리 민족 해방 전선 토벌에 나섰다. 그러나 알제리 인들의 독립 의지를 꺾을 수 없었다. 마침내 알제리 인들은 1962년 7월 5일 국민 투표를 거쳐 독립을 선포하고, 9월 알제리 인민 민주 공화국을 수립했다.

　알제리에서의 패배로 프랑스는 제4 공화국이 무너졌다. 체면도 구기고, 식민지도 잃고, 기존의 경제 관계도 다 끊긴 처참한 패배였다.

　1960년대 중반까지 아시아와 아프리카에서는 수많은 나라가 독립했다. 이들 신생 국가를 향해 미국과 소련은 동·서 냉전 아래 어느 편

독립에 환호하는 알제리 사람들
1962년 6월 3일, 알제리가 프랑스로부터 독립하자 알제리 사람들이 깃발을 들고 독립을 축하하고 있다. 독립 이틀 뒤인 6월 5일에 찍은 사진이다.

에 설 건지 결정하라는 압력을 가했다.

미국과 소련은 신생 국가들에게 너무나 버거운 상대였다. 그러나 백지장도 맞들면 나은 법이다. 신생 국가들은 미국과 소련의 압력에서 벗어나기 위해 한데 뭉치기 시작했다. 1955년 인도네시아 반둥에 아시아, 아프리카의 29개국이 모였다. 인도, 파키스탄, 스리랑카, 미얀마, 인도네시아, 캄보디아, 베트남, 중국 등이다. 이들은 동·서 어느 진영에도 가담하지 않고 중립을 지키면서 세계 평화에 앞장서겠다는 비동맹 노선을 결의했다. 이제 세계는 자본주의 진영의 제1 세계와 사회주의 진영의 제2 세계, 그리고 어디에도 속하지 않는 비동맹 진영의 제3 세계로 나뉘었다.

반둥회의

1955년 4월 18일부터 인도네시아 반둥에서 열린 아시아 아프리카 회의에서는 29개국 대표들이 비동맹 노선을 결의했다. 사진은 회의에 참석한 각국 정상들로 왼쪽부터 인도의 네루, 가나의 은크루마, 이집트의 나세르, 인도네시아의 수카르노, 유고슬라비아의 티토이다.

오마르 묵타르
이탈리아에 맞서 리비아의
독립운동을 이끌었다.

제2차 세계 대전이 끝난 뒤 독립을 이루려는 아프리카 인들의 열망은 북아프리카에서 거세게 타올랐다. 패전국 이탈리아의 식민지였던 리비아가 오마르 묵타르의 독립운동을 바탕으로 1951년 독립을 쟁취했고, 1952년에는 사실상 영국의 보호국이 었던 이집트에서 나세르가 자유 장교단을 이끌고 정변을 일으 켜 정치와 경제, 군사에서의 완전 독립을 이루었다. 나세르의 자유 장교단 운동은 아프리카 독립운동의 기폭제로 작용했다. 프랑스 식민지였던 북아프리카의 튀니지와 모로코도 1956년에 독립을 이루었다.

1957년 은크루마의 지도 아래 영국에서 독립한 가나는 이듬해 에 아프리카 국민회의를 열고 전 아프리카의 대표들이 모여 아 프리카의 해방과 통일을 추진하기 위한 '전 아프리카 국민회의'를 설립하기로 하였다. 아프리 카에서는 1960년에 17개국이 한꺼번에 독립하여 '아프리카의 해'라고 부를 정도였다. 프랑스 식민지였던 알제리는 8년간 프랑스와 무장 투쟁을 벌여 1962년에 독립을 쟁취했다.

1945년 5월 8일의 알제리 독립 시위
알제리 인들이 이슬람교도들을 중심으로 프랑스로부터의 독립을 선언하며 시위를 벌이자, 프랑스 군경이 무력 진압에 나서 1,500명 이상의 사망자가 발생했다. 다른 기록들에 따르면 사망자는 6,000~4만 5,000명에 이른다.

자본주의 대 사회주의

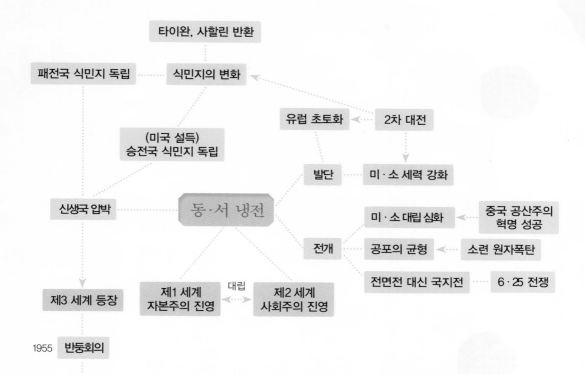

- 타이완, 사할린 반환
- 패전국 식민지 독립 ······ 식민지의 변화
- 2차 대전 → 유럽 초토화
- (미국 설득) 승전국 식민지 독립
- 미·소 세력 강화 ← 발단
- 동·서 냉전
- 신생국 압박
- 미·소 대립 심화 ← 중국 공산주의 혁명 성공
- 전개 → 공포의 균형 ← 소련 원자폭탄
- 전면전 대신 국지전 — 6·25 전쟁
- 제3 세계 등장
- 제1 세계 자본주의 진영 ← 대립 → 제2 세계 사회주의 진영
- 1955 반둥회의
- 인도, 파키스탄, 스리랑카, 미얀마, 인도네시아, 캄보디아, 베트남, 중국 등

똑똑하게 정리하는
착착 마인드맵

동서 진영의 체제 경쟁이 사회 복지에서도 나타나면서 두 진영의 노동자와 민중은 이전보다 훨씬 여유롭고 풍요한 생활을 누릴 수 있었다. 하지만 미국이 베트남 전쟁으로 재정 적자가 심해지고 아랍 이스라엘 전쟁 결과 석유 위기가 나타나면서 황금기는 끝났다. 미국과 영국은 신자유주의 정책을 통해 사회 복지를 줄여 나갔다.

체제 경쟁: 동·서 냉전 승리의 열쇠

동·서 냉전에서 승리하려면 무엇을 해야 할까? 자기 체제가 우월하다는 것과 상대 체제가 뒤떨어지고 잔악하다는 것을 널리 알려야 한다. 그래야 세계 여러 나라 사람들이 자기 체제를 동경하고 본뜨려 할 것이고 상대 체제를 혐오할 테니까.

동·서 냉전이 시작된 1940년대 말부터 미국과 소련, 자본주의 진영과 사회주의 진영 사이에 다음과 같은 체제 경쟁이 본격화되었다.

첫째, 신무기 경쟁이다. 미국이 세계 최초로 원자 폭탄을 개발해 히로시마와 나가사키에 사용했는데, 소련도 1949년 원자 폭탄 개발에 성공했다. 1952년에 미국이 원자 폭탄보다 폭발력이 수천 배 강한 수소 폭탄을 개발하자, 소련도 1953년에 수소 폭탄 개발에 성공했다. 비행기와 군함, 탱크, 대포 등 재래식 무기 경쟁도 점점 치열해졌다. 누가 더 강력한 무기와 군대를 보유하고 있느냐 하는 것은 가장 유용한 체제 경쟁 요소 중 하나였다. 자기 진영 국민의 자부심을 높이고, 지원받는 나라에 실질적인 도움도 줄 수 있다는 점에서 그러하다.

둘째, 우주 탐사 경쟁이다. 초기에는 소련이 경쟁을 주도했다. 1957년 최초의 인공위성 스푸트니크 1호가 지구 궤도 비행에 성공했고, 1961년에는 가가린이 보스토크 1호를 타고 1시간 48분 동안 지구 궤도를 비행했다. 미국도 이에 질세라 1969년 암스트롱이 아폴로 11호를 타고 달 착륙에 성공했다. 인류의 꿈이자 희망인 우주 탐사 및 개발은 전 세계 사람들에게 자기 체제의 우월성을 가장 효과적으로 보여 줄 수 있다는 점에서 갈수록 치열해졌다. 정찰 및 공격 위성 등 우주 무기의 개발 가능성이 높아졌다는 점도 경쟁을 부채질했다. 과학 기술 경쟁도 우주 탐사 및 개발 경쟁 못지않게 점점 치열해졌다.

셋째, 노동자와 농민 등 국민의 생활 수준 향상 경쟁이다. 이것이 체제 경쟁 중 가장 중요하다는 점은 더 말할 필요가 없을 것이다. 사회주의 진영은 자본주의 진영에서는 경제 공황과 부의 불평등한 배분으로 부익부 빈익빈을 피할 수 없기 때문에 노동자의 생

유리 가가린
지구 궤도를 처음 비행한
러시아의 우주 비행사

달 착륙에 성공한 아폴로 11호
아폴로 11호의 선장 님 암스트롱이
촬영한 버즈 올드린. 헬멧에는
암스트롱 자신의 모습이 비치고 있
다. 암스트롱은 "이것은 한 사람에
게는 작은 한 걸음이지만, 인류에
게는 위대한 도약이다."라는 말을
남겼다.

활 수준이 악화될 수밖에 없고, 따라서 노동자들이 혁명을 일으켜 자본주의를 멸망시키는 것은 필연이라고 주장했다. 반면 자본주의 진영은 사회주의 진영에서는 잘 먹고 잘살려는 국민의 욕망을 죄악시하기 때문에 열심히 일할 필요를 느끼지 못하고, 따라서 생산성이 낮아 당 관료 일부만 잘 먹고 잘살 뿐 국민은 헐벗고 굶주릴 수밖에 없다고 주장했다. 이러한 상대 진영의 공격이 잘못되었음을 증명하기 위해서라도 두 진영은 국민의 생활 수준 향상에 온 힘을 기울였다.

사회주의와 자본주의의 황금기

우선 소련을 비롯한 사회주의 진영에서는 노동자의 노동 조건과 복지에 많은 신경을 썼다. 소련을 예로 들어 보자. 노동자들은 국가로부터 집을 무상으로 제공받았다. 1950년대 이후 실업률이 0.1퍼센트로 완전 고용을 이루어 해고될 걱정이 없었다. 1968년부터는 주 35시간 근로제가 법으로 지켜졌다. 노동자들은 옷, 식량, 비누 등을 값싸게 배급받았다. 무상 교육과 무상 의료 제도가 발달해 11년제 의무 교육과 대학 교육, 병원 진료가 무료였다.

　이러한 복지는 노동자들의 높은 생산 수준을 전제로 한다. 소련에서는 이 문제를 당과 국가, 사회를 위해 헌신하는 이타적 삶을 강조하는 교육과 노력 경쟁 운동으로 해결했다.

　아울러 중화학 공업 중심의 소련과 경공업·농업 중심의 동유럽 국가들 간 사회주의적 교역은 사회주의 진영의 경제 발전에 큰 도움이 되었다. 소련이 석유와 석유 화학 제품을 국제 가격보다 싸게 팔고, 경공업 제품과 농산물을 국제 가격보다 비싸게 사 주면서 사회주의 진영의 결속이 군건해졌다.

그런데 원조나 마찬가지인 사회주의적 교역은 소련의 생산 수준이 계속 높아질 것을 전제로 한다. 만약 소련의 생산 수준이 계속 높아지지 않는다면 사회주의 진영의 결속은 크나큰 위기를 맞게 되리라는 것이 불을 보듯 훤했다.

다음으로 미국과 유럽, 일본 등 자본주의 국가들도 노동 조건 향상과 복지에 관심을 기울이기는 마찬가지였다. 다행히도 제2차 세계 대전 후 선진국들은 엄청난 호황을 누렸다. 유럽 주요 국가들의 생산 시설이 전쟁으로 잿더미가 되었기 때문이다.

이번에는 제1차 세계 대전의 교훈을 되새겨 보복주의가 사라졌기 때문에 패전국인 독일, 이탈리아, 일본이 천문학적인 전쟁 배상금을 물지 않아도 되었다. 그다지 많지 않은 전쟁 배상금도 얼마 가지 않아 절반 이상 탕감되었다. 이들로부터 피해를 본 국가들에 미국이 원조나 차관을 제공하면서 설득한 결과이다.

영국, 프랑스, 독일, 이탈리아 등 유럽 주요 국가들은 마셜 플랜을 통한 미국의 원조와 차관에 힘입어 빠르게 전쟁의 상처를 씻고 생산 시설을 복구했다. 엄청난 수의 젊은이들이 군 복무를 마치고

루마니아의 체조 선수 코마네치
나디아 코마네치는 14세에 1976년 몬트리올 올림픽에서 사상 최초의 10점 만점 연기로 금메달 3개, 은메달 1개, 동메달 1개를 획득했다. 소련 등 사회주의 국가들은 스포츠를 통해서도 사회주의가 자본주의보다 우월하다는 것을 전 세계에 알리려 노력했다. 이는 엘리트 스포츠에 대한 국가적 지원을 낳았고, 성적 지상주의로 이어졌다. 사회주의 국가들은 올림픽이나 세계 선수권 대회 등에서 더 많은 금메달을 따기 위해 선수 개개인에게 학대 수준의 훈련을 시키고, 경기력을 높이는 금지 약물을 복용시켜 여러 차례 큰 파문을 일으켰다.

사회에 진출했는데도 유럽 주요 국가들의 실업률은 빠르게 내려갔다.

가끔 불황이 찾아왔지만 1929년 세계 대공황과 같은 파국은 오지 않았다. 세계 대공황에서 교훈을 얻은 미국과 유럽 주요 국가들이 경제에 적극적으로 개입했기 때문이다. 공황의 그림자가 조금만 드리워져도 국가는 돈을 풀고 공공사업을 일으켰다. 경기가 너무 과열돼 보이면 국가는 돈줄을 죄고 공공사업을 축소했다. 국가의 적극적인 개입으로 '보이지 않는 손'이 사라지고, 자본주의는 '수정'되었다.

국가는 또한 노동 조건과 임금 향상에 관심을 기울였다. 임금과 노동 조건에 대한 법적 규제 때문에 낮은 임금과 열악한 노동 조건에 바탕을 둔 섬유나 신발, 가발 등 한계 산업은 임금이 낮은 저개발국으로 이전되었다. 일자리가 줄어들 법했지만, 과학 기술의 발전에 힘입어 자동차 산업과 항공 산업, 석유 화학 산업, 전기·전자 산업에서 새로운 상품들을 쏟아내기에 좋은 일자리도 새로 생겨났다.

노동자가 부족하니 임금이 오르고 노동 조건이 개선되었다. 소득이 높아지고 여가가 늘어난 노동자들은 소비를 늘렸다. 물건을 만드는 족족 불티나게 팔려 나갔다. 기업은 늘어난 이익을 연구 개발 및 설비 투자에 쏟아 부었다. 그야말로 선순환이었다.

국가는 임금이 너무 빨리 오르는 것을 막기 위해 외국에서 노동자들을 이민 등의 형식으로 들여왔다. 이민자들은 국내 노동자들이 꺼리는 더럽고 힘들고 위험한 일을 맡았다. 그래도 이들은 고국에서보다 훨씬 높은 임금을 받았고, 자식들에게 수준 높은 교육을 시킬 수 있어 불만이 거의 없었다. 이른바 '아메리칸 드림', '유러피언 드림'이었다. 이민자들은 고국에 선진국 자본주의 체제의 우월성을 널리 알리기도 했다.

세계 대공황과 제2차 세계 대전으로 높아진 세율은 여전했다. 최고 소득세율이 웬만하면 70퍼센트를 넘었고, 90퍼센트를 넘는 때도 있었다. 호황에다 세율도 높으니 국가의 세금 수입이 늘어만 갔다. 국가는 날로 늘어나는 재정을 바탕으로 촘촘한 사회 안전망을 구축했다. '요람에서 무덤까지' 개인의 생활을 책임지게 된 것이다.

이처럼 제2차 세계 대전 직후부터 1970년대 초반까지는 사회주의도, '수정' 자본주의도 황금기를 맞았다.

1960년대 이후 선진국은 연구 개발 · 디자인 · 마케팅 · 외주 관리 · 중간 제품 조달 등 고부가가치 부분을 맡고, 저개발국은 단순 생산만 맡는 **국제 분업 구조**가 정착되었다. 나이키나 바바리 등이 이를 잘 보여 준다.

중간 계급을 위한 거주지
미국과 유럽 등에서는 승용차를 가진 중간 계급의 편의를 살린 주거지가 많이 개발되었다. 이들 주거지는 황금기의 번영을 상징한다.

민족주의에 기반한 저개발국의 도전

황금기가 유지되기 위해서는 전제 조건이 있었다. 석유·석탄·석회석·철·비철 금속·면화·고무 등 공업 원료와 밀·옥수수·쌀·감자 등 곡물, 쇠고기·돼지고기·닭고기·우유·유제품·양털 등 축산물, 오렌지·바나나·파인애플·커피·차·설탕 등 기호 식품이 값싸고 안정적으로 공급되는 것이다. 그 가운데 특히 석유와 식량의 공급이 가장 중요했다.

이들 공업 원료와 식량, 기호 식품을 값싸고 안정적으로 공급받으려면 무엇이 필요할까? 석유와 식량은 많은 부분 아시아, 아프리카, 라틴 아메리카의 저개발국(이전에는 식민지, 반식민지, 종속국이었다)에서 생산되고 있었다. 그러므로 이들 생산국이 미국과 유럽 주요 국가들을 잘 따라 주어야 했다. 자국과 자국민의 이익을 우선하려는 태도를 보이거나 미국과 유럽에 반감을 갖는다면 값싸고 안정적인 공급 구조가 흔들릴 것이기 때문이다.

미국과 유럽은 저개발국의 지도자들을 힘으로 위협하거나 돈으로 매수해 값싸고 안정적인 공급 구조를 유지하려 했다. 하지만 이들 나라의 지도자가 미국과 유럽 편에 서서 국익을 좀먹자, 그런 지도자에 반감을 갖는 국민이 갈수록 늘어났다. 이러한 반감을 바탕으로 1950년대 초반 북아프리카와 서남아시아에서 정치적 격변이 일어났다.

이란과 이집트

영국이 가진 최대의 해외 자산으로 평가받던 영국-이란 석유 회사(7대 석유 메이저 중 하나인 영국 석유회사의 전신)는 1950년 2억 파운드의 이익을 거뒀다. 당시 지분의 49퍼센트를 소유한 이란 정부에는 광구 사용료와 세금, 이윤을 모두 합쳐 고작 1,600만 파운드만 냈다. 전체 이익의 8퍼센트에도 미치지 못하는 수준이다. 하지만 지분의 51퍼센트를 소유한 영국 정부에는 세금으로만 5,000만 파운드를 냈다.

심지어 이란은 유전을 가지고 있음에도 국민들이 영국보다 훨씬 비싼 가격에 석유를 사야 했다. 이란 국민은 이런 불공평한 현실과 영국의 오만한 태도에 분노했다. 이란 국민은 이란의 국익을 우선하는 민족 전선당의 모사데크를 총리로 뽑아 영국의 이익을 우선하는 국왕 레자 팔레비 샤를 응징했다.

1951년 모사데크 총리는 영국-이란 석유회사의 영국 지분을 몰수해 국유화했다. 알짜 재산을 고스란히 빼앗기게 된 영국 정부는 유전을 장악하고 모사데크 총리를 축출하기 위해 군대를 파견하려 했다. 영국 국방부 장관은 "이란을 내버려 두면 이집트와 다른 중동 국가들이 용기를 얻어 수에즈 운하를 국유화하는 모험에 나설 것"이라며 경고했고, 외무 장관은 "원주민들을 소탕하러 나설 날만 손꼽아 기다린다."고 공언했다. 하지만 영국은 한국, 말레이, 이집트에서 치열한 전투를 벌이느라 이란에 파견할 군대가 모자랐다.

이때 나선 것이 미국 중앙정보부(CIA)였다. 중앙정보부는 중동

모사데크 총리
영국-이란 석유 회사의 영국 지분을 몰수해 국유화함으로써 이란의 자주적인 경제 발전의 재원으로 삼으려 했다.

내 우호 세력의 동요를 막기 위해 영국군의 투입을 막는 한편, 모사데크 정부를 뒤엎기 위한 비밀 작전도 준비했다.

우선 영국과 함께 이란 석유의 수출을 봉쇄했다. 경제의 젖줄인 석유 판매가 막히면서 이란은 혼란에 빠졌고, 중앙정보부는 이 틈을 파고들어 팔레비 국왕과 군대를 동원해 군사 정변을 일으켰다. 분노한 군중이 모여들면서 군사 정변은 실패했지만, 중앙정보부의 준비는 훨씬 치밀했다. 중앙정보부가 돈으로 매수한 폭도들이 모사데크에 반대하는 폭력 시위를 벌인 것이다. 폭력 시위는 유혈 폭동으로 비화되었고, 팔레비 국왕은 유혈 사태 진압을 빌미로 군대를 투입했다. 군대는 곧바로 정부 기관에 난입해 모사데크를 체포했다. 모사데크 정부는 무너졌고 석유 국유화 조치는 철회되었다.

이란의 석유 국유화를 둘러싼 갈등은 영국 국방부 장관의 우려대로 정치적 급변으로 이어졌다. 영국의 보호국이었던 이집트에

서 1952년 나세르가 군대 내 비밀 결사인 '자
유 장교단'을 이끌고 군사 정변을 일으킨 것이
다. 나세르는 2,000년간 떠나 있던 유대인들을
이집트의 코앞에 불러 모아 이스라엘을 건국하
도록 도와준 영국과 미국을 용서할 수 없었다.
나세르와 자유 장교단은 군주정을 폐지하고 아
랍 사회주의를 표방하며 외국계 은행, 보험사,
공장 등을 몰수해 국유화했다. 또한 범아랍주의
에 따라 알제리 등의 식민지 독립운동을 지원했다.

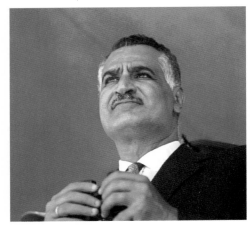

나세르
나세르의 자유 장교단 운동은
신생 국가의 국가 건설 운동과
군인들에게 많은 영감을
주었다. 1961년 한국에서
5·16 군사 정변을 일으킨
박정희 소장이나 리비아에서
군사 정변을 일으킨 카다피
중위가 대표적인 예이다.

　그러자 미국은 원조를 중단했고, 이에 맞서 나세르는 1956년 수
에즈 운하를 국유화했다. 수에즈 운하는 단순한 수송로가 아니라
유럽과 아시아를 잇는 생명 줄이었다. 영국과 프랑스는 공수 부대
를 동원해 수에즈 운하를 무력으로 점령했다. 이스라엘도 이에 발
맞춰 이집트를 침공해 제2차 중동 전쟁이 터졌다. 나세르의 이집
트는 사면초가에 몰렸으나, 바로 이때 나세르가 추진해 온 비동맹
외교 노선이 빛을 발했다. 소련과 동유럽 국가들은 물론 중국, 인
도, 인도네시아 등 비동맹 국가들이 유엔 총회에서 한목소리로 영
국과 프랑스, 이스라엘의 이집트 침공을 비난하며 유엔군 파견을
결의한 것이다. 유엔군 파견이 눈앞에 다가오자 영국과 프랑스, 이
스라엘은 이집트로부터 군대를 철수할 수밖에 없었다.

　이를 통해 나세르는 아랍 민족주의의 영웅으로 떠올랐고, 영국
과 프랑스는 중동 지역에서 행사하던 영향력을 거의 잃었다. 이를
보고 용기를 얻은 아프리카 식민지 주민들 사이에서도 독립 열망

이 거세게 불타올라 수많은 나라가 독립을 이루었다.

쿠바

중동에서 타오르기 시작한 민족주의의 불길은 바다 건너 라틴 아메리카로 옮겨 갔다. 라틴 아메리카는 은, 구리, 석유 등 지하자원이 풍부한 데다 설탕, 커피, 담배, 열대 과일 등 기호 식품과 쇠고기의 보고이기도 했다.

라틴 아메리카는 19세기 초에 에스파냐와 포르투갈로부터 독립했지만, 정치와 경제 면에서 미국에 종속되어 정상적인 발전을 이루지 못한 상태였다. 미국의 돈에 매수되거나 협박에 굴복한 정치인들은 비교 우위를 들먹이며 대규모 농장에서 사탕수수나 커피나무, 열대 과일 등을 재배해 수출하고 주식인 옥수수를 해외에서 수입하는 게 낫다고 주장했다. 이들은 석유나 은, 구리 같은 지하자원에 대해서도 마찬가지 주장을 폈다. 제조업에 대해서도 자립적이고 균형 잡힌 발전보다는 경쟁력 있는 일부 경공업을 발전시켜 수출 주도형 성장을 이뤄야 한다고 주장했다.

그 결과, 라틴 아메리카에서는 대농장(아시엔다)을 중심으로 몇몇 수출 작물만 대량 재배하는 플랜테이션 농업이 성행했다. 기호 식품의 대량 재배는 공급 과잉과 국제 가격의 폭락을 불러왔다. 반면에 주식인 옥수숫값은 꾸준히 올랐다. 인구의 대다수를 이루는 농민과 노동자들의 생활은 크게 악화되었다. 미국과 미국에 매수된 지도자들을 향한 노동자와 농민의 불만이 곳곳에서 터져 나왔다.

대표적인 곳이 카리브 해의 섬나라 쿠바였다. 1898년 미국과 에스파냐의 전쟁에 힘입어 독립을 쟁취한 쿠바는 사실상 미국의 식민지나 다름없을 만큼 미국의 영향을 많이 받았다.

미국은 쿠바에 사탕수수 농장과 제당 공장, 담배 농장과 시가 공장을 건설했으며 카지노와 환락가를 만들어 휴양지로도 활용했다. 더 나은 미래를 꿈꾸던 사람들은 식량 자급과 다채로운 제조업 발달에 바탕을 둔 자주적이고 자립적인 쿠바를 건설하려면 미국의 간섭에서 벗어나야 한다고 생각했다. 그러려면 우선 미국의 총독부나 다름없는 낡고 부패한 쿠바 정부를 무너뜨려야 했다.

1953년 7월 26일, 바티스타 군부의 독재에 맞서 160여 명의 경무장 반군이 몬카다 병영을 습격했다. 그중 5명은 교전 중 전사했고 56명은 붙잡혀 고문당한 뒤 처형되었다. 반군 지도자인 피델 카스트로와 라울 카스트로 형제는 생포되어 재판에 넘겨졌다. 피델 카스트로는 15년형을, 동생인 라울은 13년형을 선고받았다.

바티스타 정부는 정치적 위기를 타개하기 위해 1955년 모든 정치범을 석방했다. 카스트로 형제도 이때 예수회의 도움으로 풀려났다. 카스트로 형제는 감시가 심한 쿠바에서는 혁명을 준비할 수 없다고 생각해 멕시코로 갔다. 그곳에서 군사 훈련을 받으면서 아르헨티나 출신 의사로 라틴 아메리카 혁명을 꿈꾸던 에르네스토

피델 카스트로
변호사였던 피델 카스트로는 스스로 변론에 임해 다음과 같은 말로 변론을 끝맺었다. "역사가 나를 용서할 것이다." 이 말은 세계에서 가장 유명한 변론으로 꼽히기도 한다. 사진은 1960년 9월 22일 피델 카스트로가 유엔 본부를 방문해 각국 대표들과 환담하는 모습이다.

미국은 1901년에 쿠바로부터 쿠바 섬 관타나모 만에 해군 기지 건설권을 얻은 뒤 지금까지 **해군 기지**를 운영하고 있다. 하지만 쿠바 정부는 관타나모 해군 기지를 쿠바 영토에 대한 불법 점거라고 주장하며 반환을 요구하고 있다.

체 게바라 등 혁명 동지들을 규합했다.

1956년 카스트로가 이끄는 혁명 동지 82명은 '그란마'라는 이름
의 요트를 타고 쿠바로 향했다. 이들은 '7월 26일 단'과 손잡고 반
란과 총파업을 일으켜 바티스타 정부를 무너뜨리려 했다. 하지만
12~25명이 승선할 수 있는 요트에 무려 82명이 탄 데다 항해 훈
련도 제대로 받지 않은 상태여서 예상보다 이틀이나 늦게 도착했
다. 그 바람에 7월 26일 단과 합류하지 못했고, 쿠바 남동부의 시
에라 마에스트라 산맥으로 향했다. 바티스타 군대가 3일 만에 카
스트로 일행을 공격했고, 카스트로 일행은 겨우 12명만 남아 산맥
에 도착했다. 이들은 산맥 부근 농민들의 도움으로 게릴라 군대를
재건했다.

체 게바라
20세기 패션의 아이콘으로
떠오른 체 게바라의 사진이다.
아르헨티나의 의사였던
체 게바라는 쿠바를 비롯해
아프리카와 라틴 아메리카에서
혁명 투쟁에 앞장서다 1967년
볼리비아에서 총살당했다.

카스트로 반군은 미국인과 백인 대농장주의 땅을 빌려 소작을
짓는 농민들 속에 세력을 넓혀 나가 산맥 전체를 자신의 지배 아
래 두었다. '해방구'가 만들어진 것이다. 카스트로 반군은 1958년
에 만든 '반란군 라디오'라는 해적 방송을 통해 쿠바 국민에게 자
신들의 존재를 널리 알렸다.

1958년, 카스트로 반군을 눈엣가시처럼 생각한 바티스타 정부
는 1만 2,000여 명의 병력을 투입해 소탕 작전에 나섰다. 200여
명에 불과한 카스트로 반군은 소작 농민들의 도움을 바탕으로 군
대의 포위망을 뚫고 살아남았다.

카스트로 반군은 소탕 작전의 실패로 사기가 떨어진 정부군을
향해 반격에 나서 네 방향으로 진격했다. 카스트로 반군은 다른
반군과 연합해 곳곳에서 대승을 거두었다. 정부군의 잇따른 패배

7월 26일 단은 몬카다 병영
습격에 동조하던 쿠바 국내의
혁명가 집단으로 카스트로와
긴밀한 관계를 맺고 있었다.

소식에 두려움에 떨던 바티스타는 결국 1959년 1월 1일, 도미니카 공화국으로 도주했다. 마침내 카스트로 반군은 1959년 1월 8일 쿠바의 수도 아바나를 점령했다.

카스트로는 토지 개혁을 실시하고, 제조업 시설을 국유화하며, 카지노 등 도박 산업을 금지했다. 졸지에 앞마당 정원을 빼앗긴 미국은 카스트로 정부를 무너뜨리려고 미국 내 쿠바의 재산을 동결하고 쿠바와의 무역을 금지하는 등 갖은 압박을 가했다. 우선 쿠바 경제의 젖줄인 설탕 산업을 마비시켜 카스트로 정부에 대한 불만을 고조시킨 뒤, 망명 쿠바 인들을 무장시켜 카스트로 정부를 전복하려는 계획이었다.

하지만 토지와 제조업 시설의 주인이 된 농민과 노동자들은 카스트로를 굳건히 지지했다.

1961년 미국이 망명 쿠바 인 부대를 피그스 만에 상륙시켰지만, 쿠바 국민의 신고와 쿠바 군대의 신속하고 과감한 작전으로 아무 성과도 거두지 못했다.

이때 소련과 사회주의 진영은 미국과 자본주의 진영의 경제 봉쇄를 뚫고 카스트로 정부에 도움의 손길을 내밀었다. 미국과 자본주의 진영에 수출할 수 없어 산더미처럼 쌓인 설탕을 비싼 값에 사 주고 쿠바가 절실히 필요로 하는 각종 기계와 무기, 석유 등을 우호 가격으로 싸게 판 것이다.

소련은 한 걸음 더 나아가 쿠바에 미사일 기지를 건설했다. 미국 본토를 초토화할 수 있는 미사일이 미국 코앞에 배치된 셈이다. 이렇듯 미국과 소련의 대결이 극한으로 치달으면서 제3차 세

계 대전의 먹구름이 세계를 뒤덮었다. 결국 소련이 쿠바에서 미사
일을 철수하고 미국이 쿠바의 안전을 보장하는 방식으로 타협이
이루어지면서 위기는 가라앉았다.

쿠바 혁명은 라틴 아메리카라는 호수에 커다란 파문을 일으켰
다. 미국의 지배와 종속에서 벗어나려는 움직임이 라틴 아메리카
전역으로 번져 나갔다.

베트남 전쟁으로 촉발된 위기의 조짐

미국의 보다 근본적인 위기는 베트남에서 시작되었다.

냉전이 격화되면서 미국은 이란, 이집트, 쿠바, 알제리 등 식민지나 종속국에서의 정치·경제적 독립운동을 세계 적화를 노리는 소련의 비밀 작전으로 바라보았다. 베트남이 무너지면 캄보디아와 라오스가 연달아 무너지고, 타이·말레이시아·싱가포르·인도네시아·필리핀까지 도미노처럼 줄줄이 무너질 거라고 본 것이다. 도미노 이론이었다.

베트남을 사수해야 동남아시아 전체의 적화를 막을 수 있다고 생각한 미국은 1954년 패배한 프랑스를 대신해 베트남에 개입했다. 베트남에서는 제네바 협정에 따라 1956년 전체 자유 총선거를 치를 예정이었다. 미국은 고 딘 디엠이 이끄는 남베트남 정부로 하여금 이 선거를 거부하도록 만들었다. 자유 총선거를 치르면 미국이 영향력을 행사하는 남베트남 정권이 질 게 뻔했기 때문이다.

프랑스를 몰아내고 통일 정부를 수립할 기회를 놓친 베트남 인들은 통일을 가로막는 남베트남 정부를 규탄했다. 고 딘 디엠 정부는 갈수록 궁지에 몰렸지만, 미국은 이에 아랑곳하지 않고 고 딘 디엠 정부에 엄청난 원조를 퍼부었다. 원조를 지렛대로 잘 먹고 잘살면 통일에 대한 갈망도 줄어들 것이고, 한 걸음 더 나아가 북베트남까지 흡수할 수 있으리라 생각한 것이다.

하지만 고 딘 디엠 정부는 미국의 예상보다 훨씬 더 부패하고 무능했다. 미국의 원조를 빼돌려 자기 배만 불렸고, 남베트남 국민은 원조의 혜택을 전혀 누리지 못했다. 더군다나 프랑스에서 유학하며 가톨릭 신자가 된 고 딘 디엠은 가톨릭교도들로 고위직을 채워 대다수 국민이 믿는 불교를 차별하고 무시했다. 이에 항의하는 불교도들을 붙잡아 감옥에 가두고 고문해 죽이기까지 했다.

국민의 분노는 활활 타올랐고, 남베트남의 공산주의자들은 이를 양분으로 삼아 급격히 세력을 키워 나갔다. 남베트남 공산주의자들은 고 딘 디엠의 독재와 미국의 개입에 반대하고 베트남의 통일을 바라는 정치 세력을 규합해 1960년 베트남 민족 해방 전선을 결성했다. 그리고 현 정부를 무너뜨리기 위해 파업, 태업, 철시, 동맹 휴학, 시위 등은 물론 요인 암살과 공공기관 공격에도 앞장섰다. 이로써 전후방이 따로 없는 게릴라전이 시작되었다.

남베트남의 공산 게릴라(베트콩)를 약화시키려면 강력한 군대를 양성할 수밖에 없다고 본 미국은 1960년 900명에 불과하던 군사고문단을 1만 1,000명으로 늘렸다. 그래도 베트콩의 세력은 점점 커져만 갔다.

미국과 남베트남 군부는 고 딘 디엠을 그냥 두고서는 남베트남의 공산화와 통일을 막을 수 없다고 생각했다. 남베트남 군부는 1963년 군사 정변을 일으켜 고 딘 디엠을 죽였다. 하지만 40만 명의 병력을 보유한 남베트남 군부도 부패하고 무능한 데다 욕심 많기는 매한가지였다. 권력을 차지하기 위한 장성들의 암투로 군사 정변이 거듭되면서 정치적 혼란이 극에 달했다. 남베트남 군부가 정치권력의 수렁에 빠져 허우적대는 동안 베트콩의 공격은 더욱 거세졌다.

미국은 베트콩의 배후인 북베트남을 직접 공격하지 않고서는 베트콩 토벌에 성공할 수 없다고 보았다. 하지만 군대를 투입해 북베트남을 공격하려 해도 명분이 없었다.

1964년 8월에 때마침 통킹 만 해상에서 북베트남 해군 어뢰정 3척이 미 해군 구축함을 공격하는 일이 벌어졌다. 미군은 이를 빌미로 북베트남을 폭격하는 한편, 지상군 투입을 서둘렀다.

1965년 6월, 미군 5만 명이 남베트남에 도착했다. 미군이 베트콩 토벌 작전에 투입되었지만, 베트콩은 갈수록 많은 농촌 지역을 장악했다. 미군의 우세한 화력과 헬리콥터를 통한 신속한 병력 배치로도 밀림과 농촌 마을에 숨어 기습하는 베트콩을 막을 수 없었다. 미국은 점점 더 많은 미군을 베트남에 투입할 수밖에 없었다. 남베트남에 주둔한 미군은 1965년 말 18만 명, 1967년 38만 9,000명, 1969년 54만 명으로 늘어났다. 미국이 지휘하는 병력은 미군과 남베트남 정부군, 한국군을 비롯한 동맹국 군대를 합쳐 120만 명에 육박했다.

하지만 이 많은 병력으로도 베트콩의 1968년 구정(설) 대공세를 막을 수 없었다. 베트콩은 구정에 맞추어 남베트남의 36개 지방 중심도시와 5개 주요 도시를 공격했다. 3만 3,000명이 전사하

베트콩
1966년 베트콩 전사들이 작전을 위해 보트를 타고 이동하고 있다.

한국은 미국 다음으로 많은 병력을 베트남 전쟁에 보냈다. 1964년부터 8년 동안 32만 5,517명을 파병했고, 1966~1971년에는 **한국군** 4만 5,000~5만 명이 베트남에 주둔했다. 베트남 전쟁으로 한국군은 5,099명이 전사하고 1만 1,232명이 부상을 입었다. 고엽제에 의한 피해자 수도 2007년 기준 15만 9,132명이나 되었다.

통킹 만 사건의 진실

미국은 북베트남 해군이 8월 2일과 8월 4일, 두 차례에 걸쳐 미 해군을 공격했다고 발표하며 북베트남 폭격과 지상군 투입의 명분으로 삼았다. 하지만 통킹 만 사건은 발생 당시부터 미국이 베트남 전쟁에 전면 개입하기 위해 벌인 자작극으로 의심받았다.

통킹 만 사건의 출발점
1964년 8월 2일, 빠르게 다가오는 북베트남 어뢰정 3척을 매덕스 호에서 촬영한 사진이다.

1964년 8월 2일, 미 해군의 구축함 매덕스 호가 북베트남 근해에 접근해 군사 작전을 벌였다. 북베트남 근해 여러 섬에서의 상륙 작전으로 신경이 날카로워진 북베트남 해군이 매덕스 호를 공격하면서 교전이 벌어졌다. 교전 결과 북베트남은 어뢰정 1척이 침몰하고 2척이 대파되었으며, 10여 명의 사상자가 발생했다. 하지만 미국은 거의 아무런 피해도 입지 않았다. 그럼에도 북베트남 해군의 공격을 받은 미 해군은 8월 3일 구축함 터너제이 호를 증파해 매덕스 호를 돕도록 했다.

8월 4일 미국은 미 해군 구축함들이 북베트남 해군의 어뢰 공격을 받았다고 발표했다. 음파탐지병이 북베트남 어뢰정의 어뢰 발사음을 들었고, 터너제이 호가 대응 사격에 나서 북베트남 해군과 두 번째 교전을 벌였다는 것이다. 그런데 음파탐지병이 들은 것은 매덕스 호의 스크루가 도는 소리였고, 터너제이 호가 사격한 곳은 매덕스 호 부근이었다. 공격을 받은 매덕스 호는 북베트남 해군의 사격으로 착각해 대응 사격에 나섰다. 서로 오인해 벌어진 소동이었다. 하지만 미 정부는 이 소동조차 베트남의 공격으로 둔갑시켜 전쟁 확대의 길로 나아갔다.

베트남 전쟁이 막바지에 다다른 1971년 6월, 《뉴욕타임스》가 놀라운 사실을 보도했다. 700쪽에 달하는 『펜타곤 페이퍼』를 입수하여 분석한 결과 두 번째 교전 자체가 없었음에도 미 국가안보국(NSA) 간부들이 8월 4일 어뢰 공격을 받았다는 허위 보고를 올렸고, 미 정부가 이 보고에 근거해 북베트남 폭격과 지상군 투입을 결정했다는 내용이었다. 2005년 기밀 해제된 국가안보국의 보고서에도 8월 4일 어뢰 공격 자체가 없었다고 기록되어 있다. 어느 단계에선가 보고가 왜곡되었고, 미국은 왜곡 보고를 바탕으로 북베트남 폭격과 지상군 투입을 결정한 것이다.

는 등 큰 피해를 입었지만 전략적으로 중요한 효과를 올렸다. 구정 대공세를 지켜본 미국인들 사이에서 전쟁을 반대하는 여론이 급 격히 높아진 것이다.

미국인들은 미군의 어마어마한 물량 공세에도 베트콩은 여전히 건재하며, 이런 상태라면 전쟁이 한없이 계속되리라는 것을 깨달 았다. 그에 반해 미국이 왜 별다른 가치도 없는 베트남의 밀림에 집착하는지, 언제까지 젊은이들이 밀림에서 아까운 목숨을 잃어

베트콩 아지트 폭격
1965년 미군이 남 베트남 수로를 따라 지은 베트콩 아지트를 폭격하고 있다. 게릴라전에 적합한 베트남의 지형과 기후를 잘 보여 주는 사진이다.

야 하는지, 용감하고 정의로운 미군이 왜 베트남 농촌 마을을 습격해 남녀노소 가리지 않고 학살하는지, 국민의 세금으로 언제까지 막대한 전비를 메워야 하는지 알 수 없었다.

미국인들은 전쟁 반대와 평화를 주장하며 청년 학생들을 중심으로 평화 행진, 시위, 시민 불복종 운동을 벌였다. 수많은 젊은이가 군대 대신 감옥을 택했다. 그중에는 역사상 최고의 권투 선수로 칭송받는 캐시어스 클레이(무하마드 알리)도 있었다.

결국 미국은 '아시아의 방위는 아시아 인의 힘으로 한다'는 닉슨 독트린을 발표해 베트남 전쟁에서 서서히 손을 뗐다. 1975년 4월 30일, 남베트남 정부는 무조건 항복을 선언했고 북베트남군과 베트콩이 남베트남의 수도 사이공을 아무런 저항 없이 점령했다. 1976년 7월 2일, 베트남은 하노이를 수도로 하는 베트남 사회주의 공화국으로 통일되었고, 사이공은 호찌민 시로 이름을 바꾸었다.

세계 최강 미국은 제2차 세계 대전 당시 미군이 사용한 300만 톤보다 훨씬 많은 755만 톤의 폭탄을 쏟아 붓고도 동남아시아의 작은 나라 베트남에 패배했다. 베트남 전쟁에서 미군은 5만 8,000여 명이 죽고 30만여 명이 다쳤으며, 베트남 인은 군인과 민간인 포함하여 사망자 160만 명 이상, 부상자 350만 명 이상이 발생했다.

문제는 또 있었다. 베트남 전쟁에 쏟아 부은 돈이 1,400~1,600억 달러에 달한다는 점이다. 1970년 미국의 국내총생산이 1조 248억 달러였으니 얼마나 엄청난 액수인지 알 수 있다. 이 정도 천문학적인 비용을 비생산적인 전쟁에 쏟아 부었는데 국가 재정이 멀쩡할 리 없다. 당시 전비는 고스란히 재정 적자로 이어져 누적

재정 적자가 1,500억 달러나 되었다.

미국은 눈덩이처럼 불어나는 재정 적자를 메우기 위해 몇 가지 방법을 검토했다.

첫째, 수출을 늘리고 수입을 줄여 생긴 무역 흑자로 재정 적자를 메우는 것. 하지만 유럽과 일본의 생산 시설이 최신 장비로 복구되어 미국을 능가하는 가격 경쟁력을 갖추면서 미국은 오히려 막대한 무역 적자를 보고 있었다. 이 방법은 당시 세계 경제 구조로는 아예 불가능했다.

둘째, 국채를 발행해 재정 적자를 메우는 것. 빚을 내서 빚을 갚는 것이니 특단의 대책이 없는 한 빚만 늘어난다. 이 방법은 미봉책일 뿐 해결책이 아니었다.

셋째, 달러를 찍어 재정 적자를 메우는 것. 비록 시중에 달러가 늘어나 물가가 상승하는 부작용이 있겠지만, 이 방법은 미국이 택할 수 있는 가장 손쉬운 해법이었다.

　결국 미국은 달러를 찍어 재정 적자를 메우기 시작했다. 그런데 달러가 시중에 흘러넘치자 달러 가치 하락을 우려한 유럽과 일본이 달러를 금으로 바꾸기 시작했다. 미국의 금 보유고는 빠르게 줄어들었다.

　이에 미국의 닉슨 대통령은 1971년 8월, 달러를 금으로 교환해주지 않겠다고 선언했다(닉슨 쇼크). 금본위제를 바탕으로 달러를 세계 기축 통화로 결정한 브레턴우즈 체제가 무너진 것이다. 세계 경제는 혼란에 빠져들었다. 그해 12월 10개국 대표가 모여 달러 절하와 각국 통화 절상을 결정하고, 1973년부터 변동 환율제를 시행해 혼란 수습에 나섰다.

석유 파동으로 시작된 경제 위기

미국을 비롯한 선진국들이 혼란을 수습하려는 순간, 결정타가 날아들었다. 제1차 석유 파동이 그것이다.

　1973년 10월 6일, 이집트와 시리아가 주축을 이룬 아랍 연합군이 시나이 반도와 골란 고원의 이스라엘군을 기습 공격하면서 제4차 아랍-이스라엘 전쟁(중동 전쟁)이 일어났다. 1967년 제3차 아랍-이스라엘 전쟁 때 이스라엘에 빼앗긴 시나이 반도와 골란 고원을 되찾겠다며 일으킨 전쟁이다. 하지만 전쟁은 20일 만에 이스라엘의 일방적 승리로 끝났다.

당시에는 **브레턴우즈 체제**에 따라 금 1온스가 35달러의 가치였다. 따라서 베트남 전쟁의 총비용은 금 40~45억 온스에 해당한다. 요즘 금 시세로 환산하면 4~4.5조 달러 정도이다. 당시의 전비를 이와 같이 금값으로 단순 환산하는 것은 물론 합리적이지 않은 면이 있다. 하지만 지금의 7,380억 달러 정도라는 미국 정부의 계산은 지나친 축소로 보인다.

미국과 유럽 각국이 이스라엘을 지원함에 따라 아랍 연합국의 패색이 짙어지자, 이에 분노한 아랍 석유 수출국 기구는 석유 감산과 가격 인상에 돌입했다. 배럴당 2.9달러이던 원유 가격이 1974년 1월에는 11.6달러로 무려 네 배나 올랐다.

아랍 연합국의 석유 무기화로 석유 가격이 상승하면서 각종 지하자원과 식량도 가격이 들썩였다. 석유를 무기화하는 판이니 다른 지하자원이나 식량도 무기화하지 않겠느냐는 우려 때문이었다. 석유 파동으로 촉발된 자원 및 식량 가격 상승은 가뜩이나 닉슨 쇼크로 혼란에 빠진 세계 경제에 치명타를 가했다.

보통 불황이 시작되면 소비가 줄어들어 재고가 늘어난다. 모든 기업이 재고를 줄이기 위해 가격을 내리면서 물가도 하락한다(디플레이션). 기업은 재고 부담과 가격 하락으로 인한 이익 저하를 이겨 내기 위해 노동자를 해고하고, 이를 견디지 못한 기업은 문을 닫는다. 이로 인해 일자리가 줄어들면 소비는 더욱 위축된다. 전형적인 불황(스태그네이션)의 모습이다.

하지만 석유 파동으로 비롯된 1970년대의 불황은 전혀 다른 모습을 띠었다. 사람은 원래 먹지 않고는 삶을 이어갈 수 존재인 데다, 당시는 석유 에너지에 바탕을 둔 에너지 다소비 경제 구조가 자리를 잡은 터였다. 식량과 석유는 가격이 오른다고 해도 줄이기 힘들다는 뜻이다. 원자재 가격이 올랐기 때문에 상품 가격을 내릴

불안한 시민
1974년 1월 석유 파동을 보도한 신문을 보며 불안해 하는 시민 앞에 휘발유가 동난 주유기가 보인다.

1960년대 말부터 인구 증가를 경계하는 연구가 사람들의 관심을 끌었다. 특히 로마 클럽의 「성장의 한계」는 인구 폭발에 대한 두려움을 증폭시켰다. 이에 따르면 세계 인구가 10억에서 20억으로 느는 데는 130년이 걸렸지만 20억에서 30억이 되는 데는 30년, 30억에서 40억으로 느는 데는 15년밖에 걸리지 않았다. 이러한 인구 폭발이 석유 및 지하자원, 특히 식량 부족을 일으켜 인류의 생존을 위협할 것이라는 주장이 **자원 무기화**와 **식량 무기화**의 주요 근거로 작용했다.

수 없었고, 그 때문에 불황인데도 물가가 오르는 기이한 현상이 계속되었다. 이를 '스태그플레이션(불황 속의 물가 상승)'이라 한다.

스태그플레이션이라는 기이한 현상은 미국과 유럽, 일본 등 선진국들조차 대응하기 어려웠다. 그동안은 이런 일이 생기면 정부가 적자 재정을 편성해 공공사업을 일으켰다. 그런데 유효 수요를 확대하는 케인스식 방법이 더는 통하지 않게 되었다. 뭔가 새로운 해결책이 필요했다.

녹색 혁명

인구 폭발로 인한 식량 부족이 인류의 생존을 위협할 것이라는 전망에 따라 전 세계는 식량 증산에 매진했다. 미국, 유럽, 일본 등 선진국만이 아니라 개발도상국이나 저개발국도 예외가 아니었다. 세계 여러 나라 정부는 댐이나 보 같은 수리 관개 시설을 확충하고, 논밭을 반듯하게 정리해 기계화 농업을 도입하며, 과학적인 육종 개량을 통해 얻은 다수확 품종을 심도록 적극적으로 권장했다. 이를 '녹색 혁명'이라고 한다.

세계 각국이 동시에 적극적으로 투자하면서 농업 생산 능력이 거의 배로 늘어났다. 하지만 식량 부족에 대비하려는 녹색 혁명은 농업의 몰락이라는 뜻하지 않은 결과를 낳았다. 농업 부문의 특성은 가격 탄력성이 거의 없다는 것인데, 단기간에 농업 생산 능력을 키운 일이 대재앙을 부른 것이다.

수요를 웃도는 농산물이 공급되면서 가격이 폭락해 농민들은 큰 피해를 입었다. 농산물의 과잉 공급은 2000년대 중반까지 약 30년간 지속되었다. 농산물 교역을 둘러싼 갈등이 격화되었고, 농산물 교역은 국제 무역 분쟁의 단골 메뉴가 되었다. 비교 우위론에 따른 플랜테이션 농업이 급격히 확대됨과 함께 기호 식품의 가격이 계속해서 하락했다.

녹색 혁명
녹색 혁명은 다목적 댐 건설과 관개 수로망 확충, 기계화 농업을 위한 경지 정리, 품종 개량을 포함한다. 왼쪽은 대표적인 다목적 댐인 이집트 아스완 하이 댐, 오른쪽 위는 한국 통일벼의 모태가 된 필리핀 국제 미작 연구소의 개량 벼, 오른쪽 아래는 한국 통일벼 시험 단지이다.

냉전 시대의 체제 경쟁

동·서 냉전

체제 경쟁

1951

석유 국유화

미국 방해로 철회

이란, 모사데크

이집트, 나세르 ─ 위협 요소

1956

수에즈 운하 국유화

쿠바, 카스트로

아프리카 독립 운동

혁명 1959

라틴 아메리카
반미 운동

제1 세계
자본주의 진영

황금기
1940년대 말
~1970년대 초

제2 세계
사회주의 진영

신무기

우주 탐사

생활 수준 향상

미국의
위기 조짐 → 세계 경제
위기

제1차 석유 파동 1974

스태그플레이션

1955~75 베트남 전쟁

재정 적자

세계 경제 혼란

12 우리는 지금 어디로 가고 있나

1989년 베를린 장벽 붕괴와 독일 통일, 소련 해체를 통해 사회주의 진영은 무너졌다. 유일한 초강대국이 된 미국은 신자유주의 국제 질서로 세계를 재편하였다. 다국적 기업과 국제 금융 자본이 중국으로 공장을 옮기면서 중국은 세계의 공장이 되었다. 2008년 세계 금융 공황 이후 세계 각국의 경쟁은 갈수록 치열해지고 있다.

신자유주의의 등장

스태그플레이션은 국가가 개입해 유효 수요를 확대하는 케인스주의를 무용지물로 만들었다. 이에 자본주의 진영에서 내놓은 새로운 해결책이 '신자유주의'이다. 1979년 신자유주의를 표방하는 영국 보수당의 대처가 유럽 최초의 여성 총리로 취임했고, 비슷한 시기인 1980년 미국 대통령에 선출된 레이건 역시 신자유주의 정책을 폈다.

신자유주의는 자본주의 초창기의 '자유방임주의'와 마찬가지로 국가의 간섭을 최소한으로 줄여 시장이 정상적으로 작동할 수 있도록 해야 하며, 국가는 경제 규모에 맞춰 적절한 통화(화폐) 공급에만 신경 써야 한다고 주장한다. 신자유주의 정책의 핵심은 국민의 생활에 중요한 역할을 하기 때문에 국유화했던 철도, 도로, 항만, 공항, 전기, 수도 등 기간산업을 민영화하고 국가에서 국민의 생활을 '요람에서 무덤까지' 책임지는 보육과 교육, 의료, 사회 보험 등 사회 복지 제도를 줄이자는 것이다.

기간산업 민영화와 사회 복지 제도 축소는 '작은 정부'와 국가 재정 축소를 가져온다. 국가 재정이 축소되었으니 세입 축소는 당연하다. 기업이 내는 법인세와 개인이 내는 소득세가 줄어들고 세율이 낮아진다.

신자유주의는 세금을 줄이면 기업과 개인의 투자

레이건과 대처
미국의 레이건 대통령과
영국의 대처 수상은
신자유주의를 대표하는 정치
지도자였다. 1981년 2월 26일
만난 두 정상이다.

가 늘어나 경쟁력이 높아지며, 여기에다 시장 질서를 가로막는 모든 규제까지 없애면 경쟁력은 더욱 높아진다고 주장한다. 신자유주의는 한 걸음 더 나아가 세계적 규모로 규제를 없애 자본이 국가를 넘어 자유롭게 이동하도록 하자고 요구한다.

하지만 기간산업을 민영화하면 생활에 꼭 필요한 교통비, 전기료, 수도료가 인상될 수밖에 없다. 그리고 사회 복지 제도를 축소하면 교육비, 의료비, 보험료가 올라갈 수밖에 없다. 다시 말해, 국가의 재정 지출이 줄어드는 만큼 국민 대다수를 이루는 노동자들의 지출이 늘어나는 것이다.

여기에 규제 철폐라는 이름 아래 이루어지는 구조 조정(폐업, 분리 매각, 통합, 작업 재배치 등)은 자유로운 해고와 비정규직의 양산을 가져온다. 임금이 높고 노동 조건이 좋은 쓸 만한 일자리는 줄어들고 캐서 같은 저임금 비정규직만 늘어난다.

노동의 대가로 임금을 받아 살아가는 노동자들은 수입이 줄고 지출이 늘면 생활이 힘들어진다. 그럼에도 이에 대한 신자유주의자들의 대답은 비정하기만 하다.

"그래서 어쩌라고?"

생존 경쟁의 정글에서 살아남는 것은 각자의 몫이라는 투다.

자기 나라 국민에게도 이렇게 하는 마당이니 다른 나라에 대해 관용을 베풀 리가 없다. 미국 등 선진국들은 비교 우위론을 내세우며 저개발국과 개발도상국들이 수입품을 대체할 공업화를 시도하거나 다양한 식량 작물을 재배하지 못하도록 온갖 압력을 가했다. 미 중앙정보부는 저개발국과 개발도상국 정부를 돈으로 매수

서남아시아에서 계속된 미국의 입김

다니엘 오르테가
산디니스타 민족 해방 전선을 이끌고 니카라과 혁명을 이끈 지도자.

1979년 4월 서남아시아의 이란에서는 이슬람교 지도자 호메이니를 중심으로 온 국민이 뭉쳐 미국의 사냥개 노릇을 하던 팔레비 왕정을 무너뜨렸다. 3개월 뒤 중앙아메리카의 니카라과에서는 미국의 지시로 암살당한 혁명 영웅 산디노의 뒤를 잇는 산디니스타 민족 해방 전선이 소모사 친미 세습 정부를 무너뜨렸다.

미국은 이란을 무너뜨리기 위해 이라크의 사담 후세인 친미 정권(당시에는 친미 정권이었다)을 부추겨 1980년 이란-이라크 전쟁을 일으켰다. 이란은 이라크의 침공을 막아 냈으며, 여기에 그치지 않고 1981년부터는 사담 후세인 정권을 무너

뜨리기 위해 이라크로 진격했다.

문제는 미국이 이란에 무기를 팔고 얻은 대금으로 니카라과의 산디니스타 정권을 무너뜨리려는 콘트라 반군에 막대한 자금과 무기를 지원했다는 것이다.

1986년 이란-콘트라 사건이 폭로되면서 서남아시아 친미 정권들에 대한 믿음이 무너졌다. 미국은 1985년 니카라과 경제 봉쇄를 단행한 것 외에도 니카라과 정권 전복을 위한 노력

을 계속했다. 니카라과의 산디니스타 정권은 결국 미국에 굴복했고, 1990년 자유선거를 통해 차모로 정권이 들어섰다. 하지만 산디니스타 민족 해방 전선은 2006년 대통령 선거에서 다니엘 오르테가 후보를 당선시켜 정권을 되찾았다.

콘트라 반군
미국의 경제적, 군사적 지원을 받아 산디니스타 정부에 저항한 반군이다.

하고, 그래도 말을 듣지 않으면 지도자를 암살했다. 심지어 반군에 돈과 무기를 지원해 정권 전복 작전을 펼치기도 했다.

이런 공작 때문에 저개발국과 개발도상국들은 수출 주도형 공업화와 플랜테이션 농업을 선택했다. 민중 중심적 자립 경제의 꿈은 무너졌고, 이들 나라는 미국과 선진국들이 만든 국제 분업 체제에 들어갔다. 이에 반대하는 세력은 좌익으로 몰려 재판 없이 체포되어 고문당하고 학살당했다.

미국 등 선진국들은 저개발국과 개발도상국들의 반대에도 일체의 무역 장벽과 무역외 장벽을 철폐했다. 그리고 멕시코, 에콰도르, 콜롬비아, 타이, 말레이시아, 인도네시아, 한국 등의 외환 위기와 국제 통화 기금 구제 금융 신청을 빌미로 구조 조정과 시장 개방을 얻어 냈다.

이런 점에서 볼 때 신자유주의란 스태그플레이션이라는 위기 상황에서 자본주의가 민낯을 드러낸 것에 불과하다. 신자유주의의 등장은 자본주의가 체제 경쟁을 위한 치장에 신경 쓸 겨를이 없을 만큼 위기에 내몰렸다는 반증이기도 하다.

사회주의 진영의 붕괴

동·서 냉전의 황금기에는 노동자들과 제3 세계 주민들을 과도하게 착취하고 수탈할 경우 그들을 사회주의 진영으로 기울도록 할 가능성이 있었다. 따라서 자본주의 진영에서는 될 수 있으면 그런

라틴 아메리카 각국의 군사 정부들은 반대파를 좌익으로 몰아 수만 명씩 학살했다. 1985년에 만들어진 아르헨티나 영화 〈오피셜 스토리〉는 실종된 자식을 찾아 헤매는 가족들의 이야기를 통해 아르헨티나 군부의 **추악한 전쟁**으로 실종된 3만여 젊은이의 문제를 다룬 수작이다.

상황을 피했다. 그런데 1980년대 이후 등장한 신자유주의는 노동자들과 제3 세계 주민들에 대한 착취와 수탈이 없으면 굴러갈 수 없는 체제이다. 어떻게 해서 이런 신자유주의가 가능해진 것일까?

그 이유는 자본주의 진영에 맞서는 사회주의 진영이 무너졌기 때문이다. 경쟁자가 사라졌기 때문에 자본주의 진영은 이제 더는 눈치를 볼 필요 없이 마구 수탈하고 착취할 수 있게 된 것이다.

1980년대 말에 사회주의 진영이 무너진 일은 많은 사람에게 충격을 안겼다. 사회주의 진영은 왜 그리고 어떻게 무너졌을까?

레닌의 뒤를 이어 소련 공산당 서기장이 된 스탈린은 소련을 사회주의 혁명의 튼튼한 기지로 만드는 것이 모든 공산주의자의 의무라고 주장했다. 스탈린에게 소련의 이익은 어떤 희생을 무릅쓰고도 반드시 지켜야 하는 것이었다. 하지만 소련의 이러한 태도가 다른 나라에는 자신들의 이익을 위해 남의 주권을 억누르는 패권주의로 비쳤다. 특히 중국, 베트남, 북한, 유고슬라비아 등은 사회제국주의라며 크게 반발했다. 그럼에도 그러한 경향은 1960년대 중반에 권력을 쥔 브레즈네프 서기장 때부터 더욱 강화되었다. 결국 폴란드와 체코슬로바키아에서 일어난 자주적인 개혁을 탱크로 짓밟는 만행으로 이어졌다.

소련과 국경이 맞닿아 있는 아프가니스탄은 인도양으로 향하는 전략적 거점이라 제정 러시아 때부터 노리던 지역이었다. 그런데 아프가니스탄에서 권력을 잡은 공산 세력이 이슬람교의 율법을 무시하고 개혁 정책을 밀어붙이면서 농촌 지역의 이슬람교도들을 중심으로 반란이 일어났다. 친소 공산 정권이 무너지는 것을 그냥

아프가니스탄에서 철수하는 소련군

1989년, 소련군은 무자헤딘에 패배해 아프가니스탄에서 철수했다. 그 뒤 아프가니스탄의 정부를 놓고 군벌들 사이에 내전이 벌어졌고, 1996년 근본주의적 이슬람교 세력인 탈레반이 승리했다.

두고 볼 수 없었던 소련은 1979년 10만여 명의 군대를 파병했다.

미국이 베트남에서 전쟁의 수렁에 빠졌듯 소련도 아프가니스탄에서 똑같은 수렁에 빠졌다. 미국, 파키스탄, 사우디아라비아의 지원을 받으며 거친 산악 지형에 의지해 게릴라전을 펼치는 이슬람교 전사(무자헤딘)들 때문에 소련은 엄청난 병력과 전비를 쏟아붓고도 고전에 고전을 거듭했다.

더욱이 1980년대 들어 미국의 레이건 대통령과 영국의 대처 총리 등 동·서 대결을 밀어붙이는 보수 세력이 집권하면서 소련은 크나큰 위기에 빠졌다. 미국의 레이건 대통령이 1980년대 초반에 추진한 '전략 방어 구상(SDI)'이 소련과의 군비 경쟁에 불을 붙인 것이다. '스타워즈'라고도 부르는 이 구상의 내용은 다음과 같다.

'소련이 핵탄두를 탑재한 대륙 간 탄도 유도탄을 쏘더라도 우주에 있는 인공위성에서 레이저 빔을 쏘아 요격할 수 있다. 대륙 간 탄도 유도탄의 위치를 추적하는 기술과 요격용 레이저 빔 기술을

개발하는 데 사활을 걸겠다.'

당황한 소련 지도부는 새로운 전략으로 이에 맞섰다.

'전략 방어 구상이 이루어지면 우리가 보유한 핵무기는 무용지물이 되고, 미국의 핵 공격에 고스란히 노출된다. 이를 막으려면 우리도 마찬가지 기술을 개발해야 한다. 여기에다 대륙 간 탄

전략 방위 구상
인공위성에서 레이저를 쏘아 적국의 인공위성이나 대륙간 탄도 유도탄을 파괴하겠다는 구상으로 미·소 간의 군비 경쟁을 격화시켰다.

도 유도탄의 위치 추적을 피하는 기술을 추가하면 미국의 항복도 받아 낼 수 있다.'

새로운 군비 경쟁은 미·소 두 나라에 엄청난 출혈을 강요했다. 하지만 인공위성에서 공격용 레이저 빔을 발사해 대륙 간 탄도 유도탄을 요격하는 것은 대단히 어려운 기술이었다. 미국이 20여 년 동안 1,000억 달러가 넘는 예산을 쏟아 붓고도 초보 단계의 기술조차 개발하지 못할 정도였다.

먼저 두 손을 든 나라는 소련이었다. 1960년대까지 높은 경제 성장률을 기록하던 소련은 1970년대부터 심각한 경제 침체로 어려움을 겪고 있었다. 그런데 아프가니스탄 침공과 새로운 군비 경쟁이 상황을 더욱 악화시킨 것이다. 당과 정부의 관료주의는 대중의 창의성을 가로막아 침체를 가속화했고, 대중은 물질적 욕망을 충족하지 못한 채 강요당하는 노력 경쟁에 심한 피로감을 느꼈다.

1970년대부터 이상 기후에 따른 흉작이 몇 년 간격으로 거듭되었다. 그로 인한 식량 부족 사태는 소련을 더욱 괴롭혔다. 이 난관

을 헤쳐 나가려면 미국이나 캐나다, 오스트레일리아 등에서 식량을 수입해야 했다. 그러나 미국을 비롯한 자본주의 진영에서는 대립각을 세우려고만 들었다.

1985년에 소련 공산당 서기장이 된 고르바초프는 개혁(페레스트로이카)과 개방(글라스노스트)으로 미국을 비롯한 자본주의 진영과 평화롭게 지내면서 무너진 소련 경제를 되살리고자 했다. 자본주의 진영은 개혁과 개방 노선을 항복이라 생각해 사회주의 진영을 더욱 압박했다.

고르바초프
소련 공산당 서기장 고르바초프는 페레스트로이카(개혁)와 글라스노스트(개방)를 펼쳐 사회주의에 활력을 불어 넣으려 했지만, 두 정책은 사회주의 진영의 붕괴를 앞당겼다.

1988년, 고르바초프는 사회주의 진영 여러 나라에 더는 간섭과 원조를 하지 않겠다고 선언했다. 발등에 불이 떨어진 상황이었으므로 남을 도와줄 여력도 없었다.

소련의 원조로 나라 경제를 꾸려 온 동유럽 여러 나라는 당황스러운 상황에 처했다. 원조가 끊어진다는 것은 나라 경제가 무너진다는 것과 다름없기 때문이다. 그리고 실제로 경제가 악화되자, 국민의 불만이 폭발하기 시작했다. 폴란드, 유고슬라비아, 불가리아, 헝가리에서는 대대적인 시위가 일어나 공산 정부가 무너지고 민주 정부가 들어섰다.

한편 동독에서는 1989년이 되자 서독으로 탈출하는 주민이 크게 늘었다. 동독 공산당 지도부에서는 군대를 동원해 이를 막으려 했지만, 군인들조차 서독으로 탈출할 정도로 상황이 좋지 않았다.

마침 헝가리에서 공산 정부가 무너지자, 헝가리를 여행 중이던 동독 주민 수천 명이 오스트리아를 거쳐 서독으로 탈출했다. 위기를 느낀 공산당 지도부는 뒤늦게 개혁과 개방을 외쳤지만, 이미

때는 늦었고 공산당은 철저히 외면당했다. 대규모 시위를 벌이던 동독 주민들은 1989년 11월 10일, 베를린 장벽을 무너뜨렸다.

베를린 장벽이 무너지자 서독도 이때를 놓치지 않았다. 독일 통일에 개입하지 않는 대가로 소련에 대규모 차관을 주기로 약속하고는 1990년 10월 3일, 동독과 통일을 이루었다.

베를린 장벽이 무너진 뒤 체코슬로바키아, 루마니아에서도 대대적인 시위가 일어나 공산 정부가 무너지고 민주 정부가 들어섰다. 특히 루마니아에서는 시위 군중이 정부를 뒤엎고, 당시 대통령이었던 차우셰스쿠 부부를 처형하기까지 했다.

동유럽에서 사회주의 정권이 잇달아 무너지자, 고르바초프의 정책에 불만을 품은 소련 공산당 보수파들은 1991년에 군대를 동원해 쿠데타를 일으켰다. 하지만 소련 국민이 대규모 시위에 나서면서 쿠데타는 실패했고, 소련 공산당은 해산하고 말았다. 소련도 해체되어 15개 독립 국가로 나뉘고, 그 가운데 12개 국가가 독립 국가 연합을 만들었다.

동유럽의 민주화와 소련의 해체로 사회주의 진영은 무너졌고, 동·서 냉전도 끝이 났다.

사회주의 진영이 무너지면서 동유럽 여러 나라에서는 민족주의 가 다시 살아나 종교와 민족을 둘러싼 갈등이 심해졌다. 이러한 갈등으로 연방을 이룬 나라들이 여러 개의 나라로 쪼개졌는데, 체 코슬로바키아와 유고슬라비아가 대표적이다.

체코슬로바키아는 체코와 슬로바키아로 나뉘었고 유고슬라비아 는 슬로베니아, 크로아티아, 마케도니아, 보스니아 헤르체고비나, 세르비아, 몬테네그로 등으로 갈라졌다. 이 과정에서 일어난 내전 은 서로 간에 증오심을 부추겨 다른 민족을 쫓아내거나 죽이는 인 종 청소로까지 발전했다. 그중에서도 유고슬라비아 내전은 1995년 미군을 중심으로 한 북대서양 조약 기구(NATO)의 군대가 개입하 고서야 끝이 났다.

단 하나의 초강대국이 된 미국

소련이 해체되면서 미국은 이제 어느 나라도 견줄 수 없는 단 하 나의 초강대국이 되었다. 이를 잘 보여 주는 것이 1990년의 페르 시아 만 전쟁이다.

파괴된 석유 저장고
1991년 사막의 폭풍 작전 당시 미군 폭격기의 폭격으로 이라크 석유 정제 시설의 석유 저장소가 파괴되어 불타고 있다.

  미국은 쿠웨이트를 침공한 이라크군을 압도적인 군사력으로 두 달 만에 무찔렀다. 미군을 포함한 연합군 전사자 수는 230여 명에 불과해 미국은 사실상 거의 피해를 입지 않았다. 이에 비해 이라크군은 전사자 5~10만 명, 부상자 15만 명, 실종자 15만 명 그리고 포로가 6만 명이나 되었다. 미군의 일방적인 승리였다.

  단 하나의 초강대국이 된 미국은 다른 선진국들의 도움을 받아 세계 질서를 자신에게 유리하게끔 재편했다. 이제 신자유주의는 전 세계를 아우르는 국제 표준이 되었다. 미국은 모든 상품을 자유롭게 교역하도록 원칙을 정하고, 1995년 세계 무역 기구(WTO)를 만들어 이를 감시했다. 농업이나 금융도 예외는 아니었다.

미국은 세계에서 농산물을 가장 많이 생산해 수출하는 나라이다. 또한 세계에서 금융업이 가장 발달한 나라이기도 하다. 농산물은 사람의 생명 줄이고, 금융은 산업의 생명 줄이다. 미국은 이 두 가지 생명 줄만 쥐고 있으면 누구라도 맘대로 부릴 수 있다고 여겼다.

신자유주의 아래에서 기업의 국적은 더 이상 의미가 없다. 국적이 어디든 얼마나 많은 이익을 얻을 수 있느냐가 중요할 뿐이다. 당시 기업들이 진출하려 애쓰던 곳은 중국이었다.

중국은 1976년 마오쩌둥이 죽은 뒤, 실용주의자인 덩샤오핑이 권력을 잡은 1979년부터 개혁 개방 정책을 추진했다. 덩샤오핑은 "검은 고양이든 흰 고양이든 쥐만 잘 잡으면 된다(흑묘백묘론)."며 자본주의든 공산주의든 상관없이 중국 인민을 잘살게 하면 그것이 제일이라고 주장했다. 덩샤오핑은 외국 자본을 적극적으로 받아들여 농업·공업·과학·기술의 현대화를 추진했다.

덩샤오핑이 미국 등 자본주의 진영에 중국을 개방하자 미국과 유럽, 일본의 기업들이 중국으로 공장을 옮겼다. 중국은 세계에서 인구가 가장 많은 나라인 데다 임금이 매우 낮았다. 임금이 낮다는 것은 기업이 가져갈 수 있는 몫이 많음을 의미한다. 더욱이 땅값도 싸고 정부의 지원도 많았다. 처음에는 섬유나 의류, 신발처럼 기술력이 높지 않은 공장들이 옮겨 갔다. 그러다가 나중에는 조선이나 자동차, 석유 화학같이 기술력이 높은 공장들도 옮겨 갔다. 그 뒤 중국은 전 세계 기업들이 몰려들어 '세계의 공장'이 되었다.

중국에서 생산된 제품은 값이 싸면서도 질이 좋아 잘 팔렸다.

덩샤오핑
문화대혁명 때 반혁명 세력으로 몰려 실각했으나 1976년 마오쩌둥 사망 후 재기에 성공해 중국 공산당의 1인자가 되어 개혁 개방 정책을 시행했다. 덩샤오핑이 고르바초프와 다른 점은 공산당의 확고한 지도 아래 개혁 개방을 추진해 중국식 사회주의를 지향했다는 점이다.

상하이의 야경
밤하늘을 밝게 빛내는 상하이
마천루의 불빛은 개혁 개방
정책으로 경제 발전에 성공해
미국에 이어 세계 두 번째
강대국으로 우뚝 선 중국의
모습을 보여 준다.

어느덧 중국제 상품을 쓰지 않고서는 하루도 살 수 없을 정도가 되었다. 중국은 제품을 미국에 수출해 해마다 어마어마한 무역 흑자를 올렸다. 그 돈을 다시 경제 성장에 투입하면서 중국은 세계 2위의 경제 대국이 되었다.

미국과 유럽, 일본에서는 중국으로 공장을 옮긴 기업들이 엄청난 이익을 보았고, 그 돈을 빌려 준 금융 회사들도 천문학적인 수익을 올렸다. 이들이 이익금을 자신들의 나라로 보내면서 이들 선진국에는 돈이 흘러넘쳤다.

많은 돈이 쏟아져 들어와 주체할 수 없게 된 은행들은 너도나도 돈을 빌려주겠다고 나섰다. 예컨대 1억 원을 빌리면 한 해 뒤에 이자로 100만 원을 내면 되었다. 사람들은 은행에서 빌린 돈으로 주식을 사고 집을 샀다. 주가와 집값이 크게 올랐고, 은행에서 돈을 빌린 사람들은 그 이익으로 잘 먹고 잘살 수 있었다.

다시 시작된 세계 경제 위기

수많은 공장이 중국으로 옮겨 가면서 다국적 기업과 국제 금융 자본의 이익은 훨씬 늘어났다. 그러나 미국 경제는 큰 타격을 입었다. 일자리가 점차 줄었기 때문이다. 게다가 1980년대부터 보급되기 시작한 정보화와 자동화가 일자리를 더욱 줄였다.

무역 적자와 재정 적자도 점점 늘어났다. 미국 전체가 빚으로 버티는 상황이 되었다.

일자리를 줄이는 정보화와 자동화

1980년대 말부터 시작된 정보화와 자동화는 일자리를 크게 줄였다.

먼저 정보화를 보자. 소비자가 물건을 사서 계산하는 순간 포스(POS) 시스템은 그 제품이 얼마나 팔렸고 재고가 얼마나 남았는지를 파악해서, 언제 얼마만큼 주문해야 하는지 알려 준다. 상황을 실시간으로 파악한 제조업체도 판매 추이에 따라 제품을 얼마나 생산할지 결정한다. 원료와 부품, 완제품의 재고를 줄인 만큼 일손도 크게 준다. 또한 경영 관리 프로그램이 도입되면서 수십 명이 처리하던 기업 회계를 한 사람이 할 수 있게 되었다. 이렇게 해서 줄어든 일자리가 수백만 개가 넘었다.

공장에 산업용 로봇을 도입하는 자동화도 일자리를 줄였다. 조립과 용접같이 단순히 반복하는 작업은 산업용 로봇이 맡고, 사람은 로봇을 관리하거나 로봇을 도입하기 어려운 자투리 일만 맡았다. 공장을 자동화하면 수백 명으로도 수만 명이 하던 일을 할 수 있어서 일자리가 더욱 줄어들었다.

자동차 조립 라인
산업용 로봇들이 자동차 조립 라인에서 부품을 용접하고 조립하고 있다. 자동화를 통해 생산성은 획기적으로 높아졌지만, 일자리는 크게 줄었다.

판매 시점 관리
계산원이 스캐너로 제품 포장지에 인쇄된 바코드를 찍는 순간 계산과 판매 현황, 재고 관리가 자동으로 이루어진다. 판매 시점 관리(POS) 시스템을 채택하면 저임금의 비정규직 계산원은 늘지만, 기업의 회계와 관리 등 고임금 정규직 일자리는 줄어든다.

2001년 9월 11일 미국 뉴욕의 세계 무역 센터 쌍둥이 빌딩과 워싱턴의 국방부 건물이 항공기 자살테러로 공격당하는 사건이 발생했다. 미국은 테러범인 알카에다를 체포한다는 명목으로 아프가니스탄과 이라크를 상대로 전쟁을 벌였다. 미군은 며칠 만에 두 나라를 무너뜨렸지만, 반군들은 게릴라전으로 맞섰다. 몇 해가 지나도 전쟁은 끝나지 않고 피해는 늘어만 갔다. 해마다 2,000억 달러씩 쓰는 전쟁 비용도 문제였다. 미국의 재정 적자는 눈덩이처럼 불어났다.

1990년대 말부터 약 10년 동안 세계 경제는 대호황을 누렸다. 이를 틈타 국제 금융 회사들은 더 많은 이익을 보다 빨리 얻으려고 사람들이 담보로 맡긴 주식과 집을 자산으로 삼아 증권을 발행해 팔았다. 심지어 그 증권을 자산으로 삼아 새로 증권을 발행하고, 새 증권을 자산으로 삼아 다시 증권을 발행하기도 했다. 이를 파생 상품이라고 하는데, 미국인들이 주식이나 집을 담보로 돈을 빌린 액수는 5~6조 달러였지만, 파생 상품은 약 100조 달러나 되었다.

시중에 돈이 너무 많으면 물가가 크게 오른다. 물가가 오르면 월급이나 연금으로 생활하는 사람들이 살기 힘들어진다. 미국과 유

9·11 테러

오사마 빈 라덴이 이끄는 알 카에다 조직원 19명이 4대의 민간 항공기를 납치해 뉴욕의 110층 세계 무역 센터 쌍둥이 빌딩과 버지니아 알링턴의 국방부(펜타곤)를 들이받은 사건이다. 사망 또는 실종자가 2,800~3,500명, 경제적인 피해가 500억 달러를 넘는 대참사였다. 미국이 알 카에다를 추적하면서 벌인 테러와의 전쟁으로 아프가니스탄의 탈레반 정부와 이라크의 사담 후세인 정부가 무너졌다. 사진은 유나이티드 항공 175편 충돌 직후의 세계 무역 센터 북면 모습이다.

럽, 일본은 물가를 잡으려고 이자율을 올렸다. 이자율이 오르면 사람들이 빚을 갚거나 저축을 할 테니까.

하지만 부작용이 나타났다. 이자율이 오르자 이자를 갚지 못하는 사람들이 크게 늘어난 것이다. 주식이나 집을 팔아 빚을 갚으려는 사람들이 한꺼번에 몰렸다. 주식도 집도 가격이 터무니없이 폭락했지만, 그 가격에도 사겠다는 사람이 나서지 않았다. 금융 회사들은 담보로 잡은 주식과 집을 팔아 원금을 찾으려 했다. 그러자 주가와 집값이 더욱 떨어졌다.

파생 상품은 더 큰 문제가 되었다. 자산으로 잡은 담보가 안전하지 않기 때문에 파생 상품도 안전하지 않았다. 파생 상품에 대한 불안이 사람들을 덮쳤다.

2008년 9월, 마침내 미국 거대 금융 회사 중 하나인 리먼 브라더스가 파산했다. 이 회사 하나가 갚아야 할 빚이 무려 6,000억

월스트리트 점령 운동
2011년 11월 2일, 월스트리트 점령 운동가들이 세계의 경제적, 사회적 불평등에 항의하기 위해 미국 버몬트 주 베닝턴에서 시위를 벌이고 있다. 2008년 세계 금융 공황을 타개하기 위한 양적 완화 정책이 부의 불평등을 심화해 문제를 일으킨 국제 금융 자본에게만 혜택을 주었기 때문에 세계 각지에서 항의 운동이 줄을 이었다.

달러였다. 그 뒤 미국에서는 수천 개의 금융 회사가 줄줄이 파산했다.

불똥은 일본과 유럽 등 전 세계의 금융 회사들로 튀었다. 아이슬란드, 아일랜드, 그리스, 포르투갈, 에스파냐 같은 나라들은 국가 부도의 위기로 내몰려 국제 통화 기금의 구제 금융을 받아야 했다.

이같은 경제 위기를 겪으면서 세계 여러 나라는 조금이라도 이익을 더 보고 손해를 덜 보려고 총성 없는 전쟁을 벌이고 있다. 그런데 자기 나라의 이익만 좇는 이기적인 태도가 오히려 위기 해결을 더욱 어렵게 하고 있다.

유로라는 단일 통화를 쓰며 하나의 유럽을 자랑하던 유럽 연합의 여러 나라도 큰 위기를 맞았다. 하나의 유럽 아래 공산품의 생산과 수출을 맡은 독일과 프랑스는 농업과 관광을 맡은 그리스, 포르투갈, 에스파냐 등 남유럽 국가들에 조금이라도 지원을 덜 하려고 애쓰고 있다. 이에 남유럽 국가들은 유럽 연합에서 탈퇴하겠다고 으름장을 놓고 있다.

위기에서 벗어나려면 그동안 큰돈을 번 나라들과 나머지 유럽 국가들의 협력이 필요하다. 남유럽 국가들이 국가 부도를 내고 유럽 연합에서 탈퇴하면 독일과 프랑스도 위기를 맞을 테니까. 하지만 현실은 어지럽고 복잡하기만 하다. 모두가 조금의 손해도 보지 않으려고 버둥거리고 있기 때문이다.

신자유주의의 전개

기간산업 민영화　사회 복지 축소

국내 정책　규제 철폐　자유로운 해고

비정규직 양산

스태그플레이션

원인　신자유주의　대외 정책　무역 장벽,
무역외 장벽 철폐

저개발국에
수출 주도형 공업화,
플랜테이션 농업 강요

아프가니스탄
침공

스탈린의
소련 패권주의

군비 경쟁

식량 부족

촉진 환경

세계 질서 재편

사회주의 진영
붕괴

고르바초프 개혁·개방

미국이
초강대국으로　중국 부상　새로운 위기

미국 및 전 세계
경제 타격

베를린 장벽 붕괴

페르시아 만 전쟁
1990

소련 해체
동유럽 민주화

노동의 종말과 새로운 미래

1980년대 말에 냉전이 끝난 뒤, 세계 여러 나라는 경쟁력 강화라는 이름 아래 자본의 무한 증식에 유리한 환경을 만들어 나갔다. 각 나라는 국제 금융 자본과 다국적 기업을 유치하기 위해 앞다투어 세금을 감면하고 유리한 조건으로 토지를 제공하며 노동자의 자유로운 해고를 약속했다. 국제 금융 자본과 다국적 기업의 활동에 최적의 조건이 만들어졌다. 하지만 그 나라 국민들에게는 좋은 점이 거의 없었다. 세금 감면으로 재정이 크게 느는 것도 아니었고, 자유 해고로 비정규직만 늘어났다. 국제 금융 자본과 다국적 기업은 조금이라도 이익이 줄어들면 철수하기 십상이었다. 고임금의 정규직 일자리는 줄어들고 저임금의 비정규직 일자리만 늘어났다. 설상가상으로 1980년대부터 불어닥친 정보화와 자동화의 물결은 일자리를 크게 줄였다. 세계 여러 나라가 주변 국들과 손잡고 경제 규모를 키우면서 블록 경제권 간의 경쟁은 갈수록 치열해지고 있다.

국제 금융 자본과 다국적 기업은 더 높은 이윤율을 위해 사회 간접 자본이 잘 갖춰져 있으면서도 임금이 싼 곳으로 생산 시설을 이전하고 있다. 본사는 제품 설계와 유통 및 광고만 맡고, 생산은 임금이 낮은 국가의 대기업에 맡기는 아웃소싱 기법이 보편화되었다. 이처럼 자본의 국제적 이동은 물론 노동의 국제적 이동도 갈수록 자유로워지는 추세이다. 더욱이 정보화와 자동화는 노동의 품질을 평준화하고 있다. 이는 전 세계적으로 임금이 하향 평준화한다는 것을 의미한다. 이제 일자리 감소와 임금 하락은 전 세계적인 보편 현상이 되었다. 여기에 로봇 공학의 발전은 일자리 감소를 더욱 가속화할 것으로 보인다. 임금 노동이 사라지는 노동의 종말이 다가오는 것이다.

문제는 일자리 감소와 임금 하락, 노동의 종말이 유효 수요의 감소를 가져온다는 것이다. 유효 수요의 감소는 생산량의 감소로 이어진다. 그리고 생산량의 감소는 수많은 기업의 도산을 낳는다. 2008년 세계 금융 공황이 8년이 지난 지금까지 계속되는 것은 정보화와 자동화, 세계화로 인한 일자리 감소와 임금 하락, 유효 수요 감소 때문이다.

인류의 미래를 위협하는 요소는 매우 많다. 에너지, 식량, 환경, 전쟁과 평화 등이 대표적인 문제들로 거론된다. 하지만 인류의 미래를 위협하는 가장 큰 요소는 일자리 감소와 임금 하락, 노동의 종말이라고 나는 생각한다.

세계적 추세가 되어 버린 일자리 감소와 임금 하락, 노동의 종말을 막을 길은 없는 것일까? 지금 당장은 아니지만, 로봇이 보편화되는 가까운 미래에는 생산과 임금 노동을 연결 짓는 지금과 같은 방식을 버려야 할 것이다. 그러지 않는 한 인류의 미래는 암울할 뿐이다. 생산과 임금 노동의 연결 고리를 끊어야만 유효 수요의 감소로 인한 산업의 폐쇄를 막을 수 있기 때문이다.

지금과는 전혀 다른 세상과 다른 사회를 꿈꾸는 것, 지금까지의 방식과 전혀 다른 새로운 방식으로 사고하는 것이야말로 인류의 미래를 밝히는 등불이 될 것이다.

실제로 다른 세상, 다른 사회를 꿈꾸는 움직임이 세계 곳곳에서 나타나고 있는데, 이는 대단히 고무적인 일이다. 세계 금융 공황을 해결하기 위해 미국이 월가 금융권의 부실을 털어 내려 7년 동안 달러를 무제한으로 찍었지만(양적 완화), 미국과 세계 경제는 좀처럼 살아날 기미를 보이지 않았다. 금융 공황을 일으킨 월가 금융권에서는 아무도 책임지지 않았고, 무제한으로 풀려나간 달러는 대부분 월가 금융권의 배를 불리는 데 쓰였을 뿐이다. 금융 공황을 해결하려는 양적 완화가 경제를 살리기는커녕 빈부 격차만 극심하게 만든 것이다. 이에 대한 반발로 월가 금융권으로 대표되는 국제 금융 자본에 무거운 책임을 물리고 양적 완화를 임금 인상과 일자리 만들기에 쓰라고 요구하는 '월가를 점령하라' 운동이 전 세계로 확산되었다. '우리는 99퍼센트다'라고 외치는 이들의 이러한 움직임은 최저 임금 인상 운동으로 발전했다. 2014년 워싱턴 주 시애틀 시가 시의원 사완트와 노동자들의 주도로 최저 임금 15달러 조례를 통과시키면서 최저 임금 15달러 쟁취 운동이 미국 전역에서 속속 성과를 올리고 있다.

자신의 삶을 스스로 해결하려는 노력은 바야흐로 2015년 사회주의자인 버니 샌더스 민주당 대통령 후보 경선자의 돌풍으로 이어지고 있다. 신자유주의의 총본산인 미국에서조차 신자유주의에서 벗어나 새 사회를 모색하는 움직임이 대중화된 것이다.

유럽은 2015년 7월 그리스의 국민 투표로 뜨겁게 달아올랐다. 2011년 경제 위기(국가 신인도 위기)로 궁지에 몰린 포르투갈·아일랜드·이탈리아·그리스·에스파냐, 즉 PIIGS 국가들은 국제 통화 기금(IMF)과 유럽 중앙은행(ECB)의 구제 금융을 받아야 했다. 이들 나라 중 그리스에 들어선 시리자 연립 정부가 국제 금융 자본(채권단 트로이카: 국제 통화 기금, 유럽 중앙은행, 유럽 연합 집행 위원회)의 긴축 요구에 맞서 7월 5일 국민 투표를 실시한 것이다. 투표 결과는 긴축 정책 반대가 61퍼센트로 찬성 39퍼센트를 압도했다. 이와 같은 최근의 그리스 사태는 인류가 암울한 현실을 이겨 내고 새로운 미래를 준비할 수 있는지, 있다면 이를 이끌 주체는 누구인지에 대해 깊은 울림을 던져 주고 있다.

전 세계인 모두가 새로운 사고방식을 받아들이기까지는 오랜 시간이 걸릴 것이다. 그 시간은 전 세계인 대다수에게 엄청난 고통으로 다가올 것이다. 인류가 이 시간을 얼마나 현명하게 줄일 수 있을지 궁금하다.

이미지 제공

26 by Padaguan · wikipedia 42 by Magallanes1 · wikipedia 43 by Michael Bass-Deschenes · wikipedia 44 by Linda Spashett · wikipedia
44 by Clem Rutter, Rochester, Kent · wikipedia 45 by Black Stripe · wikipedia 46 by Tom Murphy VII/public domain · wikipedia
47 by Pigsonthewing · wikipedia 57 by Norman Bruderhofer · wikipedia 57 by Alkivar · wikipedia 57 by Victorgrigas · wikipedia
89 by Rama · wikipedia 96 by Softeis · wikipedia 107 by Diliff · wikipedia 111 by KGM007 · wikipedia 112 by Fæ · wikipedia
113 by JHH755/public domain · wikipedia 117 by Meumo/public domain · wikipedia 118 by Whidou · wikipedia 122 by 颐园新居 · wikipedia
146 by Dr. Lyle Conrad/public domain · wikipedia 190 by The British Library · wikipedia 190 by Futuretrillionaire · wikipedia
196 by Edward Norman Jackson/public domain · wikipedia 206 by University of Washington Libraries Digital Collections · wikipedia
212 by Bundesarchiv · wikipedia 213 by Bundesarchiv · wikipedia 216 by Rolf Müller · wikipedia 220 by Bundesarchiv · wikipedia
223 by Pankrzysztoff · wikipedia 223 by Marcin Bialek · wikipedia 238 출처 미상 239 by Steve Cadman · wikipedia 249 by Frongky · wikipedia
252 by Vikoula5 · wikipedia 259 by Dave Gilbert · wikipedia 260 by David Shankbone · wikipedia
263 by Nasser-sadeghi/public domain · wikipedia 266 by Warren K. Leffler · wikipedia 268 by Alberto Korda/public domain · wikipedia
276 by Leena Krohn · wikipedia 278 by David Falconer/public domain · wikipedia 280 by Olaf Tausch · wikipedia
280 by IRRI Images · wikipedia 285 by Cancilleria Ecuador · wikipedia 285 by Tiomono · wikipedia 288 by Mikhail Evstafiev · wikipedia
290 by RIA Novosti · wikipedia 294 by Materialscientist · wikipedia 297 by Mixabest · wikipedia 297 by Marlith · wikipedia
298 by Robert · wikipedia 299 by Daniel Case · wikipedia

＊이 책에 사용된 이미지는 저작권자의 허락을 받은 것입니다. 저작권자와 초상권자를 찾지 못한 경우는 연락이 닿는 대로 허락을 받겠습니다.

끄덕끄덕 세계사

3 자본주의의 시대

1판 1쇄 펴냄 2015년 10월 30일
1판 6쇄 펴냄 2023년 1월 20일

지은이 서경석
펴낸이 김정호
펴낸곳 아카넷주니어

책임편집 박수용
교정 공순례
디자인 새와나무
본문 삽화 김수박

마케팅 나영균
제작·관리 박정은

등록 2006년 11월 22일(제406-2006-000184호)
주소 10881 경기도 파주시 회동길 445-3 2층
전화 031-955-9510(편집) 031-955-9514(주문) **팩스** 031-955-9519
전자우편 editor@acanet.co.kr **홈페이지** www.acanet.co.kr

ⓒ 서경석, 2015

ISBN 978-89-97296-55-2 44900
ISBN 978-89-97296-46-0 44900 (세트)